中华经典藏书

陈秋平　尚荣　译注

金刚经
心经
坛经

中华书局

图书在版编目(CIP)数据

金刚经·心经·坛经/陈秋平,尚荣译注. —北京:中华书局,2016.3(2025.3重印)
(中华经典藏书)
ISBN 978-7-101-11572-7

Ⅰ.金… Ⅱ.①陈…②尚… Ⅲ.①佛经②《金刚经》-译文③《金刚经》-注释④《心经》-译文⑤《心经》-注释⑥《六祖坛经》-译文⑦《六祖坛经》-注释 Ⅳ.B942.1

中国版本图书馆 CIP 数据核字(2016)第 032906 号

书　　名	金刚经　心经　坛经
译 注 者	陈秋平　尚　荣
丛 书 名	中华经典藏书
文字编辑	王水涣
责任编辑	舒　琴
装帧设计	毛　淳
责任印制	韩馨雨
出版发行	中华书局
	(北京市丰台区太平桥西里38号　100073)
	http://www.zhbc.com.cn
	E-mail:zhbc@zhbc.com.cn
印　　刷	北京中科印刷有限公司
版　　次	2016年3月第1版
	2025年3月第13次印刷
规　　格	开本/880×1230毫米　1/32
	印张11¼　插页2　字数180千字
印　　数	285001-305000册
国际书号	ISBN 978-7-101-11572-7
定　　价	23.00元

目 录

金刚经

前言 ·· 3
法会因由分第一 ·· 13
善现启请分第二 ·· 19
大乘正宗分第三 ·· 25
妙行无住分第四 ·· 29
如理实见分第五 ·· 32
正信希有分第六 ·· 34
无得无说分第七 ·· 38
依法出生分第八 ·· 40
一相无相分第九 ·· 43
庄严净土分第十 ·· 49
无为福胜分第十一 ··· 53
尊重正教分第十二 ··· 56
如法受持分第十三 ··· 60
离相寂灭分第十四 ··· 65
持经功德分第十五 ··· 74
能净业障分第十六 ··· 78
究竟无我分第十七 ··· 82
一体同观分第十八 ··· 87
法界通化分第十九 ··· 91
离色离相分第二十 ··· 93
非说所说分第二十一 ·· 95

无法可得分第二十二 ············· 97
净心行善分第二十三 ············· 98
福智无比分第二十四 ············· 100
化无所化分第二十五 ············· 101
法身非相分第二十六 ············· 103
无断无灭分第二十七 ············· 106
不受不贪分第二十八 ············· 108
威仪寂净分第二十九 ············· 110
一合理相分第三十 ··············· 111
知见不生分第三十一 ············· 114
应化非真分第三十二 ············· 116

心 经
前言 ···························· 123

坛 经
前言 ···························· 151
行由品第一 ······················ 161
般若品第二 ······················ 201
疑问品第三 ······················ 224
定慧品第四 ······················ 237
坐禅品第五 ······················ 245
忏悔品第六 ······················ 248
机缘品第七 ······················ 265
顿渐品第八 ······················ 308
宣诏品第九 ······················ 326
付嘱品第十 ······················ 333

金刚经

前　言

　　《金刚经》全称为《能断金刚般若波罗蜜经》，是初期大乘佛教的代表性经典之一，也是般若类佛经的纲要书。在中国佛教界，《金刚经》流行得极为普遍，如三论、天台、贤首、唯识等宗派，都各有注疏。尤其是自唐宋以来盛极一时的禅宗，更与《金刚经》有深厚的渊源。宋代，出家人的考试，有《金刚经》一科，也让我们从中看出《金刚经》的弘通之盛！

　　《金刚经》以空慧为主要内容，探讨了一切法无我之理，篇幅适中，不过于浩瀚，也不失之简略，因此历来弘传甚广，特别为惠能以后的禅宗所重视。传说惠能就因此经中的"应无所住而生其心"一句经文而开悟。

一　经题的含义

　　"能断金刚般若波罗蜜经"是本经总题。"经"字是通名，佛所说的佛法都称为经。"经"字前的九个字，是本经所独有的，这是别名。"金刚"是比喻。金刚即印度的金刚石，它最光明，最坚硬，也最珍贵。金刚石做的刀子可以裁玻璃，硬度最高。它能破坏一切，而不被一切所破坏。所以它最坚最利，而没有能破坏它的东西。也有些人解释金刚为真金久炼而成刚，具有坚固、光明、锐利三义。又有一些古德，不把"金刚"二字作譬喻解释，而是指金刚心，即具足金刚观智，力用坚强，能破根本无明，得超生死此岸，而到达涅槃彼岸的金刚心。

　　"般若"又作"波若""般罗若""钵剌若"，意译为"慧""智慧""明"，即修习八正道、诸波罗蜜等，而显现之真实智慧。明见一切事物及道理之高深智慧，即称般若。菩萨为达彼岸，必修六种行，亦即修六波罗蜜。其中因为诸佛皆由般若而成就，因此般若波罗蜜在六度波罗蜜中起关键作用，也因此称般若为诸佛之母，成为其他五波罗蜜之根据，而居于最重要之地位。

"波罗蜜"是梵语，译为"到彼岸"，也可译作"度无极"。彼岸者，对此岸说。烦恼是此岸，菩提是彼岸；生死是此岸，涅槃是彼岸；凡夫是此岸，诸佛是彼岸。简单来说就是众生通过修行而从烦恼轮回中解脱，并到达涅槃寂静的彼岸。到彼岸并不是说已经到了涅槃彼岸，而是说修学而能从此到彼，所以重在从此到彼的行法。

"经"，梵语作"修多罗"。本义是线，线有贯穿、摄持不令散失的作用。如来随机说法，后由结集者聚集诵出佛陀之遗法，再用线把它编集起来，佛法才能流传到现在。"经"也译为"契经"，契者合也，上契诸佛之理，下契众生之机，具有贯、摄、常、法四义。贯者，贯穿所应知义理；摄者，摄化所应度众生；常者，三世不能易其说；法者，十界所应遵其轨。

结合以上各名相的分析，"金刚般若波罗蜜经"有两种不同的解说：一是玄奘等所解释的，认为烦恼的微细分，到成佛方能断净，深细难断，如金刚的难于破坏一样。但是般若是能断的智慧，金刚如所断的烦恼，所以译为"能断金刚（的）般若"。另一种解说是以鸠摩罗什为主，以金刚比喻般若。般若能破坏一切戏论妄执，不为妄执所坏；他的坚、明、利，如金刚一样。金刚是贵重的宝物，以譬喻实相般若是诸法之尊。它坚固不为一切所坏，来譬喻观照般若不被一切爱见所侵犯。金刚能裁切玻璃，作用猛利，来譬喻般若能断众生种种疑惑。

总而言之，此经经名的全部含义即是以金刚般的无坚不摧、无障不破的般若智慧对治一切虚妄执著，达到对实相的理解，得到解脱，到达彼岸。

二 《金刚经》的译者

鸠摩罗什三藏法师(343—413),龟兹(今新疆库车)人,翻译成汉语是"童寿"的意思。其父亲鸠摩罗炎,在即将继任相位时毅然出家,离开天竺,来到了龟兹国,并被聘为国师。但却被国王的妹妹逼婚,于是,就有了鸠摩罗什和弗沙提婆两兄弟。罗什七岁时,他母亲却出了家,且还带着他一起出家,游历各地。罗什初学小乘佛学,后来研习《中论》《百论》《十二门论》等大乘佛典,使其誉满西域,名被东土,引起了中国北方政权的注意。

后秦弘始三年(401)姚兴攻灭后凉,亲迎罗什入长安,迎来了他生命中最辉煌的时期。不过这时,罗什已经五十八岁了。姚兴笃信佛教,对罗什非常尊敬,以国师礼待,安排他入住逍遥园西明阁,并组织了规模宏大的译场,请罗什主持译经事业,还遴选八百佛门俊彦,一同参与翻译佛经。随后的十余年间,罗什悉心从事讲法和译经事业,奠定了其在中国佛教史上的不朽基业。

罗什的译作侧重于般若类经,特别是龙树空宗一系的作品,译有《摩诃般若波罗蜜经》《小品般若波罗蜜经》《金刚般若经》等般若类经,《中论》《百论》《十二门论》《大智度论》等中观派论典,还有《阿弥陀经》《法华经》《维摩诘经》等大乘重要经典,《坐禅三昧经》《禅法要解》《首楞严三昧经》等大乘禅经,《十诵律》《十诵比丘戒本》《梵网经》等大小乘戒律,以及其他一些大小乘经典。罗什的译作,《出三藏记集》载为三十五部,二百九十四卷,《开元释教录》列为七十四部,三百八十四卷,实际现存三十九部,三百十三卷。罗什本人的著作不多,据《梁高僧传》记载,罗什曾作《实相论》《注维摩经》等,均佚。现存有他给姚兴的两封书信,还有答慧远之十八问而写的作品,称作《鸠摩罗什法师大义》,共三卷。

罗什对中国佛教之影响，从他的译籍在历史上受重视的程度就可知，他的译籍，大部分成为了中国佛教各宗立宗的经典依据。所译的大品和小品《般若经》《维摩诘经》《金刚经》，成为般若学的要典，后来《维摩诘经》和《金刚经》又为禅僧所重，《成实论》为成实宗所宗，《阿弥陀经》《弥勒成佛经》成为净土宗的要籍，《中论》《百论》《十二门论》为三论宗所依据的论著，《法华经》成为天台宗最重要的经典，《十住毗婆沙论》也是华严宗所重的经论之一，所译出的其他佛经和戒律类经典也产生了一定的影响。鸠摩罗什全面译介了根据般若类经而建立的大乘空宗经典，从而推动了般若学的传播，被誉为四大译经家之一，素有"译界之王"的美称。鸠摩罗什是中国佛经的播种者，于佛法东传居功厥伟。

另一方面，其译经的最大贡献是准确而又系统地向中国佛教界介绍了印度佛教。在这之前，般若学形成六家七宗，其原因之一是译经不完备而造成对般若空观理解的差别。自佛教入华，汉译佛经日多，但所译多滞文格义，不与原本相应，罗什精熟梵文，博览印度佛教和其他宗教古籍，加之曾在姑臧（今甘肃武威）居住长达十八年，而有机会通晓汉语。加上他具有深湛的佛教造诣，所以，译文能契合佛教经典的精义。此外，他的翻译多采用意译，避免了直译的生硬，具有汉语的阅读趣味，文体简洁晓畅。同时，如果西域本音有译不正确者，则以天竺语订正；汉译如有错误者，则另以恰当的语言加以厘定；不能意译的术语，则大半采取音译。因此罗什的译经事业除了奠定了中国翻译文学的基础，还开拓了中国佛教文化的新境界。

罗什在译经的同时，注重僧才的培养。参与译经的弟子中，有所谓"四圣"（即道生、僧肇、道融和僧叡）、"八俊"（四圣之外又加道恒、昙影、慧观、慧严）和"十哲"（八俊之外再加僧契和道标）之称。这些人在佛教的译经工作和弘法度众方面,皆有极大的贡献。其中又以僧肇和道生的影响最大,分别在般若学和涅槃学方面作出了重大贡献。罗什在翻译上的成就,与当时参加译场的这些弟子分不开,他们既精教理,兼善文辞,执笔承旨,各展所长,故能相得益彰。

弘始十一年(409)八月十九日,罗什自知世缘将尽,向僧众告别,自言个人才德不足,忝为佛经传译,愿其所译经典能流传后世,发扬光大,并在大众面前发愿,若其所译经典无误,愿荼毗(焚烧)后舌头不焦烂。

翌日,鸠摩罗什圆寂于长安,遗体于逍遥园荼毗后,果然舌头如生,不曾毁损。一代大师,愿力难测。罗什圆寂后,僧肇、道融、僧叡仍留在长安继续弘化,道生等其他弟子则迁移南方,使得鸠摩罗什的大乘佛法得以传至江南,广为弘扬。

三 《金刚经》的译注本

此经最初由姚秦天竺三藏鸠摩罗什于弘始四年(402)所译。以后相续出现了五个不同的译本。这五个译本有:(1)北魏天竺三藏菩提流支所译的《金刚般若波罗蜜经》;(2)南朝陈天竺三藏真谛所译的《金刚般若波罗蜜经》;(3)隋大业年中三藏达摩笈多所译的《金刚能断般若波罗蜜经》;(4)唐三藏法师玄奘奉诏所译的《能断金刚般若波罗蜜多经》,此译本实为《大般若波罗蜜多经》中的第九会"金刚能断分";(5)唐义净所译的《佛说能断金刚般若波罗蜜多经》,此译本为最后一次重译,译于公元702年。另外,还有藏文、满文译本。在短短的三百年间,先后有六个汉译本及其他译本,足见此经在中国佛教中的地位及其所受到的重视。

《金刚经》梵文本在中国、日本、巴基斯坦、中亚等地都有发现,中国吐鲁番等地还出土了和阗、粟特等文字的译本。近世又有德、英、法等多种译本。1837年修弥笃根据藏译本首次把《金刚经》译成德文,1881年马克斯·缪勒将汉文、日文和藏文译本加以校订,译成英文,并收入《东方圣书》第四十九卷。1957年爱德华·康芝又再次译成英文,收入《罗马东方丛书》中。达尔杜根据梵文并对照中国满文译本,译为法文。日本宇井伯寿、中村元等曾多次译成日文。

《金刚经》一问世,在印度就受到了广泛的重视,历代高僧对《金刚经》的著述极多。著名的印度佛教僧人、哲学家都曾对它作过注疏。除了世亲有《金刚般若波罗蜜经论》三卷,尚有无著的《金刚般若论》二卷,功德施作了《金刚般若波罗蜜经破取著不坏假名论》,印度瑜珈行派的创始人弥勒造八十偈阐释《金刚经》等等。另有师子月、月宫等亦撰有论释,但无汉译。中国从东晋、隋唐、清末民初直至现代,各家撰述不绝,为它注疏者不下数百家,较重要的有:后秦僧肇《金刚经注》一卷;晋慧远《金刚般若波罗蜜经疏》一卷;隋吉藏《金刚般若疏》四卷(一作六卷),智顗《金刚般若经疏》;唐慧净《金刚波若波罗蜜经注》,智俨《佛说金刚波若波罗蜜经略疏》二卷,窥基《金刚般若经赞述》二卷,惠能《金刚经解义》二卷、《金刚经口诀》一卷,宗密《金刚波若经疏论纂要》二卷;宋子璇《金刚经纂要刊定记》四卷;清徐槐廷《金刚经解义》二卷;近人丁福保《金刚经笺注》,江味农《金刚经讲义》等。

《金刚经》之众译本中,以后秦鸠摩罗什译本流传最广,自古至今,有目共睹。这里所选的也是鸠摩罗什的汉译本。综合过去的意见,可归纳出三点原因来说明为何罗什译本能代代相传,长盛不衰。

第一是从宗教立场出发,以译者的身份着手来解释。传说鸠摩罗什从七佛以来,就当佛的翻译法师,佛的经典要流通到不同语言的国土去,鸠摩罗什都为他当翻译人。因此他的法缘深厚,跟众生结缘甚多。

第二是从翻译的境界来说明。首先,持此观点者认为鸠摩罗什所译的《金刚经》,千锤百炼,于佛法精义,拿捏得分毫不差。鸠摩罗什的翻译能做到古代翻译所规定的信、达、雅，而且兼而有之，非常难得。

第三则从版本的不同来分析。《金刚经》诸译本所依版本不同，乃是自古以来的公论，之所以有不同的本子，是因佛法弘布四方，分流分派之所致。鸠摩罗什译本特别流行，反映了佛法入华过程中中国人的文化选择。中国人与中观学家所提倡的大乘空宗特别有缘，所以鸠摩罗什所译的《金刚经》也就受到千年之久的青睐和欢迎。

四　本经的纲要

《金刚经》全文没有出现一个"空"字，但通篇讨论的是空的智慧。一般认为前半部说众生空，后半部说法空。经文开始，由号称佛陀十大弟子中"解空第一"的须菩提发问："当众生立定志向要达到无上圆满的佛陀觉智时，应该将发心的目标定在哪里？如果在实践过程中心不能安住，应该如何降伏？"即如何使心灵平和安住，如何在走向终极目标的过程中，对各种错误认识和患得患失心理进行克服？《金刚经》就是围绕佛陀对此问题的解答而展开的。

"一切有为法，如梦幻泡影，如露亦如电，应作如是观"，就是解答这些问题的精髓。其意思是指世间的一切物质和现象都是空幻不实的，如梦幻泡影，实相者则是非相。因此修行者应该"远离一切诸相"而"无所住"，即放弃对现实世间的执著或眷恋，以般若慧契证空性。

此经主要通过非此非彼有无双遣的重重否定，指出世界上的一切事物都是虚幻不实的，要成就无上智觉，就得破除一切执著，扫除一切法相。"凡所有相皆是虚妄"，世上的一切事都如梦、如幻，如水面的气泡，如镜中的虚影，如清晨的露珠，日出即散，如雨夜的闪电，瞬息即逝。世上的一切都是因缘和合而成，并无自性，所谓"缘起性空"。因此，我们平时看到的一切事物的形相，实际都不是它们真正的形相，事物真正的形相（实相）是"无相"。这样，世界上一切都不值得执著，这就叫"无住"。在修行实践中，能真正认识到无相之实相，能做到于世界万物都无念无系的"无住"，就可以得到真正的解脱。

为了使人们真正做到"扫相破执""无相无住"，《金刚经》进一步说明，大乘菩萨在自觉觉他的修行过程中，其终极目标定位在和一切众生共同成就佛果的广大境界。但是根据缘起论，凡因条件关系而形成的事物，都不存在绝对不变的实体（自性）。因此，要以空观的智慧，破除在"我""众生""佛"之间的人为分别。故要尽己所能广度众生，但不要执著于"我"在帮助众生中具有多大的功德。唯心量大者，才有大格局，方能成就大事业。

《金刚经》说凡所有相，皆是虚妄。实相，是世界的真实，事物的本来面目。唯有以般若观照实相，即对此名相采取不住、不执、不取的如实态度，才能认识真相。故经中说："凡所有相，皆是虚妄；若见诸相非相，即见如来。"释迦牟尼的色身有三十二种端庄的特征，但是不能依据这三十二相来认识如来，因为三十二相只不过是外在的虚妄之相，如果执著于这三十二相，就不能认识如来的真实面目（法身），因为真正的法身是无相的。

要如何不执著呢？《金刚经》云："应无所住而生其心。"如上所述，唯有不住相、不偏执，才能把握实相。《金刚经》中以布施为例，讨论了如何在日常生活中做到"不住相"。世人在布施时，每施一东西，即作功德想，于是施恩图报，算计此布施行为将积累多少的功德。但实际上，应以"三轮体空"的精神去布施，也就是要对能布施的我、受布施的人和所布施的财物不产生任何的执著，方能证得离相无住、性空无所得的道理。

虽应不执著于外相，但也不能否定"相"的存在。即是肯定"性空"，也不否定"幻有"。"空"，是破除一切名相执著所呈现的真实，并非人们所误解的虚无。"性空"，是说一切法都没有实在的自性，故无相、无住，才能把握真谛。"幻有"，是凭借条件关系而暂时存在的现象，故在空的基础上随缘生起一切法，这就是俗谛。所谓"肯定一切存在的存在，否定一切存在的自性"即是此意。如何把握真俗二谛的关系，《金刚经》是这样说的："佛说般若，即非般若，是名般若。"即佛所说的般若等佛法，是出于广度众生的目的而在文字层面的权且施设，并非实相般若本身，众生藉此文字般若入门，到彻底觉悟佛法时，则一切名相皆可舍弃。

在迈向解脱的过程中，《金刚经》强调般若智慧是佛门修行解脱的最高智慧，"一切诸佛及诸佛阿耨多罗三藐三菩提法，皆从此经出"，承诺如果有人能够虔诚信受此部经，即使奉持其中四句偈等，又能够为他人宣说，必能"成就第一希有功德"，"果报不可思议"。

陈秋平
2016 年 1 月

法会因由分第一

此经在翻译成汉语时,并没有分章分段,后经梁昭明太子分为三十二分,并给每一章标上标题,表明每一章所讲的重点。佛经一般可分为三大段,即序分、正宗分、流通分。此段经文是序分,叙述这部经集会之因由(缘起)。序分,又可分两部分,即通序和别序。通序,是结集者的叙述语,通于其他经典,别的经典也有这样的意义。通序也表明此经可以确信无疑了,所以又称为"证信序"。别序,亦名"发起序",叙述此经有其一定的发起之由,以为正宗之前导。自"如是我闻"至"千二百五十人俱",为通序;自"尔时"至"敷座而坐",为别序。总而言之,此部分经文主要说明了此经的缘起,表明佛说法的时间、地点及说法的因缘等。

如是我闻[①]:
一时,佛在舍卫国祇树给孤独园[②],与大比丘众千二百五十人俱[③]。尔时,世尊食时着衣持钵[④],入舍卫大城乞食[⑤]。于其城中次第乞已[⑥],还至本处。饭食讫,收衣钵,洗足已,敷座而坐[⑦]。

【注释】

①如是我闻:又作"我闻如是""闻如是"等。为经典之开头语,是佛经五种证信之一。释尊在《涅槃经》中曾对"多闻第一"的阿难尊者说,其一生所

说之经藏,须于卷首加上"如是我闻"一语,以表示此下所诵的内容乃直接从佛陀处所亲闻。"如是"指经中所述之内容,即经中所说之佛语;"我闻"指经藏编集者阿难自言听闻于释尊之言行。又"如是"意为信顺自己所闻之法;"我闻"则为坚持其信之人。佛教以"信"为第一,信佛法则能入佛教,理解佛法,得受佛法之功德利益;以信则言如是,不信则言不如是,所以先使众生信受经言,因而于经首置如是语。《大智度论》卷二认为佛教徒应依止经典中的法,法并非仅指佛所说者,除佛陀所说者外,也有由佛弟子、仙人、诸天及化人等所说的法。为令信顺此等为正法,并使佛灭度后,法永远不失,永远正确地传于后世,故释尊对阿难言,须于经典卷首加上"如是我闻"一语。

② 佛:梵语 Buddha 之音译,"佛陀"之略,又作"佛驮""休屠""浮陀""浮屠""浮图""浮头""没驮""勃陀""馞陀""步他"等。意译"觉者""知者""觉",即觉悟真理者之意。亦即具足自觉、觉他、觉行圆满,如实对于宇宙事理无所不知觉,成就无上正等正觉之大圣者,乃佛教修行之最高果位。"佛"一般用作对佛教创始人释迦牟尼的尊称(释迦牟尼佛有如来、应供、正遍知、明行足、善逝、世间解、无上士、调御大夫、天人师、佛世尊十大名号)。大乘佛教兴起后,"佛"还泛指一切觉行圆满者和一切佛法真谛的化身,宣称过去世有七

佛、然灯佛等,未来将出现弥勒佛。从佛身说,有报身佛、法身佛、应身佛。此处所指的佛是释迦牟尼佛。舍卫国:"舍卫"译为"闻者""闻物""丰德""好道""无物不有""多有"等。为中印度古王国名,其国本名为"憍萨罗国",为别于南方之憍萨罗国,故以城名为国号。因此城多出名人,多产胜物,故称"闻物国"。又有别名叫"舍婆提城""尸罗跋提""舍罗婆悉帝夜城"等。据英国考古学家康林罕(A.Cunningham)推定,此国即今天拉布提河(Rapti)左岸之沙赫玛赫(Sahet Mahet),接近于尼泊尔之奥都(Oudh)北方约九十余公里处。近年在该处发掘铭刻有"舍卫"字样之巨大佛像、《大唐西域记》卷六所说周长约五公里之城壁,及记述布施祇园精舍田地之铜板等,都一一证明了此处即舍卫国故址。释迦牟尼成佛后,居留此处说法二十五年,较住于其他诸国长久。祇(qí)树给孤独园:又称"祇园精舍"或"给孤独园",为佛陀说法遗迹中最著名者。据说舍卫城须多达长者,好行布施,人誉为"给孤独长者"。皈依佛陀后,希望佛来舍卫城度其国人,因而欲觅一地作为释迦牟尼在舍卫国说法、驻留的场所。传说祇陀太子之花园颇为合适作为精舍,乃欲购之,然为太子所拒。祇陀太子为令长者却步,遂以黄金铺满花园为出售之条件,给孤独长者即以黄金铺地买下园林。太子感动于其诚心,遂将园中所有林木也捐献给佛陀。因二人共同成就此一功德，故称"祇树给孤独园"。

③比丘：又名"苾刍""备刍""比呼"等。指男子出家进入佛教教团，满二十岁以上且受具足戒的修行僧，女子出家受具足戒者称为"比丘尼"。乃"五众"之一，"七众"之一。比丘原语是从"求乞"一词而来，也可以解释为破烦恼者之意。《大智度论》卷三列比丘语义为乞士、破烦恼、出家人、净持戒及怖魔等五义。其中，破恶（破烦恼）、怖魔、乞士，称为"比丘三义"，与"阿罗汉"一词语义中之杀贼、应供、无生等三义，合称为"因果六义"（比丘为因，阿罗汉为果）。在印度，比丘或沙门的生活形态必须遵守一定的戒律，护持"三衣一钵"，乞食自活，住于阿兰若处，少欲知足，离诸世俗烦恼，精进修道，以期证得涅槃。千二百五十人：指一千二百五十位先事外道，后承佛之化导，而证得圣果者。因感恩于佛陀的度化，遂发愿每次法会都常随不离，协助佛陀弘法利生，成为佛陀的"常随众"。根据《过去现在因果经》，这千二百五十人指耶舍长者子师徒五十人、优楼频螺迦叶师徒五百人、那提迦叶师徒二百五十人、伽耶迦叶师徒二百五十人、舍利弗师徒一百人、大目犍连师徒一百人，共一千二百五十人。

④世尊：因佛是世人所共尊的人，因此称佛为"世尊"，音译为"薄伽梵"或"婆伽梵"。意译作"世尊"之外，亦直译作"有德""有名声"等。即富

有众德、众佑、威德、名声、尊贵者之意,亦指世界中之最尊者。在古印度,一般用为对尊贵者之敬称,并不限用于佛教;若于佛教,则特为释迦牟尼佛之尊称,属于佛的十大尊号之一。钵:梵语"钵多罗"的简称,为"比丘六物"之一。钵是比丘的盛饭器,以泥或铁制成,圆形、稍扁、底平、口略小。译作"应器",或"应量器"。"应"有三应,一色相应,钵要灰黑色,令不起爱染心;二体相应,钵体粗质,使人不起贪意;三大小相应,不过量也,乞食不过七家,令人不恣口腹。

⑤乞食:"十二头陀行"之一。乃印度僧人为资养色身而乞食于人的一种行仪,是一种清净的正命。又作"团堕"(即取置食物于钵中之义)、"分卫""托钵""行乞"等。其原始意义有二,即《大乘义章十五》所云:"专行乞食。所为有二:一者为自,省事修道。二者为他,福利世人。"自利是为杜绝俗事,方便修道;利他则为福利世人,予众生种福机会。

⑥次第乞:也是"十二头陀行"之一。即指佛心平等,不择贫富,不拣净秽,不受别请,挨户依序托钵而乞食。修行者借助这样的行为,可培养平等心,以消除烦恼。

⑦敷座:铺座跏趺而坐,安住于正念中。所谓坐如钟、行如风、卧如弓、立如松,是佛教行、住、坐、卧"四威仪"之一。修行者平常生活中身体端直是很重要的,因为正确的坐姿不至于使人容易散乱、疲劳

和昏沉。佛教对坐的方式、作用有详细的规定,"结跏趺坐"即是其中一例。

【译文】

我曾经听佛这样说:

当时,佛住在舍卫国的祇树给孤独园里,与一千二百五十位大比丘在一起。有一天上午,临吃饭之时,世尊穿上袈裟,拿着饭钵,缓步走进舍卫城去乞食。佛在舍卫城中慈悲平等,不分贫富不分贵贱,挨家挨户地托钵、乞食后,便返回给孤独园中。吃过了饭,将袈裟和钵具收拾好,洗净了双足,铺好座位后,便跏趺而坐。

善现启请分第二

此下为正宗分,直至后偈"应作如是观"为止,是开始这部经的大意。首先是"启请"部分,作为此经当机者的须菩提长老以语言启白世尊,请求说法。须菩提先是恭敬、赞扬世尊之德,之后便向佛请教两个问题,即应当心住于何处或应当怎样安心,及如何降伏妄心,以免损害其菩提心。佛听了须菩提的提问后,赞许须菩提的请示,并准备回答长老的提问。从经文结构而言,我们称此部分为"许说"。

时,长老须菩提在大众中①,即从座起,偏袒右肩②,右膝着地③,合掌恭敬而白佛言④:"希有⑤,世尊!如来善护念诸菩萨⑥,善付嘱诸菩萨。世尊,善男子、善女人⑦,发阿耨多罗三藐三菩提心⑧,云何应住⑨?云何降伏其心⑩?"

佛言:"善哉!善哉!须菩提,如汝所说,如来善护念诸菩萨,善付嘱诸菩萨。汝今谛听,当为汝说。善男子、善女人发阿耨多罗三藐三菩提心,应如是住,如是降伏其心。"

"唯然,世尊。愿乐欲闻。"

【注释】

①长老:又称"上座""上首""首座""耆年""耆宿""耆旧""老宿""长宿""住位"等。是对年齿

长、法腊高,且有智能威德的大比丘之尊称。《长阿含·众集经》列举三种长老:一是年耆长老,指入佛道经年之僧;二是法长老,指精通教法之高僧;三是作长老,为世俗假名之长老。禅家称住持之僧为"长老"。须菩提:又称"苏补底""须扶提""须浮帝""薮浮帝修""浮帝""须枫"等。意译为"善业""善吉""善现""善实""善见""空生"等。原来是古印度舍卫国鸠罗长者之子,为佛十大弟子中之最善解空理者,所以有"解空第一"的称号。也是大乘诸部般若经(如此经)中,佛陀在解说空义时的当机者。

②偏袒右肩:又作"偏露右肩""偏袒一肩""偏露一膊"等,略称"偏袒"。为"通肩"一词之相对语。即披着袈裟时袒露右肩,覆盖左肩。在古印度,请法时"偏袒右肩"是最尊重的礼节,佛教沿用之,即于比丘拜见佛陀或问讯师僧时及从事拂床、洒扫等工作,须偏袒右肩,所以偏袒右肩即意谓便于服劳、听令使役,也是表示比丘恭敬尊者的相貌。

③右膝着地:是印度的俗礼。右是正道,左为邪道,袒右跪右,以表示顺于正道,也显示劝请正法,去邪从实,应依谦卑之礼。另一方面,膝也象征般若智,地则象征实相;右膝着地,正表示般若与实相互相应合。

④合掌:又名"合十"。乃印度自古所行之礼法,佛教沿用之。印度人认为右手为神圣之手,左手为不

净之手，故有分别使用两手之习惯；然若两手合而为一，则为人类神圣面与不净面之合一，故借合掌来表现人类最真实之面目。合掌即合并两掌置于胸前，集中心思，因而也表示吾心专一之敬礼法及皈向中道。双掌合一，也可解释为表示方便权巧与实相究竟是一而不二，大小乘皆可融通。又十指表十法界；合十，表示结合十法界存于一心之中，也即是表示事理一如，权实圆融。

⑤希有：谓事之甚少者、无相类者。尤指如来之示现及其一代教法，故有"希有大法王""希法"之称。若能了知诸佛妙法，生尊重不思议心者，亦称为"希有人"。佛陀有四种"希有"，即：一、时希有，表示佛陀之出世，非旷世所常有；二、处希有，佛陀不出现于三千世界中的他处，唯降生于迦毗罗卫城；三、德希有，佛陀具有无量的福德智慧，所以是最尊贵的，无人能比；四、事希有，佛陀一生都以佛法普利众生，为希有殊胜之事。

⑥如来：佛十种尊号之一。音译作"多陀阿伽陀""多他阿伽度""多陀阿伽度""怛萨阿竭""怛他哦多""多阿竭"等。即是真如，乘真如之道而成正觉之故，所以名为"如来"。又，乘真如之道来三界垂化之故，谓之"如来"。又，如诸佛而来，故名"如来"。又，"如来"之称呼，亦为诸佛之通号。护念：谓诸佛、菩萨、诸天善神等对于修善众生或佛弟子加以护持摄受，使之不致遭受障碍。又

佛菩萨经常如影随形地护念行者，使恶魔等无法障害，故称"影护护念"。又为众生证明教法之确实，使其生信而脱离苦患，受无穷利益，此称"证诚护念"。在此，可以把护念解释为摄受，对于久学的菩萨，佛能善巧地摄受他，使他契入甚深的佛道，得如来护念的究竟利益。菩萨：音译"菩提萨埵"，又作"菩提索多""冒地萨怛缚""扶萨"等。旧译为"大道心众生""道众生"等，新译为"大觉有情""觉有情"等。指唯有大觉悟的众生能发无量大愿，上求无上菩提，下而利益众生；修诸波罗蜜行，将来要入佛果位。与声闻、缘觉并称为"三乘"。

⑦善男子、善女人：指良家之男子、女子。经典中对在家的信男、信女，每用善男子、善女人的称呼。善者，是对信佛、闻法、行善业者之美称。窥基《阿弥陀经通赞》认为善男子、善女人是梵语优婆塞、优婆夷之译，指持五戒之男子、女人。此外，大乘经典中，呼菩萨时，多称"善男子"，呼比丘时，多呼其名。然有时亦以"善男子"称呼比丘。

⑧发阿耨（nòu）多罗三藐三菩提心："阿耨多罗三藐三菩提"，是梵语之音译，意指完成之人，故一般译为"无上正等正觉""无上正等觉""无上正遍知"等。"阿耨多罗"意译为"无上"，表示佛陀所证悟的道是圆满无上的；"三藐三菩提"意译为"正遍知"，表明周遍证知最究竟之真理，而且平等开

示一切众生，令其达到涅槃。发阿耨多罗三藐三菩提心，即发起宏大深远的誓愿，以崇高、伟大、无上、究竟的佛果为目标。

⑨云何应住：当住于何处或应当怎样安住。住，即不违法性的住于正。凡发大菩提心者，在动静、语默、来去、出入、待人接物一切中，如何能使菩提心不生变悔，不堕于凡外，常安住于菩提心而不动？所以问"云何应住"。

⑩云何降伏其心：降伏离于邪，也就是以威力降伏妄心，云何降伏其心，即怎样止灭妄心、杂念。众生心中，有种种的颠倒戏论，有各式各样的妄想杂念，这不但障碍修行，也是菩提心不易安住的大病。要把颠倒戏论一一消除，所以问"云何降伏其心"。

【译文】

这时，众僧中德高年长的须菩提长老，从自己的座位上站了起来，他斜披袈裟，偏袒着右肩，以右膝跪在地上，双手合十，虔诚恭敬地向佛行礼并对佛说道："世间希有难得的世尊！佛善于护持眷念诸菩萨，善于嘱付指导诸菩萨。世尊，倘若有善男子和善女人，发愿成就无上正等正觉的菩提心，那么他们应如何使这个菩提心常住不退呢？如果他们起了妄念的时候，又要怎样去降伏他的妄心呢？"

佛陀嘉许说："很好！很好！须菩提，正如你所说的那样，佛善于护持眷念诸菩萨，善于嘱付指导诸菩萨。你们现在认真地细心静听，我将为你们宣说。善男子、善女人，发愿成就无上正等正觉的菩提心，就应该如此这般地保住菩提心，就应该要这样去降伏妄念心。"

菩提回答说："好的，佛陀。我们都乐意欢喜地聆听您的教诲。"

大乘正宗分第三

此段简单地示说了如何降心离相,把须菩提所问的"云何应住""云何降伏其心"这两件事,再细说明。佛陀回答须菩提的问题,指出最重要的就是要发"四心":一、广大心的平等观,不拣择优劣亲疏,灭度一切众生之类,令其降伏凡圣九流的分别心;二、最胜心,使众生皆断除烦恼,了生脱死,而入无余涅槃。但灭度众生的菩萨大悲心行,必须与般若无相相应,要这样降伏其心,安住其心。发悲愿为本的菩提心,才能成就名副其实的菩萨;三、无对待心,视一切众生平等无差别,因为众生本就是"性空"的;四、无颠倒心,菩萨心无四相,即没有我、人、众生、寿者四相之分别计较。又菩萨若能用般若妙智,照了性空本无四相,名降伏其心,否则非菩萨。

佛告须菩提:"诸菩萨摩诃萨应如是降伏其心①:所有一切众生之类,若卵生,若胎生,若湿生,若化生②;若有色,若无色③;若有想④,若无想⑤,若非有想非无想⑥,我皆令入无余涅槃而灭度之⑦。如是灭度无量无数无边众生,实无众生得灭度者。何以故?须菩提,若菩萨有我相、人相、众生相、寿者相⑧,即非菩萨。"

【注释】

①摩诃萨:即"摩诃萨埵"之略,乃"菩萨"或"大

士"之通称。摩诃,意译作"大";萨埵,乃有情、众生之义。摩诃萨埵即为"大心",或大有情、大众生,指发大心愿成就佛果的众生,亦即大菩萨。"大"有三种:愿大、行大、度众生大,即谓此大众生于世间诸众生中为最上,不退其大心,故称"摩诃萨埵"。摩诃萨埵具备了七个条件:一、具大根,二、有大智,三、信大法,四、解大理,五、修大行,六、经大时,七、证大果。

②卵生、胎生、湿生、化生:即四生,指产生三界六道有情的四种类别。卵生是离开母体时,还不是完成的身形,仅是一个卵。须经一番保护孵化,才能脱卵壳而出,如鸟类。胎生,又作腹生。其最初的自体,必须保存在母胎中,等到身形完成,才能离母体而出生,如人类。湿生,又作"因缘生""寒热合生"。即由粪聚、注道、腐肉、丛草等润湿地之湿气所产生者,如蚊及水中极细虫等。化生是说这类有情,不须要父母外缘,凭自己的生存意欲与业力,就会忽然产生出来,如诸天和地狱的众生。

③有色、无色:从众生自体的物质说,有两类,即有色的,如欲界与色界的众生,是有物质形体的众生,包括欲界六道众生及色界四禅天。无色的,是无色界众生。是没有男女之欲与物质形体,但仍存有识心,如无色界的四空天。

④有想:从众生的有没有情识说,有"有想""无想"与"非有想非无想"三种众生。有想,指具有感觉、

认识、意志、思考等意识作用；或指具有此等作用之有情众生。有想，又指有想天，是有想众生居住的地方。在一切的天中，除了色界无想天与无色界非想非非想天之外，其他都是有想天。

⑤无想：指全无想念之状态。或指入灭尽定，证得无想果者。或为"无想天"之略称。无想天在色界，生此天者，念想灭尽，仅存色身及不相应行蕴，故称"无想天"。

⑥非有想非无想：指住在无色界非想非非想处的众生。即没有下界众生粗想的烦恼，所以是非有想或非想，但还有细想的烦恼，故又名"非无想"或"非非想"。

⑦无余涅槃：涅槃，又译作"泥日""泥洹""涅槃那"等，意译为"灭""灭度""寂灭""安乐""无为""不生""解脱""圆寂"。涅槃的字义，有消散的意思，即苦痛的消除而得自在。也就是灭生死之因果，渡生死之瀑流，达到智悟的菩提境界。"无余涅槃"为"有余涅槃"之对称，一个修行者证得阿罗汉果，这时业报之因已尽不受后有，但还有业报身心的存在；故称"有余涅槃"；及至连酬报过去世业因的身心皆已灰灭，而完全无所依处，便达至"无余涅槃"。

⑧我相、人相、众生相、寿者相："相"即形相或状态之意，指诸法的形像状态，表现在外而想象于心的形相。在佛典中，曾以"相"来描述诸法的各类相

状、发展过程，乃至于真如的功德等等。"我相"意指我的相状，凡夫误认为外在的我为实相而执著之。"人相"谓众生妄计在六道轮回的自体为真实存在的外在相状。"众生相"谓众生把依五蕴和合而生的自体当成真实存在的外在相状。"寿者相"谓执著众生的从生到死，有一期的生命相续，可以传之长久。这四相实际上都是由一个"我相"所开展出来，所以，佛教特别注重破除"我执"。

【译文】

佛告诉须菩提说："诸大菩萨应该要这样修持降伏迷妄的心：无论是依卵壳而出世的众生，还是由母胎而出生的众生；无论是因潮湿而出生的众生，还是无所依托而仅借其业力得以出现的众生；又无论是欲界与色界中有物质形体的众生，还是无色界中没有物质形体的众生；无论是有心识活动的众生，还是一切没有心识活动的众生，以及说不上有无心识活动的各类众生，我都要使他们达到脱离生死轮回的涅槃境界，断尽他们的烦恼、永绝诸苦，让他们获得最终的解脱。但是，虽然这样度化了无数的众生，然而，实际上却没有任何一个众生得到救度断除了烦恼。为什么这么说呢？须菩提，如果菩萨在心中还存有自我的相状、他人的相状、众生的相状、寿命的相状，那他就不成其为菩萨了。"

妙行无住分第四

本分通过布施统摄利他的"六度行"来说明住心的方法。本经发菩提心，以大悲度众生为首，这与通过布施使他人离苦得乐，尤为吻合。菩萨行布施（六度之一）利他时，心应无所住而行布施。这即是说：不要住于"六尘"而行布施。有住即是住相，就是一种取著自性的执见，对诸法会产生虚妄分别，为境所转而不能自在解脱；若不住相，就不为"六尘"所动；不为"六尘"所动，则是心能达至清净。总而言之，若能离相而了达三轮体空，内不住能施我相，外不住受施人相，中间不住所施财法等相，那么菩萨虽专为求福而布施，而福德就好似十方虚空似的不可思量。

"复次，须菩提，菩萨于法应无所住①，行于布施②。所谓不住色布施，不住声、香、味、触、法布施③。须菩提，菩萨应如是布施，不住于相。何以故？若菩萨不住相布施，其福德不可思量④。须菩提。于意云何？东方虚空可思量不⑤？"

"不也，世尊。"

"须菩提，南、西、北方、四维、上下虚空可思量不⑥？"

"不也，世尊。"

"须菩提，菩萨无住相布施福德，亦复如是不可思量。须菩提，菩萨但应如所教住。"

【注释】

①法：音译为"达磨""达摩""驮摩""昙摩""昙无""昙"等。一切的事物，不论大的小的，有形的或是无形的，都叫做"法"，不过有形的叫做"色法"，无形的叫做"心法"。应无所住：意即不论处于何境，此心皆能无所执著，而自然生起。心若有所执著，犹如生根不动，则无法有效掌握一切。

②布施：音译为"檀那""柂那""檀"等，又称"施"。即以慈悲心而施福利予人之义，使他离苦得乐。"布施"有三种，一是财施，即以财物去救济疾病贫苦的人；二是法施，即以正法去劝人修善断恶；三是无畏施，即竭尽所能去解除别人的恐怖和畏惧。其中又以"法布施"为最，所以云："诸供养中，法布施最。"

③色、声、香、味、触、法：即"六尘"，指色尘、声尘、香尘、味尘、触尘、法尘，又名"六境""六贼"。色，指物质现象，为眼根所对、眼识所缘之境；声，一切声、音、乐，为耳根的认识对象；香，一切物品乃至男女身体所有之气息，为鼻根所感觉的对象；味，饮食馔肴美味和辛辣等味，为舌根所感觉的对象；触，冷暖寒热及硬软细滑等感觉，为身根的认识对象；法，即是识心所想及的心法，为意根所能意识的对象。

④福德：指过去世及现在世所行的一切善行，及由于一切善行所得之福报。

⑤虚空：虚无形质，空无障碍，故名。指一切诸法存在之场所、空间。有周遍、不动、无尽、永恒等四义。

⑥四维：即"四隅"，指东南、西南、东北、西北四个方向。一般是以四维加四方，称为"八方"；若再加上、下二方，则合称为"十方"。

【译文】

佛继续说道："再者，须菩提，菩萨对于万法，都应该无所执著，以不执著的心态来施行布施。即不应执著于形色而布施，亦不应执著于声音、香气、味道、触觉、意识而行布施。须菩提，菩萨就应该这样去布施，即不执著于诸相而修行布施。这是什么缘故呢？因为菩萨如果能这样不执著于诸相而布施，那么因布施而获得的福德就不可思议和无法估量。须菩提，你意下如何？东方的虚空可以想象和度量吗？"

须菩提回答："不可度量的，佛陀。"

佛又问："须菩提，那么南方、西方、北方、东南、西南、东北、西北及上下方的虚空，可以想象和度量吗？"

须菩提回答："不可度量的，佛陀。"

佛说："须菩提，菩萨不执著于诸相布施而进行布施的福德，也和十方虚空一样不可想象和度量。须菩提，菩萨就应该是这样不执著于诸相，自然能令妄心不起，真正安住于清净的菩提本心。"

如理实见分第五

　　本分的主旨是破妄相。世间的一切一切造作迁流变化的种种相,都是因缘生法,因缘会遇便产生种种相,因缘离散种种相便灭,如幻如化,虚妄不实。佛陀探讨佛陀外现的"三十二相""八十随形好",巍巍的丈六金身,就是如来的实相吗?须菩提领略这句话的深意,因此回答曰:"不可以身相(色身)得见如来"。佛的身相,只不过是假名和合的妄相,所以,佛说的身相,即"四大""五蕴"和合相续之假相,即非有身相的实性。唯有从观察诸法的随缘生灭,从无常为门而悟入诸法无性空,才能彻见如来法身。其实不但佛相如此,世间一切的所有相,皆是假合变幻。离相即无所谓性,离性即无所谓相;如果对相有了执著,便产生种种的障碍。若见诸相,如能识"凡所有相"皆是虚而不实,妄而非真,必无执相迷真之失。证法,即"见法","见法即见佛"。佛之所以为佛,即在究竟圆觉缘起空寂的中道;离此正觉,更没有什么奇特!如能悟彻缘起法相的空寂,便能领悟"见缘起即见法,见法即见佛"的真义。

　　"须菩提,于意云何?可以身相见如来不[①]?"
　　"不也,世尊。不可以身相得见如来。何以故?如来所说身相即非身相。"
　　佛告须菩提:"凡所有相皆是虚妄。若见诸相非相,则见如来。"

【注释】

①身相：身之相貌，此指佛的特殊妙好之相。

【译文】

佛问："须菩提，你意下如何？可以依如来具足相好的身体相貌来认识如来的真实本性吗？"

须菩提回答："不可以，世尊。不可以依如来具足相好的身体相貌来认识如来的真实本性。为什么呢？因为如来所具足相好的身体相貌，并非是真实存在的身相。"

佛陀告诉须菩提："一切诸相都是虚妄不实的。若能悟得诸相皆虚妄不实，就能证见如来了。"

正信希有分第六

前几段经文说明了"甚深极甚深,难通达极难通达"的离一切相的现见法性,这种甚深妙法自然不易令人生起实信。所以,须菩提才会启问如来:未来世中,众生是否能在听闻甚深的法门后生起真实信心?佛陀因此接着说出这段"正信希有"的经文。实信,在声闻法中,即证须陀洹,得四不坏信——"四证净";大乘在见道净心地。这是般若相应的证信,非泛泛的信仰可比。后世众生也能有此正信,只不过必须要有"戒足""慧目";如不持戒、不修福、不习禅慧,即不能于这甚深法门,得如实信了!信为功德母,诸佛菩萨,起初修道至证道,皆从一个"信"字入手也。众生有此一念信根,即种了未来的善果,故此一念信心,其福德即不可思量。实信者,是必须由智能了达无所得法,修无所得行,证无所得果,然后才圆满了彻第一谛,所以是稀有难得的。要了悟第一谛,就不应取法,也不应取非法。佛陀用了舟筏来作比喻,说明渡河须用筏,到岸不须船,表达舍法破法执之意。这与禅录所云,"汝无拄杖子,与汝拄杖子";"你有拄杖子,夺汝拄杖子",是同一义的。

须菩提白佛言:"世尊,颇有众生得闻如是言说章句,生实信不①?"

佛告须菩提:"莫作是说。如来灭后,后五百岁②,有持戒修福者,于此章句能生信心,以此为实。当知是人不于一佛、二佛、三、四、五佛而种善根③,已于无量千万佛所种诸善根。闻是章句乃至一念生净信者④。须菩提,如来悉知悉见,是诸众生得如是无量福德。何以故?是诸众生无复我相、人相、众生相、寿者相,无法相亦无非法相⑤。何以故?是诸众生,若心取相,则为著我、人、众生、寿者;若取法相,即著我、人、众生、寿者。何以故?若取非法相,即著我、人、众生、寿者,是故不应取法,不应取非法。以是义故,如来常说汝等比丘知我说法如筏喻者⑥。法尚应舍,何况非法。"

【注释】

①实信:是与智慧相应的证信,非泛泛的信仰。信必须具备信实、信德、信能三条件。

②后五百岁:《大集经》说有五个五百岁,此"后五百岁",即指第五个五百年。第一与第二个五百年合起来是一千年的"正法时期";第三与第四个五百年合起来是一千年的"像法时期";第五个五百年又叫"末法初期",末法将历时一万年。

③善根:即善之根本,又称"善本""德本"。指能生出善法的根本。无贪、无嗔、无痴三者为善根之体,合称为"三善根"。贪、嗔、痴三者则为三不善根,或称"三毒"。又善法为得善果之根本,所以称为"善根"。

④净信:清净之信心。

⑤法相、非法相：法相，指诸法所具本质之相状（体相），或指其意义内容（义相）；非法相，即一切存在现象绝对断灭的相状。法相通常指执"五蕴""十二处""十八界"等诸法为实有，是一种"有病"，无法相，即离诸法的自性执而得法空。非法相指执著诸法皆空，是一种"空病"，无非法相，即离我法二空的空相执而得空。此处之"法相"则有所专指，是指执著般若波罗蜜法为实有不变的有为法，也是属于一种"有病"；"非法相"则专指外道执著诸法皆无、涅槃亦无的"断灭空见"。

⑥筏喻：出自于《中阿含·大品阿梨吒经》，经中佛为阿梨吒比丘说筏喻。筏是竹筏，交通不便或水浅的地方，竹筏可用作交通工具。利用竹筏，即能由此岸到彼岸。到了彼岸，竹筏当然舍去了，谁还把他带着走！以此比喻佛之教法如筏，既至涅槃彼岸，正法亦当舍弃。所以经中云："法尚应舍，何况非法。"

【译文】

须菩提向佛陀问道："世尊，后世的芸芸众生听闻您今日所宣说的微妙内容，能不能因此而生起真实的信心？"

佛陀回答须菩提说："你不必有这样的疑虑。在我灭度后的第五个五百年，会有持守戒律、广修福德的人，能从这些经义中产生真实信心，以此经义为真实所依。应当知道这些人不只曾经于一佛、二佛、三佛、四佛、五佛处种下了众善根前缘，而是已于无量千万佛处积集深厚的善根。

因此，听到了这些微妙经义，便会在一念之间产生清净的信心。须菩提，如来完全确知确信，这些善根众生将会得到无可估量的福报和功德。为什么这么说呢？是因为这些善根众生，不再妄执有自我的相状、他人的相状、众生的相状、寿命的相状，也不再有法相和非法相的分别执著了。这是什么缘故呢？如果众生心念中执取于相状，也就执著于自我的相状、他人的相状、众生的相状、寿命的相状；若众生执著种种法相，亦会有自我的相状、他人的相状、众生的相状、寿命的相状的执著。什么原故呢？如果众生心念中执著于无法相，那也会执著于自我的相状、他人的相状、众生的相状、寿命的相状，所以既不应执著任何法相，也不应执著于非法相。正因为如此，如来才经常告诫你们这些比丘，我所说的法，就像船筏之譬喻一样。佛法尚且应该舍去，何况那些与佛法相违背的非法。"

无得无说分第七

此分主要是要破除我们对佛相、法相的执著而说"无得无说"。如来借用"如来已证得了无上正等正觉吗"和"如来真的说过什么法吗"两个问题来详解并破解凡夫以为物可得、法可说的执著。佛所说的及所证的法,是没有定性可以取著的或可说的。凡是心有所取,口有所说,一切都是自性空的,所以名为"非法";一切法非法的无为空寂,也还是不可取不可说,所以又说"非非法"。因此说"无得",以破事、理二障;讲"无说",以破语言文字之障。有智慧者,即言语离言语,即名相离名相,知得即无得,知说即无说,可谓悟中道第一义谛。一切圣贤都是因证离一切言说,平等一味的无为法而悟道,但是所修虽同而所悟不同,所以虽同依此修证,但浅深不等,才会显现差别。总而言之,无为法离一切戏论,在证觉中都无可取可说,而三乘圣者的差别,却依无为法而施设。

"须菩提,于意云何?如来得阿耨多罗三藐三菩提耶?如来有所说法耶?"

须菩提言:"如我解佛所说义,无有定法名阿耨多罗三藐三菩提,亦无有定法如来可说。何以故?如来所说法皆不可取①,不可说,非法、非非法。所以者何?一切贤圣皆以无为法而有差别②。"

【注释】

①取:有执取、执持二义,亦与"执著"同义,即对所喜欢的境界执取追求。取也是烦恼的异名。

②圣贤:"圣人"与"贤人"之并称。圣,即具有正理的意思,指证见谛理,舍去凡夫之性,发无漏智而证理断惑,属见道的人。贤,即善和之意,指见道以前,调伏自己的心而远离恶的行为的人;谓凡夫离恶而未发无漏智,不证理亦未断惑,是见道以前的修行人。无为法:又称"无为",与"有为法"对称。指非由因缘所造作,离生灭变化而绝对常住之法。

【译文】

佛陀又问:"须菩提,你意下如何?如来已证得了无上正等正觉吗?如来真的说过什么法吗?"

须菩提回答说:"就我所了解佛所说法的义理,没有固定的法可以叫做无上正等正觉,也没有固定的法是如来所宣说的。什么缘故呢?因为如来所说的法义都不可以执取,也不能用语言诠释,它不是佛法,也不是非佛法。为什么呢?因为一切贤圣,也都是依寂灭的无为法而修,因证悟的深浅不同而有深浅的差别。"

依法出生分第八

这一段以"般若是三世诸佛母,一切善法功德皆依此而生出"为主轴来阐述。经文说明如果有人对于本经,不要说受持全部所得的功德,就是受持其中四句偈,或为他人说其中四句偈,他所得的功德,比用满三千大千世界七宝做布施的人,要超过千倍万倍而不可计算的。这是为什么呢?因为受持是自利,为他人说是利他,能于此甚深法门自利利他,功德当然不可思议。因此说"法布施"能启发人的正知正见,健全人的品德,引导他向上增进以及解脱、成佛,由此而可得彻底的安乐,所以"法布施"的功德更加圆满,更不可思议。《般若经》说般若是诸佛之母,一切三世诸佛皆从般若波罗蜜多出生而显现正等觉。没有般若,即没有佛及菩萨、二乘,就是世间的人天善法也不可得。因此经文赞叹般若,进而说明"法布施"的无有穷尽功德。但是,所说的佛法,即是非佛法,因为般若能生出佛法,但是般若并非佛法。毕竟空中,却是人法都不可得的。假使就此执为实有佛法,那就错了!

"须菩提,于意云何?若人满三千大千世界七宝①,以用布施,是人所得福德宁为多不?"

须菩提言:"甚多,世尊。何以故?是福德即非福德性②,是故如来说福德多。"

"若复有人于此经中,受持乃至四句偈等③,为他人说,其福胜彼。何以故?须菩提,一切诸佛及诸佛阿耨多罗三藐三菩提法皆从此经出。须菩提，所谓佛法者即非佛法。"

【注释】

①三千大千世界：古代印度人的宇宙观。"世"指时间，"界"指空间。又作"一大三千大千世界""一大三千世界""三千世界"等。指由小、中、大等三种"千世界"所成的世界。古代以须弥山为中心，周围环绕四大洲及八山八海，称为"一小世界"。合一千个小世界为"小千世界"，合一千个小千世界为"中千世界"，合一千个中千世界为"大千世界"。因为这中间有三个千的倍数，所以大千世界，又名为"三千大千世界"。然据正确推定，所谓三千世界实则为十亿个小世界，而三千大千世界实为千百亿个小世界，与一般泛称无限世界、宇宙全体之模糊概念实有差距。佛典的宇宙观认为，三千世界是一个佛所教化的领域，所以也称为"一佛国"。七宝：即七种珍宝，又称"七珍"，指世间七种珍贵之宝玉。诸经说法不一，《般若经》所说的"七宝"是金、银、琉璃、珊瑚、琥珀、砗磲、玛瑙。《法华经》所说的"七宝"是金、银、琉璃、砗磲、玛瑙、真珠、玫瑰。《阿弥陀经》所说的"七宝"是金、银、琉璃、玻璃、砗磲、赤珠、玛瑙。《大智度论》所说的"七宝"是金、银、琉璃、颇梨（水晶）、砗磲、赤珠、玛瑙。

②福德性：即真正、超越、无相的福德，亦即自性中的智慧福德。

③偈（jì）：又名为"首卢迦"，是印度人对于经典文字的计算法。音译"伽陀""伽他""偈陀""偈他"等。意译"讽诵""偈颂""造颂""孤起颂""不重颂偈""颂""歌谣"等。汉译经典中，多处提及偈颂，但各经却没有一致的说法。《百论疏》卷上指出偈有两种，一种称"通偈"，即首卢迦，为梵文三十二音节构成；一种称"别偈"，由四言、五言、六言、七言，皆以四句而成。在禅宗，禅僧开悟时，也常有人将其悟境以偈颂的形式表现出来。

【译文】

佛说："须菩提，你意下如何？如果有人将充满三千大千世界的所有七种珍宝，全部拿来进行布施，你认为此人因此而获得的福德果报多不多呢？"

须菩提回答道："很多，佛陀。为什么说福德多呢？因为这样的世间福德本身是空性的，而非无相的福德，所以如来从这个意义上说此人所获得的福德果报多。"

佛又说："如果又有一人，能够虔诚信受此部经，即使奉持其中四句偈等，又能够为他人解说，那么此人所获得的福德果报更要胜过布施充满三千大千世界的所有七种珍宝的人。什么缘故呢？须菩提，因为十方一切诸佛及诸佛具有的无上正等正觉的法，皆从此经缘生的。须菩提，所谓的佛法，其本性并非实有，故非佛法。"

一相无相分第九

　　本段借声闻四果为喻，破除有惑可断，有果可证的妄念，进一步说明"般若实相"，即非有相非无相，非一非异相，离一切相，即是实相。从世俗角度而言，"我得须陀洹"……"我得阿兰那行"，都是可以分别言说的。但从胜义谛观察时，"预流果"等本性无实故，所以决不应该执取实我与实法而作此念。也就是说如果有了"我能证得预流果"等念头，这就有了能证的人，所证的果，就是执我了。总而言之，此段从胜义谛的立场，大力驳斥有惑可断、有果可证的求取，以破除众生的取著。

　　"须菩提，于意云何？须陀洹能作是念[①]，我得须陀洹果不？"

　　须菩提言："不也，世尊。何以故？须陀洹名为入流，而无所入，不入色、声、香、味、触、法，是名须陀洹。"

　　"须菩提，于意云何？斯陀含能作是念[②]，我得斯陀含果不？"

　　须菩提言："不也，世尊。何以故？斯陀含名一往来，而实无往来，是名斯陀含。"

　　"须菩提，于意云何？阿那含能作是念[③]，我得阿那含果不？"

　　须菩提言："不也，世尊。何以故？阿那含名为不来，而实无不来，是故名阿那含。"

"须菩提,于意云何?阿罗汉能作是念④,我得阿罗汉道不?"

须菩提言:"不也,世尊。何以故?实无有法名阿罗汉。世尊,若阿罗汉作是念,我得阿罗汉道,即为著我、人、众生、寿者。世尊,佛说我得无诤三昧⑤,人中最为第一,是第一离欲阿罗汉。世尊,我不作是念,我是离欲阿罗汉。世尊,我若作是念,我得阿罗汉道,世尊则不说须菩提是乐阿兰那行者⑥。以须菩提实无所行,而名须菩提,是乐阿兰那行。"

【注释】

① 须陀洹(huán):旧译为"入流""至流""逆流""沟港"等,新译为"预流",是声闻四果中之初果,已断除三界一切见惑,初得法眼者。全称"须陀般那",又称"窣路陀阿钵囊""窣路多阿半那"等。有三种意义:一、入流,是初入圣人之流的意思;二、逆流,是断三界之见惑,逆生死之流的意思;三、预流,是初证圣果,预入圣者之流的意思。得此果位者,再经七番生死,必入涅槃。

② 斯陀含:又译为"一来果",也作"沙羯利陀伽弥"。意译为"一来""一往来",是声闻四果中之二果。又分为"斯陀含向"与"斯陀含果","斯陀含向"或称"一来果向",即初果之圣者进而更断除欲界所修断惑中前五品;若更断除欲界第六品之修惑,

还须一往天上、一来人间受生，方得究竟，至此以后，不再受生，称为"斯陀含果"，或"一来果"，"一来"就是"一度往来"之义。

③阿那含：旧译"不来""阿那伽弥""阿那伽迷"等，意译"不还""无还""无来""不来""不来相"。从名相上看，无来果可以有无来的概念，是声闻四果中之三果。又可分为"阿那含向"和"阿那含果"，若断尽欲界九品之惑，则称"阿那含果"；若断除七品或八品，则称"阿那含向"。修到此果位者，未来当生于色界无色界，不再来欲界受生死，所以叫做"不还"。

④阿罗汉：又作"阿卢汉""阿罗诃""阿啰呵""阿黎呵""遏啰曷帝"等，略称"罗汉""啰呵"。意译为"应供""应真""杀贼""不生""无生""无学""真人"等。是声闻四果中之四果，属声闻乘中的最高果位。又可分为"阿罗汉向"和"阿罗汉果"，尚在修行阶段，而趋向于阿罗汉果者称"阿罗汉向"；阿罗汉果则指断尽一切烦恼，解脱生死，不受后有，而应受世间大供养之圣者。约阿罗汉的恩德说，阿罗汉应受天上人间的供养，为世间作大福田，名为"应供"；约他的断德说，阿罗汉杀尽一切烦恼之贼，故曰"杀贼"；约其智德说，阿罗汉彻证无生寂灭性，解脱生死不受后有，故谓之"无生"。广义而言，也泛指大、小乘佛教中之最高果位，也为如来的十种称号之一。

⑤无诤三昧：谓住于空理而与他无诤之三昧。诤，即诤论，为"烦恼"之异名。在佛弟子中，"解空第一"的须菩提最通解空理，故于众弟子中所得之无诤三昧，最为第一。无诤三昧，从外在表现来说，即不与他诤执，处处随顺众生。觉得人世间已够苦了，我怎么再与他诤论，加深他的苦迫呢？如从"无诤三昧"的证境来说，由于通达法无自性，一切只是相依相缘的假名，所以是自不烦恼、无欲无念、不起争辩、争胜之心的一种精神状态。无诤，就是能令诸有情不生贪嗔痴等烦恼之智慧，而且有止息他人烦恼之力，也指离烦恼之法。三昧，又名"三摩提"，或"三摩地"，意译为"正定"，即将心定于一处（或一境）的一种安定状态。

⑥阿兰那：原意为"树林"，意译为"寂静处""空闲处""无诤处""远离处"等，指适合修行与居住的场所。"乐阿兰那行"者，即是乐于在山林中寂居静修的人；喜欢在清净的山林修清净行、无诤行的修行人。"阿兰那"也意为寂静，即身体寂静，烦恼调伏。玄奘译《金刚经》时，将此处译为"无诤住"。

【译文】

佛又问："须菩提，你有什么看法？你认为证得须陀洹圣果的修行者，会生起'我已证得须陀洹果位'这样的心念吗？"

须菩提回答说："不会的，世尊。为什么呢？须陀洹的意思是入圣流，而实际又是无所入的，不执著于色、声、香、味、触、法六尘，证悟对五欲六尘无有执著的境界，因此才叫作须陀洹。"

佛接着问："须菩提，你有什么看法？你认为证得斯陀含圣果的修行者，会生起'我已证得斯陀含果位'这样的心念吗？"

须菩提回答说："不会的，世尊。为什么呢？斯陀含的意思是一往来，而实际又是无所往来的，心中已没有往来不往来的分别，因此才叫作斯陀含。"

佛又问："须菩提，你有什么看法？你认为证得阿那含圣果的修行者，会生起'我已证得阿那含果位'这样的心念吗？"

须菩提回答说："不会的，世尊。为什么呢？阿那含的意思是不来，而实际又是无所不来的，心中已没有来不来的分别，因此才叫作阿那含。"

佛继续问："须菩提，你有什么看法？你认为证得阿罗汉圣果的修行者，会生起'我已证得阿罗汉果位'这样的心念吗？"

须菩提回答说："不会的，世尊。为什么呢？因为实际上并没有什么法叫阿罗汉。世尊，如果阿罗汉生起'我已证得阿罗汉果位'的心念，那么，就执著于自我的相状、他人的相状、众生的相状、寿命的相状。世尊，佛说我已证得无诤三昧，是人中第一，亦为罗汉中第一离欲的阿罗汉。世尊，我不起这样的念头，说我是一位远离各种欲望的阿罗汉。世尊，如果我生起'我已证得阿罗汉果位'的念头，那么世尊就不会说我是个乐于在山林中寂居静修的阿兰那行者。正因为须菩提并不存有修行的执著心念,只是假名为须菩提,所以才称为是乐于修阿兰那行的修行者。"

庄严净土分第十

庄严佛土不可取相是此段的主旨。在然灯佛所，虽得无上菩提之果，实则自悟自修，于法实无所得。佛设此问，要在表明法无所得，是空法相。接着佛陀探讨了无菩萨庄严或发心庄严刹土之理，说明所谓"庄严净土"，并非就是凡夫眼中所见的色相庄严，而是指那无形无相的法性庄严。依中观者说，佛土与佛土庄严，如幻如化，是缘起的，空无自性的，所以说"胜义谛"中是非庄严。然而无自性空，并不破坏缘起施设，世出世法一切是宛然而有的，所以随顺世俗说，称之为庄严而已。因此菩萨不应该对"六根"所接触的"六尘"生起执著心，反而应该于无任何所缘执著而生起离一切边执的清净心。正因离一切边执，经文中所谓的大身，真正观察乃是以"五蕴"假合所形成的身体，所以所谓的"大"也是不存在的。

佛告须菩提："于意云何？如来昔在然灯佛所①，于法有所得不？"

"不也，世尊。如来在然灯佛所，于法实无所得。"

"须菩提，于意云何？菩萨庄严佛土不②？"

"不也，世尊。何以故？庄严佛土者即非庄严，是名庄严。"

"是故，须菩提，诸菩萨摩诃萨应如是生清净心③，不应住色生心，不应住声、香、味、触、法生心，应无所住而生其心。须菩提，譬如有人身如须弥山王④,于意云何?是身为大不?"

须菩提言:"甚大,世尊。何以故?佛说非身是名大身。"

【注释】

①然灯佛:音译"提和竭罗""提洹竭"等,又作"燃灯佛""普光佛""锭光佛"。为于过去世为释迦菩萨授记成佛的本师。锭光本为提和卫国圣王的太子,国王临终前将国家付托给太子。但太子知世间之无常,复将国家授于其弟,自己却出家为沙门,后终成佛果,也就是然灯佛。据说释迦在过去修菩萨行时,有一天,见城中市容整饬,街道洁净,问起路人,才知是预备欢迎然灯佛的。于是买得金色莲花,至诚而欢喜地去供养然灯佛。见到佛及弟子的威仪,从心灵深处生起虔诚的敬信。进城的必经道上,有一滩水,他就伏在地上,散开自己的头,掩盖污泥,让佛踏过。佛知他信证法性,得无生忍,所以就替他授记曰:"过后九十一劫,等你修满三阿僧祇时,你应当作佛,号释迦牟尼。"

②庄严佛土:庄严,有庄盛严饬之意,即布列种种宝物、鲜花、宝盖、幢、幡、璎珞等,以装饰严净道场或国土等。将浊恶世界净化,即庄严佛土,这是以愿力为本的。菩萨立大愿,集合同行同愿的道伴,实践"六度"万行功德、"四摄"的善行,并以之回向,庄严成佛时之依报国土,谓之"庄严佛土"。

③清净心：指无疑净信之心、远离烦恼之无垢心、自性清净之心。《胜鬘宝窟》曰："清净心，净者信也。起净信之心，又不杂烦恼心，名为净心。"这里指"诸菩萨摩诃萨应如是生清净心，不应住色生心，不应住声、香、味、触、法生心"，即指应该无执于任何所缘的境界、超越能所对待、有无分别，而生起离一切边执的清净心。

④须弥山王：即是须弥山，音译为"苏迷卢山""须弥卢山""须弥留山""修迷楼山"等，意译作"妙高山""好光山""好高山""善高山""善积山""妙光山""安明由山"等。原为印度神话中之山名，佛教之宇宙观沿用之，谓其为耸立于一小世界中央之高山。以此山为中心，外围有八大山、八大海顺次环绕，而形成一世界（须弥世界）。须弥山高出水面八万四千由旬，水面之下亦深达八万四千由旬。须弥山顶有三十三天宫，为帝释天所居住之处，四王天则居于山腰四面。此山是由金、银、琉璃、水晶四宝所成，花果繁盛，香风四起，无数之奇鸟，相和而鸣，诸鬼神住于其中。因此山高出众山之上，故称"山王"。

【译文】

佛陀再问须菩提："你有怎样的看法？如来往昔在然灯佛前，有没有得到什么成佛的妙法？"

须菩提回答："没有的，世尊。如来往昔在然灯佛前，实际未得到任何妙法。"

佛陀接着问:"须菩提,你有怎样的看法?菩萨有没有庄严清净佛土呢?"

须菩提回答:"没有的,世尊。为什么呢?因为所谓庄严佛土,非胜义中存在实有的庄严,不过是庄严的外在名相罢了。"

佛说:"所以,须菩提,诸位大菩萨都应当像这样生起清净心,不应该对眼识所见的种种色法生起执著心,也不应于声、香、味、触及法等尘境生起执著心,应该于无任何所缘执著而生起离一切边执的清净心。须菩提,譬如有一个人身体像须弥山王那样高大,你有什么看法?他的身体是不是很高大?"

须菩提回答:"很大,世尊。为什么呢?佛说的并不是实有的身体,只不过假借一个名,称之为大身而已。"

无为福胜分第十一

上文用一个三千大千世界的七宝布施来较量,这里就用恒河沙数的大千世界的七宝布施来比勘,并认为布施如此多的七宝的福德没有持此经的福德胜。多做善事即多增福德,少做善事即少增福德,这是一种有为、有相的福德,是一个著相福德和有漏的果报。受持本经,体悟般若无住真理,就是无为的福德,是出世无漏的善法功德。依世俗的心理,布施如此多的七宝的功德当然是很多了,但是"法布施"的功德更是其福德如虚空不可限量。为何呢?因为受持此经者,能观照般若妙行而让自己见性成佛。进而如果能为他人说,他人受持,则他人也能观照般若妙行而见性成佛。"法布施"能度尽无量无数无边众生,使众生皆见性成佛,所以其福德胜于布施无量七宝的福德。

"须菩提,如恒河中所有沙数①,如是沙等恒河,于意云何?是诸恒河沙宁为多不?"

须菩提言:"甚多,世尊。但诸恒河尚多无数,何况其沙!"

"须菩提,我今实言告汝:若有善男子、善女人,以七宝满尔所恒河沙数三千大千世界,以用布施,得福多不?"

须菩提言:"甚多,世尊。"

佛告须菩提:"若善男子、善女人,于此经中乃至受持四句偈等,为他人说,而此福德胜前福德。"

【注释】

① 恒河：为印度五大水系之一，又作"恒迦河""恒伽河""殑伽河"等（殑音敬，jìng），意为"由天堂而来"。在地理上，它是亚洲的大河流之一，上游在喜马拉雅山南坡，中途汇集百川，经过印度、孟加拉而进入印度洋。其两岸人口稠密，经济繁荣，交通发达，物产丰富，故印度人民对恒河有着深厚的感情，将两岸约1500公里之地视为神圣的朝拜地区，于河岸两旁建筑无数寺庙，各教教徒常至此巡礼。至释迦佛陀应世，恒河两岸更是佛陀及弟子教化活动之重要区域。恒河沙粒至细，其量无法计算，诸经中凡形容无法计算之数，多以"恒河沙"一词为喻。

【译文】

佛说："须菩提，像恒河中所有的无可计数的沙数，假如这条河中的每一粒沙子又成一条恒河，你有什么看法？所有恒河中的尘沙加在一起，你认为那沙子算不算多呢？"

须菩提回答："非常多，世尊。仅仅是恒河之沙那么多的恒河已是无可计数，何况所有河中的沙子的数量呢。"

佛说："须菩提，我今天实实在在地以真实语向你宣说，如果有善男子、善女人，用遍满上述所有恒河沙数那么多的三千大千世界的七宝，来进行布施，他们所获得的福报功德多不多？"

须菩提回答："非常多，世尊。"

佛进一步告诉须菩提："如果有善男子、善女人，能对此经信受奉持，甚至只是受持其中的四句偈，并向他人讲解演说，其所获得的福德胜过前面所说以满恒河沙数那么多的三千大千世界的七宝作布施的福德。"

尊重正教分第十二

此分更深入阐明正法流布的广大。先表明随说是经之处,这个地方,就应为天、人、阿修罗所当恭敬尊重的。接着表明如果能完全受持此经,则生清净心,清净心中,无相无住,即能成就第一殊胜稀有的功德,此般若经典(不必定作经卷看)所在的地方,就等于佛世有佛,及佛灭不久有受尊重的弟子在那里。有此般若经典在,即为佛在处,即为佛与上首弟子在处,也就即等于具足了三宝,佛法住世。正因为般若甚深微妙法,是三世诸佛之母,所以,经典所在之处,即应恭敬尊重,要像供养佛塔庙一样地恭敬供养。

"复次,须菩提,随说是经乃至四句偈等,当知此处一切世间天、人、阿修罗①,皆应供养如佛塔庙②,何况有人尽能受持、读诵。须菩提,当知是人成就最上第一希有之法。若是经典所在之处,即为有佛,若尊重弟子③。"

【注释】

①世间:音译作"路迦"。指被烦恼缠缚的三界及有为、有漏诸法之一切现象。又因"世"有迁流之义、破坏之义、覆真之义,"间"为间隔之义,所以与"世界"一语同义,包含"有情世间"与"器世间"两种。有情世间,又作"众生世间""有情界"。器

世间，又作"物器世间""器世界""器界""器"，指一切有情众生居住的山河大地、国土等。相对于含有世俗意味之"世间"而言，超越世间者，则称"出世间"（出世）。天、人、阿修罗：合称为"三善道"。天，音译作"提婆"，又名"素罗"，有光明、自然、清净、自在、最胜等义。与天上、天有、天趣、天道、天界、天上界等同义。指在迷界之"六趣"中，最高最胜之有情，或指这些天人所居住的处所。天界可分为"欲界""色界""无色界"。欲界六天，皆有饮食男女之欲；色界十八天，多习禅定，无男女之欲，但还有色身；无色界四天，禅功更深，色身已无。人，世间的生存者，欲界所属之有情，思虑最多者，过去曾修中品善之因，故今世召感人道之果。阿修罗，又作"阿须罗""阿须伦""阿苏罗""阿素罗"等。为"六道"之一，也是"天龙八部"及"十界"之一。义为"不端正"，言其男性容貌丑陋，但女性相貌却端正。又译为"非天"，说明其果报胜似天而无天之德。阿修罗原为古印度神祇之一，属于战斗一类之鬼神，经常被视为恶神，而与帝释天争斗不休，因此后世亦称战场为"修罗场"或"修罗战"。佛教沿用其传说，并说其皈依佛法。

②供养：供给资养之义，又作"供""供施""供给""打供"等。即以饮食、衣服等物供给佛法僧"三宝"、父母、师长、亡者等。总括供养物之种

类、供养方法与供养对象等，有各种不同之分类。初期教团所受之供养以衣服、饮食、卧具、汤药等为主，称为"四事供养"。"五种供养"有涂香（持戒）、花鬘（布施）、焚香（精进）、饮食（禅定）、燃灯（智慧），另加阏伽（净水［忍辱］），即为"六种供养"。花、香、璎珞、末香、涂香、烧香、缯盖、幢幡、衣服、伎乐则合称"十种供养"。塔：又作"塔婆""兜婆""偷婆""浮图"等。原指为安置佛陀舍利等物，而以木、砖等构造成的覆钵型建筑物，但后世却与"支提"混同，而泛指于佛陀降世、成道、转法轮、般涅槃等处，以堆土、石、砖、木等筑成，作为供养礼拜之建筑物。其实两者是有差别的，凡有佛陀舍利者，称为"塔"；无佛陀舍利者，称为"支提"。庙：佛典中的庙，与中国传统意义上的庙不同，而相当于梵语之"窣堵波"，即塔。

③弟子：意译"所教"，即就师而受教者。佛陀在世时之声闻等，乃至佛陀入灭后之比丘、比丘尼、优婆塞、优婆夷等，皆称为佛弟子。就佛而言，声闻、菩萨虽皆为弟子，但因声闻道时人之形仪最亲顺于佛，故特称为"弟子"。此处指受天、人、阿修罗等尊重的佛的大弟子，如舍利弗、目犍连、阿难等。

【译文】

佛接着又说："再次，须菩提，能够观机随缘地向他人宣说此经，甚至只是讲解经中的四句偈而已，那么应当知道此讲经之处，一切世间所有的天、人、阿修罗，都应该前来护持、恭敬供养，就如同供养佛塔庙宇一样，更何况有人能够完全信受奉行、诵读这部经。须菩提，当知此人已成就最无上第一稀有的无上菩提。这部经典所在之处，那里就会有佛，也就有尊重佛的弟子在那里。"

如法受持分第十三

　　此分以较量内身施和法施的功德。先示说如法受持般若的第一义谛，佛陀以假、空、真三句，涵盖佛法之精要。此三句是：如来说般若波罗蜜，即非般若波罗蜜，是名般若波罗蜜；如来说微尘，非微尘，是名微尘；如来说三十二相，即是非相，是名三十二相。

　　须菩提已深深领悟般若妙理，认为此经不仅示现为弟子们受持而已，所以当机请示佛陀总结经名，以便于后人受持奉行。佛陀说明此经名为《金刚般若波罗蜜》后，随即说金刚般若波罗蜜，即非有般若波罗蜜可得的。世间的名相只不过是世俗共许的符号，是随顺世俗，以名句文身为表示而已！同理，说法也是如此，什么也不是语言可说的，何况离相的金刚般若。同样的理由，组成世界的微尘，并没有自性可得，依之而集成的世界，当然也不会实有自性了！所以又说：如来说世界，即非世界。而幻化的世界宛然，所以又是名世界。如来说的三十二相亦是如此，是没有自相可得的，不过是如幻如化的庄严身相，名为三十二相罢了。通过般若、微尘和三十二相说明了世界的性空与假名！

　　之前是以充满三千大千世界的七宝布施，再以充满恒河沙数三千大千世界的七宝布施，如今又以恒河沙数的身命布施，层层深入地比较受持本经及为人说法的功德。七宝为外施，身命为内施，虽然内施的福德倍胜于外施，但终究不及受持此经的福德。身命布施，除了出于同情的悲心而外，也有为了追求真理——求法而不惜舍身的。身命布施的功德，虽比外财施大得多，但还是暂时的不究竟的救济。持经法施，不但能拯拔堕落的人格，开发锢蔽者的智慧，还能断自他生死，究竟解脱。所以，比身命布施的功德，要多到无可计算了！

尔时，须菩提白佛言："世尊，当何名此经？我等云何奉持？"

佛告须菩提："是经名为《金刚般若波罗蜜》，以是名字，汝当奉持。所以者何？须菩提，佛说般若波罗蜜，即非般若波罗蜜，是名般若波罗蜜。须菩提，于意云何？如来有所说法不？"

须菩提白佛言："世尊，如来无所说。"

"须菩提，于意云何？三千大千世界所有微尘①，是为多不？"

须菩提言："甚多，世尊。"

"须菩提，诸微尘，如来说非微尘，是名微尘。如来说世界非世界，是名世界。须菩提，于意云何？可以三十二相见如来不②？"

"不也，世尊。不可以三十二相得见如来，何以故？如来说三十二相即是非相，是名三十二相。"

"须菩提，若有善男子、善女人，以恒河沙等身命布施，若复有人，于此经中乃至受持四句偈等，为他人说，其福甚多。"

【注释】

① 微尘：即眼识所能看到的最微细者。在佛教而言，极微是指物质存在之最小单位。以一极微为中心，合七极微为一微尘，合七微尘为一金尘，合七金尘为一水尘。又，微尘之量虽小，然其数甚多，故经典中经常以"微尘"比喻量极小，以"微尘数"比喻数极多。

② 三十二相：是转轮圣王及佛之应化身所具足之三十二种殊胜容貌与微妙形相。又作"三十二大人相""三十二大丈夫相""三十二大士相""大人三十二相"等。略称为"大人相""四八相""大士相""大丈夫相"等。此"三十二相"，不限于佛。具有此相者，在家必为转轮圣王，出家则必定会证得无上菩提。此处指如来具有三十二种显著特征、殊胜的容貌。依《大智度论》卷四所载，"三十二相"即：(一)足下安平立相、(二)足下二轮相、(三)长指相、(四)足跟广平相、(五)手足指缦网相、(六)手足柔软相、(七)足趺高满相、(八)腨（shuàn）如鹿王相（腨音涮，小腿肚）、(九)垂手过膝相、(十)阴藏相、(十一)身广长等相、(十二)毛上向相、(十三)一孔一毛生相、(十四)金色相、(十五)大光相、(十六)细薄皮相、(十七)七处隆满相、(十八)两腋下隆满相、(十九)上身如狮子相、(廿)大直身相、(廿一)肩圆好相、(廿二)四十齿相、(廿三)齿齐相、(廿

四)牙白相、(廿五)狮子颊相、(廿六)味中得上味相、(廿七)广长舌相、(廿八)梵声相、(廿九)真青眼相、(卅)牛眼睫相、(卅一)顶髻相、(卅二)眉间毫相。以上三十二相,行百善乃得一妙相,故称为"百福庄严"。

【译文】

这时候,须菩提向佛陀请示:"世尊,我们应当怎样称呼这部经?我们又应该怎样受持奉行这部经呢?"

佛告诉须菩提:"这部经就取名为《金刚般若波罗蜜经》,以此名称,你应当奉持。为什么呢?须菩提,因为佛所说的般若波罗蜜,并不是实有的般若波罗蜜,而在名相上称之为般若波罗蜜。须菩提,你认为如何?如来说过什么法吗?"

须菩提回答道:"世尊,如来没有说过什么法。"

佛再问:"须菩提,你是怎么想的?你认为三千大千世界里所有的微尘,算不算多呢?"

须菩提答:"非常多,世尊。"

佛说:"须菩提,所有的微尘,如来说它不是微尘,才假名叫做微尘。如来说世界即是非世界,并非实有世界,只是假名为世界而已。须菩提,你认为如何?是否可以通过如来色身的三十二种殊妙相貌来认识真正的如来?"

须菩提答:"不可以,世尊。不可以通过如来色身的三十二种殊妙相貌而见如来的真实面目。为什么呢?如来所说的三十二相并非是三十二种真实形相,只是因缘和合的假名三十二相。"

佛说:"须菩提,如果有善男子、善女人,以恒河沙数那样多的身体和生命来布施,又如果再有人,能信受奉持这部经,甚至只是经中的四句偈而已,并广为他人宣说,他得到的福报功德就更多了。"

离相寂灭分第十四

"离相"是此段的主题。离相即离一切幻相。世间一切相,皆是幻化之相。凡夫不知这个幻相是虚而不实的,所以执著取舍,处处为幻相所惑。若能识破幻相非相,则外尘不入,真性便能呈现,所谓生灭灭已,寂灭现前者也。

须菩提先是极力赞叹深法的难闻,使他们注意而受持这离相妙悟的般若。听闻了这深妙法门者,都能成就第一希有功德,这是因为他们能离一切妄相而清净信心,即离戏论而显得心自清净,是如实相而知的证信,即清净增上意乐或不坏信,这是更显难得了!之后的众生,也能在听闻此经后成就第一希有功德。此乃因为他们信解受持这金刚般若经后,已没有我等四相的取执了。这可见不问时代的正法、像法,不问地点的中国、边地,能否信解般若,全在众生自己是否已多见佛、多闻法、多种善根,是否能离四相而定。

闻经后能不生惊疑怖畏而入般若海,这是第一希有者。为什么呢?因为已透彻了解如来所说的离相第一般若波罗蜜。要不落怀疑,不生邪见,不惊、不怖、不畏,必须心无所著,而有了般若智慧才能心无所著。般若为诸度之先导,诸度(后五度)若无般若,皆不到彼岸,所以如来说第一波罗蜜。然而,第一波罗蜜,即是无可取、无可说,也即是第一不可得,波罗蜜不可得。惟其离相不可得,所以为诸法的究极本性,为万行的宗导,而被十方诸佛赞叹为"第一波罗蜜"。

上文偏说布施，而此处又特别赞叹忍辱，借用行大忍辱说明离我法执。生忍、法忍、无生忍是菩萨发大心，行广大难行，度无边众生，学无量佛法所必学习的。菩萨唯有修大忍，才能度化众生，完成成佛大事。菩萨修此忍力，能受得苦难，看得彻底，站得稳当，以无限的悲愿熏心，般若相应，能不因种种而引起自己的烦恼，退失自己的本心。但是忍辱波罗蜜要与般若相应，才能了悟能忍的我，所忍的境与忍的法，都不可得，所以即非忍辱波罗蜜。能如此，才能名为"忍波罗蜜"。佛陀进一步举过去的本生来证明自己在过去生中，被歌利王分割身体的故事，说明当时自己并没有我等四相，所以心不产生嗔恨而能大悲，能大忍！要利益众生，就应该行不执取法相、人相的无住布施。所以如来接着说：如来说的一切相，即是非相；说的一切众生，即非众生。通达非相非众生，所以能布施，所以能忍辱。

菩萨修菩萨行，唯有除灭四相，才可以契会无实无虚。若心不住于色等法而行布施，那就如明目人在日光朗照的地方，能见种种的形色。这说明布施要与般若相应，不著一切，即能利益众生，趋入佛道，庄严无上的佛果。总括地说，将来如有善男子、善女人，能受持、读诵这般若妙典，那即为如来的大智慧眼，在一切时、一切处、一切事中，完全明确地知道、见到，能常为如来所护持，他的功德是无量无边的。

尔时，须菩提闻说是经，深解义趣，涕泪悲泣而白佛言:"希有,世尊。佛说如是甚深经典,我从昔来所得慧眼①,未曾得闻如是之经。世尊,若复有人得闻是经,信心清净②,即生实相③,当知是人成就第一希有功德。世尊,是实相者,则是非相,是故如来说名实相。世尊,我今得闻如是经典,信解受持不足为难④。若当来世后五百岁,其有众生得闻是经,信解受持,是人即为第一希有。何以故?此人无我相、无人相、无众生相、无寿者相。所以者何?我相即是非相,人相、众生相、寿者相即是非相。何以故?离一切诸相即名诸佛。"

佛告须菩提:"如是,如是。若复有人得闻是经,不惊不怖不畏,当知是人甚为希有。何以故?须菩提,如来说第一波罗蜜,即非第一波罗蜜⑤,是名第一波罗蜜。

"须菩提,忍辱波罗蜜⑥,如来说非忍辱波罗蜜,是名忍辱波罗蜜。何以故?须菩提,如我昔为歌利王割截身体⑦,我于尔时无我相、无人相、无众生相、无寿者相。何以故?我于往昔节节支解时,若有我相、人相、众生相、寿者相,应生嗔恨⑧。

"须菩提,又念过去于五百世作忍辱仙人,于尔所世无我相、无人相、无众生相、无寿者相。是故,须菩提,菩萨应离一切相,发阿耨多罗三藐三菩提心。不应住色生心,不应住声、香、味、触、法生心,应生无所住心⑨。若心有住,即为非住。是故,佛说菩萨心不应住色布施。须菩提,菩萨为利益一切众生故,应如是布施。如来说一切诸相即是非相,又说一切众生即非众生。

"须菩提,如来是真语者、实语者、如语者、不诳语者、不异语者。须菩提,如来所得法,此法无实无虚。须菩提,若菩萨心住于法而行布施,如人入暗即无所见。若菩萨心不住法而行布施,如人有目,日光明照,见种种色。

"须菩提,当来之世,若有善男子、善女人,能于此经受持读诵,即为如来以佛智慧悉知是人,悉见是人,皆得成就无量无边功德。"

【注释】

①慧眼:指智慧之眼。为声闻、缘觉二乘人所证得的眼。为"三眼"之一、"五眼"之一。慧能起观照,所以名为眼。了知诸法平等、性空之智慧,故称"慧眼"。因慧眼能照见诸法真相,所以能度众生至彼岸。

②信心:信受所闻所解之法而无疑心,亦即远离怀疑之清净心。是离戏论而显的清净心,是如实相而知的证信,即清净增上意乐或不坏信。信心乃为入道之初步,故置于"信、进、念、定、慧"等五根之首,主旨概为信仰"佛、法、僧"三宝及因果之理。

③实相:原义为本体、实体、真相、本性等,指一切万法真实不虚之体相,或真实之理法、不变之理、真如、法性等。实,就是真实不虚;相,谓事物的

本性或相状。宇宙间一切事物都是因缘（条件）组成、变化无常的，都没有永恒的、固定不变的自体，以世俗观念认识的一切现象均为假相，这就包含"空"之意义。这种空就是宇宙万有的"真性"，亦即诸法实相。诸法实相为万有的本性，所以又叫"法性"，此法性真实常住不变，所以又名"真如"。此外还有"真谛""中道""涅槃""实际""实性""法身""法界""佛性""如来藏""般若"等种种异名。此实相之相状，一般认为不得以言语或心推测之。

④信解：闻佛之说法初信之，后解之，谓之信解。亦指修行之阶位，为"七圣"之一。钝根者见此经能信之，利根者读此经能解之，合谓之"信解"。又信者能破邪见，解者能破无明。

⑤第一波罗蜜：即自生死迷界之此岸而至涅槃解脱之彼岸。"波罗蜜"又作"波罗蜜多""波啰弭"多。意译为"到彼岸""度无极""度""事究竟"。到彼岸的方法，总括而言，有"六波罗蜜""十波罗蜜""四波罗蜜"等分别。其中以"六波罗蜜"，为诸部般若经之说。"六波罗蜜"中最殊胜的就是"般若波罗蜜"，故称"第一波罗蜜"。"般若波罗蜜"意译为"慧到彼岸""智度""明度""普智度无极"。即以智慧照见世间的实相，为度生死此岸而至涅槃彼岸之船筏，故谓之"波罗蜜"。"般若波罗蜜"为"六波罗蜜"之根本，一切善法之渊源，故

又称"诸佛之母"。其他"五度"(布施、持戒、忍辱、精进、禅定),都要以般若为前导,不然即如盲行。

⑥忍辱波罗蜜:梵语为"羼提",意译为"安忍""忍"等。忍,是能忍之心;辱,是所忍的境。忍不但忍辱,还忍苦耐劳,即认透确定事理。忍有三种,对于人事方面的毁誉,皆能安然顺受,不生嗔恚之心,叫"生忍";忍受身心的劳苦病苦,以及风雨寒热等苦,能处之泰然,叫"法忍";菩萨修行"六度"时,了知一切诸法无我、本然不生的空理,将真智安住于理而不动,叫"无生忍",无生忍即般若慧。菩萨修此忍力,即能不为一切外来或内在的恶环境、恶势力所屈伏。所以,忍是内刚而外柔,能无限地忍耐,而内心能不变初衷,最终达成理想的目标。佛法劝人忍辱,是劝人学菩萨,是无我大悲的实践,非奴隶式的忍辱。

⑦歌利王:又作"哥利王""羯利王""迦梨王""迦陵伽王""羯陵伽王""迦蓝浮王"等。意译作"斗诤王""恶生王""恶世王""恶世无道王"等。佛陀于过去世修行时,歌利王为乌苌国的国王。他的行为非常凶暴恶劣,臣民们都很害怕他,唯恐避之不及。一次,国王带了宫女们,入山去打猎。宫女们趁国王休息时,就自由游玩。在深林中,当她们见到一位仙人在坐禅时,对他生起很大信心,仙人也就为他们说法。国王一觉醒来,不见一人,到各

处去寻找，见他们围着仙人在谈话，心中生起嗔恨心并责问仙人，且不分青红皂白地用刀砍下仙人的手脚，看他是否能忍。当时，仙人毫无怨恨，神色不变，不但不嗔恨，反而对国王生起大悲心。这仙人，即释迦牟尼佛的前生。

⑧嗔恨：又作"嗔恚""嗔怒""恚""怒"。"三毒"之一，也是六根本烦恼之一。对于苦与产生苦的事物，厌恶憎恚，谓之"嗔"。嗔恨能使身心热恼，起诸恶业。

⑨无所住心：即其心无住。无住，即无著、不执著。无所住是不滞住善恶、是非、空有、断常、迷悟等等对待的两边，连中道亦不住。

【译文】

这时候，须菩提听闻了这部经，深刻领会了其中的真谛，禁不住感激涕零地对佛说："太稀有了，世尊。佛陀宣说了如此甚深微妙的经典，这是从我见道得慧眼以来，未曾听到过的如此殊胜的经典。世尊，如果有人听闻了这样的经义，而能生起清净的信心，即能证悟万法实相，应该知道此人已经成就了最殊胜稀有的功德。世尊，这个真如实相，并不是真实的真如实相，所以如来佛才说它假名为实相。世尊，我今日能够亲闻佛陀讲这部经典，理解其义并受持此经不算难得稀有。如果到了后世的最后一个五百年中，有众生听闻这微妙经义，并能信受奉持，此人才是非常稀有难得的。为什么呢？因为此人已没有对自我相状、他人相状、众生相状和寿命相状产生执著。为什么是这样呢？因为他已经了悟我相本非真实，人相、众生相、寿者相也一样本非真实。为什么呢？远离一切对虚妄之相的执著，就可以称之为佛了。"

佛告诉须菩提说："是这样的，是这样的。如果有人听闻这部经典，而能够不惊疑、不恐怖、不生畏惧，应当知道这人是非常殊胜稀有的。为什么呢？须菩提，如来所说的第一波罗蜜，实即并非实有的第一波罗蜜，只是假名的第一波罗蜜。

"须菩提，所谓的忍辱波罗蜜，如来说并非实有的忍辱波罗蜜，只是假名的忍辱波罗蜜。为什么呢？须菩提，比如我过去被歌利王用刀支解身体，我在当时就没有心存自我的相状、他人的相状、众生的相状和寿命的相状。为什么这样说呢？如果我当时被节节支解时，在心中执著我的相状、他人的相状、众生的相状和寿命的相状，就必定会生起嗔恨的心。

"须菩提，我回想起我在过去五百世做忍辱仙人时，那时，我就不执著于自我的相状、他人的相状、众生的相状和寿命的相状。所以，须菩提，菩萨应该舍离所有一切的相状，生发无上正等正觉的菩提心。不应该执著于色尘而产生心念，不应该执著于声、香、味、触、法诸尘而产生心念，应当生起无所执著的清净心。如果心中有所执著，就无法无住而生其心了。所以，佛说菩萨的心念不应该执著于色相而布施。须菩提，菩萨为了利益一切的众生，应当如此进行布施。如来说一切所有的形相都是因缘聚合的假名形相，又说一切所有的众生也不是真实的众生。

"须菩提，如来是讲真话的人，讲实话的人，讲真理的人，而不是说谎话的人、不是讲怪异话的人。须菩提，如来所证得的法，既非实有又非虚无。须菩提，如果菩萨心里执著于法相而行布施，就会好像人进入黑暗中什么也看不到。如果菩萨心里不执著于法相而行布施，就好像人有双眼，在日光的照耀下，能一清二楚地看见各种色法一样。

　　"须菩提，未来之世，如果有善男子、善女人，能对这部经信受奉行和诵念受持，如来凭佛无碍的智慧可以悉知这种人，也可以悉见这种人，一定能成就无量无边无尽的功德。"

持经功德分第十五

　　此段第四次运用较量法，深一层地显示信解受教般若经教之功德的不可思议。持经功德即胜于身命布施，因为用等于恒河沙数的身命布施，仍不如听闻此经典，能生信心，随顺般若而不违逆。信为道元功德母，佛法大海，唯信得入；信是入道初基，由信而解，由解而行，由行而证，所以其功德超胜。单是"信顺"的功德即如此，那么更进一步的书写、受持、读诵、为他人演说，功德当然就更大了！

　　本经有不可思议、不可称量的无边功德。但如来不为小乘行者说这样大功德的妙法，因为好乐小法的人，住著在我见、人见、众生见、寿者见，不能于此般若深法，听受乃至为人解说的。唯发大乘心者，及发最上乘心者，能领受信解，广为人说，因而就能为了救度众生而信受转化，即能荷担如来无上大法，广度众生，绍隆佛种的责任！这里并非贬低"乐小法者"，声闻者能得无我，这是佛教所共许的，因此此处说"乐小法者"住于我见，是针对他们不能大悲利他而说，是一种方便说。

　　如来接着说此经所在的地方，即等于佛塔所在之处。佛示现涅槃后遗有八大佛塔，因此说佛塔本是供养佛身的；佛说的教典，是佛证觉后而开示的，所以也被称为"法身"。所以，但有此经所在之处，就等于有佛塔了，为了尊敬法身，一切天、人、阿修罗，都应当尊敬供养。

　　"须菩提，若有善男子、善女人，初日分以恒河沙等身布施,中日分复以恒河沙等身布施,后日分亦以恒河沙等身布施①,如是无量百千万亿劫以身布施②。若复有人闻此经典,信心不逆,其福胜彼,何况书写、受持、读诵、为人解说!

"须菩提,以要言之,是经有不可思议、不可称量无边功德③。如来为发大乘者说④,为发最上乘者说。若有人能受持、读诵、广为人说,如来悉知是人,悉见是人,皆得成就不可量、不可称、无有边、不可思议功德。如是人等,即为荷担如来阿耨多罗三藐三菩提。何以故?须菩提,若乐小法者⑤,著我见、人见、众生见、寿者见,即于此经不能听受、读诵、为人解说。

"须菩提,在在处处,若有此经,一切世间天、人、阿修罗所应供养,当知此处即为是塔,皆应恭敬作礼围绕⑥,以诸华香而散其处。"

【注释】

①初日分、中日分、后日分:犹言一天中的上午、中午、晚上三个时段。约十点钟以前为初日分,十点到下午二点为中日分,二点钟以后是后日分。

②劫:古代印度的时间单位,佛教沿用之。泛指极长的时间。音译为"劫波""劫跛""劫簸""羯腊波"等。意译为"分别时分""分别时节""长时""大时""时"等。佛教则视之为不可计算的极长时间,故经论中多以譬喻故事喻显之。佛教对于"时间"

的观念，以劫为基础，来说明世界生成与毁灭的过程。

③功德：音译作"惧囊""麌囊"（麌音雨，yǔ）、"求那"等。功，是指福利之功能，德，则指此功能为善行之德。德者得也，修功有所得，故曰"功德"。即意指功能福德，亦谓行善所获之果报。又世人拜佛诵经布施供养等，都叫"功德"。

④大乘：音译为"摩诃衍那""摩诃衍"等。又作"上衍""上乘""胜乘""第一乘"等。"乘"即交通工具之意，指能将众生从烦恼之此岸载至觉悟之彼岸之教法而言。不以个人之觉悟为满足，而以救度众生为目的，一如巨大之交通工具可载乘众人，故称为"大乘"。以此为宗旨之佛教，即是大乘佛教。

⑤小法：即指小乘法。佛之说法，实际并无二致，只因弟子发心不同，致使浅者见浅，深者为深，而有大小乘之别。

⑥作礼围绕：佛在世时，弟子来见佛，大都绕佛一匝或三匝，然后至诚顶礼。在古印度，环绕佛塔右行三匝或更多匝，是一种表示虔诚恭敬的礼仪。此作礼围绕的习俗亦随佛教的传播，而在世界各地沿用至今。

【译文】

佛说："须菩提，如果有善男子、善女人，上午以恒河沙数那样多的身体来布施，中午也以恒河沙数那样多的身体来布施，下午也同样以恒河沙数那样多的身体来布施，如此经百千万亿劫都没有间断过以身体来布施。如果又有一个人，听闻了此经典，生起不退的信心，他所得的福德胜过前述以身命布施的人，更何况抄写经文、信受奉行、阅读背诵、为他人解说呢！

"须菩提，简而言之，此经具有不可思议、不可估量、无边无际的功德。如来本为发大乘菩萨道心的人而说，为发最上佛乘的众生而说。如果有人能信受持行、阅读背诵、广为他人宣说，如来可以悉知这个人，也可以悉见这个人，一定能成就不可衡量、不可称计、无边无际、不可思议的功德。这样的人，就担当得起如来无上正等正觉的家业。为什么呢？须菩提，一般乐于小乘佛法的人，会执著于自我相状、他人相状、众生相状和寿命相状，对于此经典他们不会听闻信受、阅读背诵、广为他人宣说。

"须菩提，无论何时何地，只要有这部经典，一切世间的天神、人类、阿修罗都应该于此虔诚供养。应当知道此经所在之处即等于是佛塔的所在地，就应恭恭敬敬围绕示礼，以各种芳香的花朵和细香散于其四周，虔诚地供养。"

能净业障分第十六

我们于生活当中,有许多潜在而未发的过去所造的恶业,一遇因缘,就会感受应得的果报。但是读诵般若经者,因受持此经的功德力,所有过去应堕恶道的罪业,在现世却轻受了。这是为何呢?此乃因为持诵此经,洞知一切皆是幻相,皆是虚妄,并能了悟四相的空性,进而能断烦恼障。因此则不再随境转业,而能境随人转了。有了强有力的智慧和愿力,是可以使业变质的。所以说深入般若,虚妄净尽,故曰"能净业障"。

接下来,如来以自己经历的事实,证明受持本经的功德。受持读诵,所得功德,乃属无为之慧,能了悟性空法门,或者得离相生清净心。这样的功德,当然要比释尊供养诸佛的功德,超胜得不可计算了。

总结而言,如来显示此经,为发菩提心的一条轨道。而且与般若经的般若相应的大悲妙行,甚深广大,是不可以心思言议的。所以,听闻、受持乃至为人解说等所得的果报,也出于常情的想象以外,不可思议!

"复次,须菩提,善男子、善女人受持读诵此经,若为人轻贱,是人先世罪业应堕恶道①,以今世人轻贱故,先世罪业即为消灭,当得阿耨多罗三藐三菩提。

"须菩提,我念过去无量阿僧祇劫②,于然灯佛前,得值八百四千万亿那由他诸佛③,悉皆供养承事无空过者。若复有人于后末世，能受持读诵此经所得功德，于我所供养诸佛功德，百分不及一，千万亿分乃至算数、譬喻所不能及。

"须菩提，若善男子、善女人于后末世，有受持读诵此经，所得功德，我若具说者，或有人闻心即狂乱，狐疑不信。须菩提，当知是经义不可思议，果报亦不可思议④。"

【注释】

①业：音译为"羯磨"。最早见于印度的古奥义书，是婆罗门教、耆那教等都袭用的术语。佛教中一般解释为"造作"，意谓行为、所作、行动、作用、意志等身心活动，或单由意志所引生之身心生活。若与因果关系结合，则指由过去行为延续下来所形成的力量。此外，"业"亦含有行为上善恶苦乐等因果报应思想，及前世、今世、来世等轮回思想。一般而言，业分身、语、意三业，以身体之行动与言语表现其意志者，即是身业、语业；内心欲行某事之意志称为意业。业生灭相续，必感苦乐等果，果是业果，导致结果的因即是业因。业虽由人的身口意所造，但受烦恼的支配。若造善恶之业，其后必招感相应之苦乐果报。以有业因，故招感业果；非善非恶之无记业则无招果之力。佛教所说的恶业（罪业）有不同的说法，其中有"五恶业"和"十恶业"。"五恶业"即杀生、偷盗、邪淫、妄语和饮酒，

反之，则称"五善"。"十恶业"则包含杀生、偷盗、邪淫、妄语、两舌、恶口、绮语、贪欲、嗔恚和邪见。离以上十恶，则为"十善"。恶道：为"善道"之对称，与"恶趣"同义，即顺着恶行而趋向的道途。即指生前造作恶业，而于死后往生的苦恶处所。在"六道"之中，一般把阿修罗、人间、天上称为"三善道"，地狱、饿鬼、畜生则称为"三恶道"。

②阿僧祇：印度数目之一，又作"阿僧伽""阿僧企耶""阿僧""僧祇"等，意谓无量数或无穷极之数。此词多用于计量劫数，而计量劫数时，有"小阿僧祇劫"与"大阿僧祇劫"两种。

③那由他：数目名。又作"那庾多""那由多""那术""那述"等。指极大之数，有说是相等于今天的百亿，也有说是千亿，或更大之数。

④果报：由过去业因所招感的结果。又作"异熟""果熟""报果""应报""异熟果"等。由于过去的业因造成现在的结果，所以叫做"果"，又因为这果是过去的业因所招感的酬报，所以又叫做"报"。譬如米麦的种子是因，农夫之力或雨露之润等是缘。当来年米麦成熟时，对于之前的米麦种子而言，则是果，对于过去农夫之力、雨露等而言，则为报。

【译文】

佛接着又说："再次，须菩提，如果有善男子、善女人能对这部经信受奉行和讽诵受持，反而受人轻贱，这个人前世所造的罪业本应该堕入恶道，因为现世被世人所轻贱，他前世的罪业就因此而消除，他也可以证得无上正等正觉。

"须菩提，我想起过去无量无尽的劫前，在然灯佛前，曾遇到过八百四千万亿那由他的佛，我全都一一亲承供养，一个也没有错失过。如果有人于未来之世，能够受持读诵此经，他所得到的功德，和我过去供养诸佛的功德相比，我不及他百分之一，千万亿分之一乃至数字、譬喻都无法达到的无数分之一。

"须菩提，如果有善男子、善女人在未来世中，能够受持读诵此经，他所得到的功德，我如果一一具体细说，也许有的人听到后会心慌意乱，狐疑而不相信。须菩提，应当了解此经的内容意义是不可思议的，所得到的果报也是不可思议的。"

究竟无我分第十七

此段须菩提再次请示"云何应住""云何降伏其心"的道理，问题虽与前文相似，但实质上是不同的。之前是就未明理而发世俗菩提心者的请问及如来的答复，如今却已经了悟于心，所以这是就发胜义菩提心者的请问及如来的答复。

首先，既然已发胜义菩提心，就能从毕竟空中，起无缘大悲以入世度生。但菩萨度众生时，是"无有众生实灭度者"的。为何？因为菩萨无有我、人、众生、寿者四相的差别心，所以能离一切相，虽度众生，但却不著度相。所以，虽然灭度一切众生，事实上无众生可度，因为众生本自具足真如法性的缘故。

接着佛陀通过自身过去的经历，示说了自己以无分别无所得的心去供养然灯佛，得到了无漏福德，所以然灯佛才与释迦佛授记。所以如来才会说在胜义毕竟空中，一切法是绝无自性的，在一定的因缘条件下就会发生改变，所以说一切法即非一切法，只是假名为一切法而已。就如佛说的"长大人身"，只是通达法性毕竟空而从缘幻成的，实没有大身的真实性。"菩萨"也一样是缘成如幻的，所以，佛说一切法——有漏的、无漏的、有为的、无为的、世间的、出世间的无我，都没有菩萨实性可说。

同理，如果菩萨有了"我当庄严佛土"的念头，这就有了能庄严的人及所庄严的法，而无法了知本无实性的庄严佛土，只是缘起假名的庄严罢了。菩萨之所以为菩萨，是因为能以般若通达我法的无性空，体达菩提离相，我法俱空。

尔时，须菩提白佛言："世尊，善男子、善女人发阿耨多罗三藐三菩提心，云何应住？云何降伏其心？"

佛告须菩提："善男子、善女人发阿耨多罗三藐三菩提心者，当生如是心。我应灭度一切众生，灭度一切众生已，而无有一众生实灭度者。何以故？须菩提，若菩萨有我相、人相、众生相、寿者相，即非菩萨。所以者何？须菩提，实无有法发阿耨多罗三藐三菩提心者。须菩提，于意云何？如来于然灯佛所，有法得阿耨多罗三藐三菩提不？"

"不也，世尊。如我解佛所说义，佛于然灯佛所，无有法得阿耨多罗三藐三菩提。

佛言："如是如是。须菩提，实无有法如来得阿耨多罗三藐三菩提。须菩提，若有法如来得阿耨多罗三藐三菩提者，然灯佛即不与我授记①，汝于来世当得作佛，号释迦牟尼②。以实无有法得阿耨多罗三藐三菩提，是故然灯佛与我授记，作是言，汝于来世当得作佛，号释迦牟尼。何以故？如来者，即诸法如义。若有人言如来得阿耨多罗三藐三菩提，须菩提，实无有法佛得阿耨多罗三藐三菩提。

"须菩提，如来所得阿耨多罗三藐三菩提，于是中无实无虚。是故如来说一切法皆是佛法。须菩提，所言一切法者，即非一切法，是故名一切法。须菩提，譬如人身长大。"

须菩提言："世尊，如来说人身长大即为非大身，是名大身。"

"须菩提，菩萨亦如是。若作是言，我当灭度无量众生，即不名菩萨。何以故？须菩提，实无有法名为菩萨。是故佛说一切法无我、无人、无众生、无寿者。须菩提，若菩萨作是言，我当庄严佛土③，是不名菩萨。何以故？如来说庄严佛土者，即非庄严，是名庄严。须菩提，若菩萨通达无我法者，如来说名真是菩萨。"

【注释】

① 授记：又作"授决""受决""受记""受别""记别""记说""记"等。本指分析教说，或以问答方式解说教理；后来专指弟子所证或死后之生处；再后来却专指诸佛对发大心的众生预先记名，某世证果，及其国土、名号，而予以记别。最著名的例子有释尊于过去世得然灯佛之授记；法藏比丘得世自在王佛授记，而成阿弥陀佛；及弥勒曾经受释尊之授记。

② 释迦牟尼：又作"释迦文尼""奢迦夜牟尼""释迦牟曩""释迦文"等。略称"释迦""牟尼""文尼"等。意译作能仁、能寂、寂默、能满、度沃焦，或梵汉并译，称为释迦寂静。乃佛教创始人。本名悉

达多，姓乔答摩（瞿昙），诞生于迦毗罗卫国城东的蓝毗尼园。因其为释迦族，成道后被尊称为"释迦牟尼"，意为"释迦族出身之圣人"。其他称号有"佛陀"（觉者）、"世尊""释尊"等。

③佛土：又作"佛国""佛国土""佛界""佛刹"。指佛所住之国土，或佛教化之国土。不仅指净土，亦有可能是秽土、报土、法性土等。庄严佛土，就是化秽土而成净土。

【译文】

这时候，须菩提向佛陀请示道："世尊，善男子、善女人已经发心求无上正等正觉，他们的心念该如何安住？应如何降伏他们的迷妄心呢？"

佛告诉须菩提说："善男子、善女人中凡发心求无上正等正觉者，应当生起这样的心志。我应该度化一切众生，如此灭度了一切众生，而实际上并没有一个众生被度脱。为什么呢？须菩提，如果菩萨执著自我的相状、他人的相状、众生的相状和寿命的相状，就不是真正的菩萨。为什么这样呢？须菩提，实际上并没有一种法名为发心求无上正等正觉者。须菩提！你认为如何？如来在然灯佛那里，有没有得到一种法叫做无上正等正觉的？"

须菩提回答道："没有的，世尊。依据我对佛陀所讲的教义的理解，佛陀在然灯佛那里，并没有什么佛法可以得到无上正等正觉的。

佛答复说："是这样，是这样。须菩提，实际上并没有什么佛法可以使如来得到无上正等正觉的。须菩提，如果有佛法使如来得到无上正等正觉，然灯佛就不会为我授记：你在来世必当成佛，名释迦牟尼。正因为并没有佛法使如来得到无上正等正觉，所以然灯佛才会为我授记，并这样说：你在来世必当成佛，名号为释迦牟尼。为什么呢？所谓如来，即是诸法的本义，一切诸法体性空寂。如果有人说如来证得了无上正等正觉果位，须菩提，实际上并没有佛法使佛可证得无上正等正觉。

"须菩提，如来所证得的无上正等正觉，于彼中既不是实有，也不是虚无。所以，如来说一切诸法都是佛法。须菩提，所说的一切法，都不是一切法，所以才叫做一切假名的法。须菩提，譬如说人的高大身形。"

须菩提回答说："世尊，如来说人的身形高大，实际上不是真实的身形高大，只是假名的身形高大。"

佛说："须菩提，菩萨也是如此。如果菩萨这样说：我应当灭度无量的众生，就不能叫做菩萨。为什么呢？须菩提，实际上没有一个法名为菩萨。所以佛说一切诸法都没有自我的相状、他人的相状、众生的相状、寿命的相状。须菩提，如果菩萨这么说：我应当清净庄严佛土，就不能叫做菩萨。为什么呢？如来说清净庄严佛土，就不是清净庄严，只是假名的清净庄严。须菩提，如果菩萨能够透彻无我的真理，如来就说他是真正的菩萨。"

一体同观分第十八

可能有人会疑惑，佛既然说诸法皆空，那么成佛是不是即空无所知。须菩提知道佛的智慧，究竟圆明，彻底洞见，超胜一切，所以对佛陀针对"五眼"的诘问都一一答复说："有。"

佛陀接着用"恒河沙"来形容如来的知见圆明。佛对众多国土中所有的一切众生，他们的每一心行，如来以佛知见，悉能知见。每一众生的心念，刹那生灭，念念不住，每一众生即起不可以数衡量的心念。然而佛能彻底明见，佛何以有此慧力？因为所说的诸心，即是缘起无自性的非心，假名为心而无实体可得的。之后佛说出了《金刚经》的名句之一"过去心不可得，现在心不可得，未来心不可得"。如说心在过去，过去即灭无，哪里还有心可得？若心在现在，现在念念不住，哪里还有实心可得？倘使说心在未来，未来即未生，这怎么有未来心可得？于三世中求心自性不可得，唯是如幻的假名，所以说诸心非心。

"须菩提，于意云何？如来有肉眼不①？"
"如是，世尊，如来有肉眼。"
"须菩提，于意云何？如来有天眼不②？"
"如是，世尊，如来有天眼。"
"须菩提，于意云何？如来有慧眼不③？"
"如是，世尊，如来有慧眼。"
"须菩提，于意云何？如来有法眼不④？"

"如是,世尊,如来有法眼。"

"须菩提,于意云何?如来有佛眼不⑤?"

"如是,世尊,如来有佛眼。"

"须菩提,于意云何?如恒河中所有沙,佛说是沙不?"

"如是,世尊,如来说是沙。"

"须菩提,于意云何?如一恒河中所有沙,有如是沙等恒河,是诸恒河所有沙数佛世界,如是宁为多不?"

"甚多,世尊。"

佛告须菩提:"尔所国土中所有众生,若干种心如来悉知⑥。何以故?如来说诸心皆为非心,是名为心。所以者何?须菩提,过去心不可得,现在心不可得,未来心不可得。"

【注释】

①肉眼:乃"五眼"之一。指人之肉眼。凡夫以此肉眼可分明照见色境,但肉眼受种种障碍而不通达,据《大智度论》卷三十三载,肉眼能清晰照见近处之景物,至于远处的东西则无法看见;照见眼前之景物时,无法同时照见背后的东西;能照见外在者,却无法照见内在的东西;白昼时能照见诸物,黑夜中则没办法看见。

②天眼:"五眼"之一。为天趣之眼,故名。一般人修行禅定也可得到天眼。天眼能洞见内外、粗细、前

后、远近、明暗、上下，但仍有理障。天眼有两种，一种是从福报得来，谓为生得或报得之天眼，如天人；一种则是从修行得来，谓为修得之天眼。

③慧眼：为"五眼"之一。指智慧之眼，二乘圣贤照见诸法平等、性空之智慧，故称"慧眼"，因其照见诸法真相，故能度众生至彼岸。但慧眼因所知障故，有智无悲，虽胜天眼，犹不及法眼能悲智并用。

④法眼：为"五眼"之一。指彻见一切法之实相，了知俗谛万有之智慧眼。是菩萨为适应机缘，度化众生，故以清净法眼遍观诸法，知一切众生之方便门，故能令众生修行证道。

⑤佛眼：为"五眼"之一。指诸佛照破诸法实相，而慈心观众生之眼。佛名"觉者"，觉者之眼就叫做佛眼，即能照见诸法实相之眼。诸佛也同时具有肉、天、慧、法四眼的作用，所以无所不见、无事不知不闻，一切皆见。

⑥若干种心：即指依各种情形对"心"的分类，如真心、妄心、贪心、痴心、嗔心等。心，又作"心法""心事"。泛指所有的精神现象，即通常所说的心、意、识。佛教对于心与物之存在，乃主张心与物为相辅相成之关系，不论任何一方皆不能单独存在，所以说色心不二。

【译文】

佛问："须菩提，你认为如何？如来是否有肉眼？"

须菩提答："是的，世尊，如来有肉眼。"

"须菩提,你认为如何?如来是否有天眼?"

"是的,世尊,如来有天眼。"

"须菩提,你认为如何?如来是否有慧眼?"

"是的,世尊,如来有慧眼。"

"须菩提,你认为如何?如来是否有法眼?"

"是的,世尊,如来有法眼。"

"须菩提,你认为如何?如来是否有佛眼?"

"是的,世尊,如来有佛眼。"

佛又问:"须菩提,你认为如何?像恒河中所有的沙粒,佛说这所有的沙是沙吗?"

须菩提回答:"是的,世尊,如来说是沙。"

佛继续问:"须菩提,你认为如何?譬如一条恒河中所有的沙粒,每一个沙粒又是一条恒河,这么多恒河的所有的沙都是佛土,它的数目是不是很多呢?"

须菩提答:"很多,世尊。"

佛告诉须菩提:"你所处的这么多国土中的所有众生,所有种种不同的心念如来都完全知晓。为什么呢?如来说的种种的心,都并非是真正的心,只是假名称之为心。为什么这样说呢?须菩提,过去的心是不可得到的,现在的心也是不可得到的,未来的心也一样是不可得到的。"

法界通化分第十九

此段第六次以七宝布施说明布施得福的原因,即要以三心不可得之无住心为"因",用七宝作"缘",如是布施,才能得福甚多。假如以执著的心为因,用满大千世界的七宝为缘,布施于人,那么就会认为福德有实在自性,因此佛也不会说他得福德多。但如果能破此执见,布施者能与般若相应,不取相施而布施一切,则能竖穷三际,横遍十方,圆成无量清净无漏福德,因此佛才会说他得到很多的福德。

"须菩提,于意云何?若有人满三千大千世界七宝以用布施,是人以是因缘得福多不①?"

"如是,世尊,此人以是因缘得福甚多。"

"须菩提,若福德有实,如来不说得福德多。以福德无故,如来说得福德多。"

【注释】

①因缘:"因"与"缘"的并称。"因"是产生结果的直接内在原因;"缘"是相资助的外在间接条件。一切万有皆由因缘之聚散而生灭。因此,由因缘生灭的一切法,称为"因缘生灭法";而由因与缘和合所产生之结果,称为"因缘和合"。一切存在的现象和物质都是由因缘和合而成的假有,所以并没有自性,这便是"因缘即空"之理。

【译文】

佛问:"须菩提,你意下如何?如果有人用充满三千大千世界的七种珍宝来行布施,这个人因这布施的因缘而得到的福报多不多呢?"

须菩提回答:"是的,世尊。这个人因这布施的因缘而得到的福报非常多。"

佛又说:"须菩提,如果福德是真实存在的体性,如来就不会说得到的福德很多。正因为并没有真实存在的福德,所以如来说得到的福德很多。"

离色离相分第二十

此分说明如来的圆满报身,有相皆是虚妄,离诸相才能见性,也才能见得如来。色身,是诸法和合的一合相;诸相——如三十二相,是色身上某一部分的特殊形态。这里如来说一切身相,都是无为所显的,是缘起假名而毕竟无自性的,哪里有圆成实体可得?所以,即非具足身相,而只是假名施设的。总而言之,如来以"见身无住、离色离相",铲除吾人对诸佛的色身生起的贪著。

"须菩提,于意云何?佛可以具足色身见不①?"
"不也,世尊,如来不应以具足色身见。何以故?如来说具足色身,即非具足色身,是名具足色身。"
"须菩提,于意云何?如来可以具足诸相见不②?"
"不也,世尊。如来不应以具足诸相见。何以故?如来说诸相具足即非具足,是名诸相具足。"

【注释】

① 具足色身:色身指有形质之身,即肉身。反之,无形者称为法身,或智身。此词虽被广泛用来指肉身而言,但佛典中亦多用以指佛、菩萨的相好身。也就是指具足圆满报身佛的总相,即佛、菩萨的三十二相。

② 具足诸相:指圆满报身佛的别相。"诸相"指如来的各种相貌特征,即三十二相、八十种细微殊好特征

结合起来的殊胜容貌形相。因此，具足诸相即指报身佛的身体相貌各部分完美齐备，而且每一相中也有无量相好具足。

【译文】

佛又问："须菩提，你意下如何？佛可以依圆满庄严的色身形相来证见吗？"

须菩提回答说："不可以，世尊。如来不能依圆满庄严的色身来证见。为什么呢？如来说的完美的色身形相，不是真实不变的色身形相，只是假名为色身而已。"

佛紧接着又问："须菩提，你意下如何？如来可以依所具备的种种圆满妙相来证见吗？"

须菩提回答说："不可以，世尊。如来不能依种种的圆满妙相来证见。为什么呢？因为如来所说的圆满诸相不是真实的相貌，只不过是假名为圆满诸相而已。"

非说所说分第二十一

破除人们所执的见相,使人洞知缘生事理,以免执有执空之病,而令发菩提心,是《金刚经》的主旨。之前的部分破除佛身的见相,此处欲破除佛语的见相,希望众生能破除执见及所知诸障,悟入般若妙境。通常,众生听闻到声音,看到文字,就以为佛陀在说法。其实,从法身理体之处来看,哪里有可说的法、能说的人?佛陀说法是随缘说法而不著法相的,说法亦是缘生,缘生体空,所以说法即"无法可说"。但说法又必须随俗假说,令众生从言说中体达无法可说,这即名为说法了。

但是,如果身相非身相,说法亦非说法,二者甚深之义,末世众生闻之,深恐狐疑不信,所以证大阿罗汉果、"解空第一"的须菩提才会再次请示:"众生于未来世说是法,生信心不?"佛陀的答案是肯定的,大乘根器众生必能在听闻此经后生起信心。听闻佛法而能生净信者,即大菩萨,所以说彼非众生,又非不众生。如从五蕴和合生的众生说,众生无我,常是毕竟空,不过惑业相续,随作随受,于众生不可得中而成为众生。虽然众生非实而有,但却也是假名存在,所以说"是名众生"。

"须菩提,汝勿谓如来作是念:'我当有所说法。'莫作是念。何以故?若人言如来有所说法即为谤佛,不能解我所说故。须菩提,说法者无法可说,是名说法。"

尔时，慧命须菩提白佛言①："世尊，颇有众生于未来世闻说是法，生信心不？"

佛言："须菩提，彼非众生非不众生。何以故？须菩提，众生众生者，如来说非众生，是名众生。"

【注释】

①慧命：指法身以智慧为生命。如色身必赖饮食来延续生命，而法身必赖智慧以长养。智慧之命夭伤，则法身之体亡失。慧命又意谓具寿命，乃佛教尊称有德之长老、比丘，表示道德智能圆满，所以言"慧命须菩提"。

【译文】

佛说："须菩提，你不要认为如来有这样的意念：'我应当有所说法。'你不要如此生心动念。为什么呢？如果有人说如来有所说法的念头即是毁谤佛陀，因为他不能了解我所说的真谛。须菩提，所谓说法，实际并没有什么法可说，只是假名其为说法。"

这时候，道德智能圆满的须菩提当机启问佛说："世尊，如果有众生在未来之世听闻您说的法，能够生起信心吗？"

佛回答说："须菩提，他们既不是众生，又非不是众生。为什么呢？须菩提，众生之称作众生，如来说他们并非真实的众生，只是假名为众生而已。"

无法可得分第二十二

色身非色身，相好非相好，说法无所说，众生非众生，旨在示说一切皆空，破除众生的一切执取。如今又说如来"无有少法可得"，同样是为了破除众生的执著。从世俗谛观之，佛陀确实获得了"共"与"不共"的智慧，如"十力""四无畏"，同时也具足各种相好与功德。但如果从胜义谛观之，所谓无上菩提，亦是因缘和合，无不是依如虚空的空性而约义施设，所以仍是"无所得"的。如果说"有所得"，那是因为仍执情未忘，能所未破之故。

另，须菩提在此提出这样的问题，实因他已彻悟，只是仰承佛意而问，所以佛陀才会回答："如是如是"，以印证之。

须菩提白佛言："世尊，佛得阿耨多罗三藐三菩提，为无所得耶？"

佛言："如是如是。须菩提，我于阿耨多罗三藐三菩提，乃至无有少法可得，是名阿耨多罗三藐三菩提。"

【译文】

须菩提向佛禀问："世尊，佛证得无上正等正觉佛智，也就是没有得到正等正觉佛智吗？"

佛说："正是，正是。须菩提，我对于无上正等正觉佛智，甚至没有一点法可得，只是假名称之为无上正等正觉而已。"

净心行善分第二十三

此段说明一切法性本来平等,无有高下,以平等清净心,不著四相,而修一切善法,便契无有自体可得,亦不执以为实,而得无上正等正觉。

诸法平等,不仅指轮涅平等,也指显现和空性平等、世俗和胜义平等,在圣不增,在凡不减,无有高下之殊。一切法之所以有高下,乃由于众生分别执著之妄见而产生。实则一切法性平等,何有高下,既无高下,何有无上菩提法,只是假名为无上菩提法而已。

如果众生能以般若空慧,修习一切自利利他的善法,积集无边福德,并通达三轮体空,不取著四相,便能圆证无上遍正觉。法性如空,一切众生有成佛的可能,成佛也如幻如化,都无所得。然而,不加功用,不广集资粮,不发菩提心,不修利他行,还是不会成佛的!

"复次,须菩提,是法平等无有高下,是名阿耨多罗三藐三菩提。以无我、无人、无众生、无寿者修一切善法①,即得阿耨多罗三藐三菩提。须菩提,所言善法者,如来说即非善法,是名善法。"

【注释】

①善法:与"恶法"对称。指合乎于"善"的一切道理,即合理益世之法。一般以五戒、十善为世间之善法,三学、六度为出世间之善法,二者虽有深浅

之差异,但皆为顺理益世之法,故称为"善法"。

【译文】

佛继续说:"再者,须菩提,诸法是绝对平等的,没有上下高低的分别,所以才名为无上正等正觉。只要不执著于自我的相状、他人的相状、众生的相状、寿命的相状的妄想分别心去修持一切善法,那么即可证得无上正等正觉。须菩提,所谓的善法,如来说它并不是真实的善法,只是假名为善法而已。"

福智无比分第二十四

上文言明了无修而修,无得而得,实相平等,此段再举"七宝聚"布施福德与持经功德较量。虽然以山王宝聚布施,仍属有为善法,有相的布施纵使如山高、如海深,山崩海枯之时,福智亦是有尽。但受持四句,是无为善法,能生无相般若妙慧而悟无上菩提法。除自利,还能令他人开发无漏善根,同样可以离相而证无上菩提法,所以是福慧双修的法施。因此受持此经乃至四句所结的无漏福德,胜于用七宝布施之有漏福德,是数、言无法表达衡量的。

"须菩提,若三千大千世界中所有诸须弥山王,如是等七宝聚,有人持用布施。若人以此般若波罗蜜经乃至四句偈等,受持读诵,为他人说,于前福德百分不及一,百千万亿分乃至算数、譬喻所不能及。"

【译文】

佛进一步说:"须菩提,如果有三千大千世界中所有的须弥山王这么多的七种珍宝,有人用这些珍宝来做布施。然而如果有人以这部《金刚般若波罗蜜经》乃至只是其中的四句偈,加以信受奉行和讽诵受持,并广为他人宣说,则前者以七宝布施所得的福德不及后者所得福德的百分之一,百千万亿分之一乃至数字、譬喻都无法说清楚的无数分之一。"

化无所化分第二十五

此段进一步论断"空性"和"假名"。"化"者,以法度众生也;"无所化"者,以平等心度平等众,外不见所度的众生,内不见能度的我,能所俱忘,自然是化无所化。如来说"无众生可度",表示佛不起心动念,而能随机缘以度众生。如果有了"度众生"的念头,便落于能所、能度、我相、人相、众生相和寿者相的执取,也就四相具足而无法了悟生死。众生只不过为五蕴积聚,是缘生法,缘生性空,若有度生之念,岂非不了缘生,执五蕴法为实有,那如来不是执有我等四相了吗?

可是凡夫并不能透彻了知这一点,以为有个真实的"我"而取妄执之念头。从空义而言,凡夫,是不见实相的异生;烦恼未断,生死未得解脱,依此而施设的假名而已。

"须菩提,于意云何?汝等勿谓如来作是念,我当度众生。须菩提,莫作是念。何以故?实无有众生如来度者,若有众生如来度者,如来则有我、人、众生、寿者。

"须菩提,如来说有我者①,即非有我,而凡夫之人以为有我②。须菩提,凡夫者,如来说即非凡夫,是名凡夫。"

【注释】

①我:通常佛教中所说的"我",大抵可分为"实

我""假我""真我"三类。"有常""一""主""宰"等义之实在我体,称为"实我",乃凡夫所迷妄执情的我。假我为"真我"之对称。以佛教的立场而言,所谓"我"者,实际上并无"我"之存在,仅由五蕴和合所成之身,假名为"我"而已,故称"假我"。"真我"意指真实之我,就是诸法平等的真性,不但诸佛已依此得到了归趣,即一切众生也是依此为最后的归趣,所谓"真我与佛无差别,一切有情所归趣"。

②凡夫:指未见"四圣谛"之理而凡庸浅识之人,也就是指迷惑事理和尚流转于生死大海的平常人。

【译文】

佛再次询问:"须菩提,你认为如何呢?你不要认为如来有这样的意念:'我应当度化众生。'须菩提,不要如此生心动念。为什么呢?因为实在没有众生让如来度化,如果真有众生让如来度化,那么如来就落入自我、他人、众生和寿者相状的执著之中。

"须菩提,我虽口称有我,实际上并不是真实的我,但是凡夫却以为有一个真实的我。须菩提,所谓的凡夫,如来说他并不是真实的凡夫,只是假名为凡夫而已。"

法身非相分第二十六

　　此段再次通过"以三十二相观如来否"来破三十二法相，教人不可住如来相。眼见心想的三十二相，一落有相执著，就无法见如来了。这一问题在上文已探讨，也已知不可以三十二相见如来，为什么这里须菩提的第一次回答却说"以三十二相观如来"呢？有学者认为须菩提第一次的回答是从众生立场所见作答，是就化身角度作答。众生一般都以为化身佛有三十二相的，所以须菩提也就说"以三十二相观如来"。第二次的回答却从彻悟者立场回答，不但法身不可以三十二相见，化身也是不可以三十二相见的。因为，法身是缘起无性的，法身所有的相好，也是无性缘起的。从法身现起的化身，有三十二相，也还是缘起无性的。因此假使可以三十二相见如来，转轮王也有三十二相，那岂不混淆转轮王也是如来吗？只有心无分别，才能见庄严清净法身。进一步地说，如果以色见（以三十二相色相见如来），声求（从六十美妙梵音中见如来），这是走入邪道，非正见，故不能正见如来。《华严经》云："色身非是佛，音声亦复然"。"不了彼真性，是人不见佛。"

　　"须菩提，于意云何？可以三十二相观如来不？"
　　须菩提言："如是如是，以三十二相观如来。"
　　佛言："须菩提，若以三十二相观如来者，转轮圣王即是如来①。"
　　须菩提白佛言："世尊，如我解佛所说义，不应以三十二相观如来。"

尔时，世尊而说偈言：

若以色见我，以音声求我，

是人行邪道，不能见如来。

【注释】

①转轮圣王：又作"转轮王""飞行转轮帝""转轮圣帝""轮王"或"飞行皇帝"等，是佛教政治理想中的统治者。依佛典所载，与佛一样具有三十二相，为世间第一有福之人，具足"四德"（大富、端正姝好、无疾病、长寿），成就"七宝"（轮、象、马、珠、女、居士、主兵臣）。因其常乘轮宝巡视所统一的须弥四洲，以"十善法"治世的大帝王，故称"转轮圣王"。转轮圣王出现时，天下太平，人民安乐，没有天灾人祸。转轮圣王出现之说盛行于释尊时代，《大智度论》卷二十五即以转轮圣王之"七宝"及其治化，与佛之"七觉支"等并举。又将佛陀说法称作"转法轮"，用来比拟转轮圣王之转轮宝。

【译文】

佛又问："须菩提，你认为如何？可以依三十二种殊妙身相来证见如来吗？"

须菩提答："是的，是的，可以依三十二种殊妙身相来证见如来。"

佛说："须菩提，若能依三十二种殊妙身相来证见如来,那么转轮圣王就是如来。"

须菩提对佛陈白:"世尊,如依据我对佛陀所说之佛法的理解,是不应该依三十二种殊妙身相来证见如来的。"

这时候,佛陀以偈说道:

若想凭色相见我,若以声音寻求我。

此人修行邪魔道,必不能证见如来。

无断无灭分第二十七

本段叙述般若法，非断非常，不可用断常之见思量，而且般若法本是不生不灭的，不可用生灭之法来论议，因此般若法体无断无灭。真正的"空"是超越有、无二边，是无实无虚的中道，"空"不是什么都没有，而是即有即空、即空即有的真空妙有。如果著相，那是"有见"，但以为一切相皆不取，那又落入"空见"，而成断灭。故如来于此，叮咛再三，令人不落于"断灭空见"。虽说不可以三十二相观如来，但"假名"的圆满身相仍相好宛然。证无上遍正觉是果，发菩提心而广大修行是因，因果是必然相称的。如成佛而没有功德的庄严身相，那必是发心不正，恶取偏空，破坏世谛因果而落于断灭见了。总而言之，发菩提心者，非但不应取法，亦不应取非法；双离空有，方归中道，才不落入断见。我们应抱持"肯定一切存在的存在，否定一切存在的自性"的态度。

"须菩提，汝若作是念：'如来可以具足相故，得阿耨多罗三藐三菩提。'须菩提，莫作是念，如来不以具足相故，得阿耨多罗三藐三菩提。须菩提，汝若作是念：'发阿耨多罗三藐三菩提心者，说诸法断灭①。'莫作是念。何以故？发阿耨多罗三藐三菩提心者，于法不说断灭相。"

【注释】

① 断灭：又作"断见"。主张众生在死后，生命即完全断灭、空无的看法。有七种断灭，所以又称作"七种断灭论""七断灭论"。这种看法，与"常见"相对，持常见者主张世界为常住不变，人类的自我不灭，人类死后自我亦不消灭，且能再生而再以现状相续，即说我为常住。佛教既不偏于常见，亦不偏于断见，而主张远离有、无两边，而取中道。"断、常"二见，俱非中道。

【译文】

佛又说："须菩提，你如果有这样的念头：'如来可以具足三十二种殊妙相的缘故，才能证得无上正等正觉。'须菩提，你不应当有这样的念头，认为如来不以具足三十二种殊妙相的缘故，才能证得无上正等正觉。须菩提，你如果有这样的念头：'发无上正等正觉菩提心者，就会说一切诸法都是断灭空性。'你不应当有这样的念头。为什么呢？发无上正等正觉菩提心者，对一切法不说断灭相，不著法相，也不著断灭相。"

不受不贪分第二十八

此段再次以菩萨用满沙界的宝施为比喻较量无我福胜，显示证得无生法忍的菩萨，心中不著相布施，能通达无我之法。因此"得忍菩萨"的无漏功德，胜过"宝施菩萨"的有漏福德。发大心以充满恒河沙世界的七宝作布施，所得的功德必然是极大的；但如另有菩萨，能悟知一切法无我性，得无我忍，那所有功德即胜前菩萨的功德。忍即智慧的别名，得无生法忍的菩萨之功德所以殊胜，因他于所作布施不驰求、不贪著福德，能知道是无性的缘起，不执取福德为实的。不受福德并非说没有福德，而是说不执为实有，不执为己有，深知福德是不应贪著的。知一切法无我，则破法执；知人无我，则破我执；二执既破，即证无生法忍，所得必是无漏功德。

"须菩提，若菩萨以满恒河沙等世界七宝持用布施，若复有人知一切法无我，得成于忍，此菩萨胜前菩萨所得功德。何以故？须菩提，以诸菩萨不受福德故。"

须菩提白佛言："世尊，云何菩萨不受福德？"

"须菩提，菩萨所作福德，不应贪著①，是故说不受福德。"

【注释】

①贪著：即贪爱执著。属于"六烦恼"（根本烦恼）之

一,"三毒""五盖""十恶"之一。欲求五欲、名声、财物等而无厌足之精神作用,即染著五欲之境而不离。凡夫对于自己所好之物,生起染污之爱著心,逐而引生种种的苦恼。

【译文】

佛又说:"须菩提,如果菩萨用满恒河沙数那么多的七种珍宝来布施,倘若又有人透彻一切法都是无自性的,便能证得无生法忍,那么这位菩萨所获得的福报功德胜过前面所说的那位菩萨。为什么呢?须菩提,这是因为所有的菩萨都不是领受有为福报功德的。"

须菩提向佛提问:"世尊,为什么说菩萨不领受有为福报功德?"

佛回答说:"须菩提,菩萨对他所作的福报功德,不应贪求而生起贪著执取,所以才说菩萨不领受有为福报功德。"

威仪寂净分第二十九

如来,梵语"多陀阿伽度",汉译"如来",也可译"如去"。"来"和"去"两个观念,是就世俗的动静为相而说的。所以如来现身人间,一样地来去出入,一样地行住坐卧,这种种显现在众生眼识前现量成立,在世俗中毫无疑问应当承认。而从胜义实相分析,来去坐卧都不过性空如幻,哪有来者去者可得?所以,不可以行住坐卧处见如来,因为如来虽现威仪之相,而实是性空如幻,来无所从,去无所至;虽是寂静之体,而随现威仪之相。如来说法身者,本来常住,无所出现而来,亦无所入灭而去,为方便众生计,住于世间若坐若卧而行教化,故名"如来"也。

"须菩提,若有人言如来若来,若去,若坐,若卧,是人不解我所说义。何以故?如来者,无所从来,亦无所去,故名如来。"

【译文】

佛说:"须菩提,如果有人说,如来也是有来、有去、有坐、有卧等相,这个人就是没有透彻我所说的佛法义旨。为什么呢?所谓如来,实在是无所来处,也无所去处,所以才称之为如来。"

一合理相分第三十

　　本段以微尘、世界之聚散,来说明世界与微尘,是不一不异的,以显法界平等之义。世尊的本意,是要人彻底了解世间所有,大而世界,小至微尘,莫非虚妄,当体即空,不必也不可执著贪恋。所有缘生之相,都只不过是假名而已。

　　世界可碎为微尘,微尘可和合而成一个世界。缘起为一的世界,能分分的分析为微尘;而缘起别异的微尘,能相互和集为一世界。能成的极微——分,是无性缘起的;所成的世界——有分,即全部,也是无自性的。因此如来所说的三千大千世界,也是无性缘起而没有自性的,仅是假名的世界。依佛法而言,凡是因缘合散的,即不是实有,而是无常、无我、性空与非有的假有。如来虽也说世界的"一合相"——全体,那只是约缘起假名的和合似一,称为"一合相",而不是有"一合相"的实体——离部分或先于部分的全体可得。但虽然观察到自相有的微尘不成立,也不能以为物质世界仅是自心的产物,这并不符合佛陀的缘起观。佛说微尘,虽是缘起如幻,相依相缘的极微众,但世俗谛中是有的,是可以说的。只是凡夫不了此义,以为世界是实有的,因而贪著不舍,造种种业,流浪生死而不自觉。

　　"须菩提,若善男子、善女人,以三千大千世界碎为微尘,于意云何?是微尘众宁为多不?"

　　须菩提言:"甚多,世尊。何以故?若是微尘众实有者,佛即不说是微尘众。所以者何?佛说微尘众即非微尘众,是名微尘众。世尊,如来所说三千大千世界,即非世界,是名世界。何以故?若世界实有者,即是一合相①。如来说一合相,即非一合相,是名一合相。"

"须菩提,一合相者,即是不可说,但凡夫之人贪著其事。"

【注释】

① 一合相:指一个由众多极微分子合成的有形物质。以佛教之观点言之,世间的一切法,皆为一合相。世界也是由无数的微尘集合而成的,故也称世界为一合相;人体是由四大五蕴合成,因此人身也是一合相。

【译文】

佛问:"须菩提,如果有善男子、善女人,把三千大千世界都捣碎成粉末微尘,你有什么看法?这些微尘多不多呢?"

须菩提回答说:"非常多,世尊。为什么呢?如果实际上这些微尘都是真实存在的,佛就不会说这微尘很多了。这是什么缘故呢?佛陀所说的很多微尘,实际上并不是真说很多微尘,只是一个假名的微尘而已。世尊,如来所说的三千大千世界,并不是真实的世界,只是假名为世界而已。为什么呢?如果世界是真实存在的,那只是一种聚合的形相。如来说一个聚合的形相,并不是一个真实的聚合的形相,只是假名为聚合的形相。"

佛说："须菩提，所谓一个聚合的形相，妙不可言喻。可是一些凡夫俗子却偏偏要贪恋执著有个真实的聚合的形相。"

知见不生分第三十一

此段总结全经之义,即示说如来教法的"空无我"特色。经典一开始,须菩提便请示:"云何应住?云何降伏其心?"至此结归则曰"应如是知,如是见,如是信解",即是首尾照应。又,前文说我等"四相",这里说"四见","相"和"见"是同是异?其实,相者,法所现也;见者,心所取也。

凡夫不悟般若妙理,不能降伏妄念之心,所得知见,外不能离"六尘"、内不能断缘影,知见愈多,就越堕于能知、所知之障中。因此无法明了无所知而又无所不知;无所见却又无所不见的真谛。众生因无明而不知一切法并不如此实性而有,没有彻见法空性。由于无明而执我、执我所。佛说我见,不过随众生的颠倒妄想而假说,使人知我本无我,我见即本非我见而契悟无分别性,明了并非实有自我可见。人见、众生见、寿者见亦是如此。

最后,佛陀结劝受行,毋入宝山空手归,务当依此起修。在知见或信解一切法时,都不应该执有诸法的自性相而起戏论分别。不但不生法相,连不生法相的非法相也不生,方是正知正见正信解者。一切法相无自性,不过随俗施设假名为法相而已。

"须菩提,若人言佛说我见、人见、众生见、寿者见,须菩提,于意云何?是人解我所说义不?"

"不也,世尊,是人不解如来所说义。何以

故?世尊说我见、人见、众生见、寿者见,即非我见、人见、众生见、寿者见,是名我见、人见、众生见、寿者见。"

"须菩提,发阿耨多罗三藐三菩提心者,于一切法,应如是知,如是见,如是信解,不生法相。须菩提,所言法相者,如来说即非法相,是名法相。"

【译文】

佛问:"须菩提,如果有人说佛陀宣说自我相状、他人相状、众生相状和寿命相状。须菩提,你有怎样的看法呢?你认为这个人透彻了佛所说的佛法义旨吗?"

须菩提回答:"没有,世尊,这个人没有透彻佛所说的佛法义旨。为什么呢?佛说自我相状、他人相状、众生相状和寿命相状,都不是真实存在的自我相状、他人相状、众生相状和寿命相状,只是假名的自我相状、他人相状、众生相状和寿命相状。"

佛说:"须菩提,发无上正等正觉菩提心的人,对于一切万法,应当这样去认知,应当这样去见解,应当这样去信仰理解,心中不生起任何的法相。须菩提,所谓的法相,如来说它并非是真实存在的法相,只是假名的法相。"

应化非真分第三十二

　　如来再次较德显胜，结劝自受化他。这里所说的七宝，要比之前所说还要多很多，但却因为著相获福，是有为有漏之福德，受享有时。唯无漏之出世福德，受享无穷。

　　大乘为利他的法门，所以尤需要将此般若大法，为他人演说，辗转教化，才能弘广正法，不违如来出世启教的本愿。此经开章也说度无边众生入无余涅槃，且更为人演说，以行不住相之法施，令众生闻而悟解入无余涅槃。但是要如何演说？要不取于相而演说，虽依文字般若而说，不取名字相，言说相，心缘相；要能安住于一切法性空（如如的正见）中，能不为法相分别所倾动。能内心不违实相，外顺机宜，依世俗谛假名宣说，而实无所说，才能如如不动而说法。

　　一切有为法，如梦然，梦时觉有，醒时则无也。如幻为幻事，幻现种种事物，而实无有种种事物也。如水中所起水泡然，阳光映照有如摩尼，心生贪著，而实非摩尼也。如阴影然，物在影在，物无影无，物既是空非有，影亦是假非真也。如雾露然，空中清净，则雾涌腾，不久消灭，即非常有也。如电然，突现突灭，突此突彼，非常非遍也。此六者，喻一切法的无常无实。所以，是无常无实的，即因为一切法是缘起性空的。这六者的无常无实，空无自性，其实一切法在佛菩萨的圣见观察中，也都无非是无常无实无自性的。我们执一切法为真常不空，也等于小儿的执梦为实等。

从经典结构说,全经的最后一段,从"佛说是经已"到"信受奉行"是经文的流通分,乃是结经之常仪。闻佛所说,明白菩萨发心修行的宗要与次第,感到佛法的稀有,因此皆大欢喜。欢喜,即信受佛说以及悟入深义的现象。能深刻信解,所以都能奉行佛说,自利利他,流通到将来。

"须菩提,若有人以满无量阿僧祇世界七宝持用布施,若有善男子、善女人发菩提心者,持于此经乃至四句偈等,受持读诵,为人演说,其福胜彼。云何为人演说?不取于相,如如不动①。何以故?一切有为法,如梦幻泡影,如露亦如电,应作如是观。"

佛说是经已,长老须菩提及诸比丘、比丘尼、优婆塞、优婆夷②,一切世间天、人、阿修罗,闻佛所说,皆大欢喜,信受奉行③。

【注释】
① 如如:又作"真如""如实",是"五法"之一。指正智所契合的真理,即不变不异一切存在的本体。诸法虽各有差别,然此真如法性,乃是平等不二的,故称之为"如"。此"真如"乃是万有诸法之真实本体,万法不离真如,因此,万法彼此也是平等一如的,所以又叫作"如如"。
② 比丘、比丘尼:为出家受具足戒者之通称。男曰比丘,女曰比丘尼。比丘又作"苾刍""备刍""比

呼"等。据《大智度论》卷三记载，比丘有五种语义，即乞士（行乞食以清净自活者）、破烦恼、出家人、净持戒和怖魔。乃"五众"之一，"七众"之一。指出家得度，受具足戒之男子。至于比丘尼又作"苾刍尼""备刍尼""比呼尼"等。意为乞士女、除女、熏女等。指出家得度受具足戒之女子。比丘原语是从"求乞"一词而来，也可以被解释为破烦恼者。优婆塞、优婆夷：此二词原为印度各宗教所通用的名称，原义为侍奉者、服事者，指侍奉或服事出家修行者。佛教取之以作为男性及女性在家佛教徒之专用语。优婆塞意译为"近事""近事男""近善男""信士""信男""清信士"等。即在家皈依佛法僧"三宝"、受持"五戒"、施行善法之男居士。优婆夷意译为"清信女""近善女""近事女""近宿女""信女"等。即亲近"三宝"、受持"五戒"、施行善法之女众。比丘、比丘尼、优婆塞、优婆夷合称佛的四众弟子。若再加上式叉摩那、沙弥、沙弥尼则为佛之七众弟子。

③皆大欢喜，信受奉行：为佛经结束语中的习惯用语。表示大家听了本经，感到佛法的希有，都能法喜充满，信受如来所说的法，并切实奉行如来所说的法。

【译文】

佛说："须菩提，如果有人以遍满无数世界的七种珍宝进行布施，又如果有善男子、善女人发了殊胜的无上菩提心，受持这部经乃至只是其中的四句偈，加以信受奉行和讽诵受持，并广为他人宣说，他所获得的福报功德要远远超过那位以遍满无数世界的七种珍宝进行布施的人。应当如何为他人宣说此经呢？那就应当不执著于一切相，安住于一切法性空而不为法相分别所倾动。为什么呢？一切世间的有为诸法，皆如梦如幻、如泡如影、如露也如电，应作如是的观照。"

佛已经圆满宣说这部经，须菩提长老及在场的众多比丘、比丘尼、优婆塞、优婆夷，一切世间的天、人、阿修罗等，听闻了佛陀说法之后，无不法喜充满，信受和切实奉行如来所说的法。

心 经

前　言

　　《般若波罗蜜多心经》，简称《心经》，是一部几乎家家都念诵、人人皆知的佛经。这同阿弥陀佛、观世音菩萨两句圣号一样的普遍于人间。这部《心经》，从汉译佛经流通方面观之，可说是"风行天下"，且持诵者多，其普及程度非常的广。虽然言简文略，全文仅仅二百六十字，但含义却极广博而精深。它在一代圣教中的地位，算是一部很重要而负有声望的经典；六百卷般若经当中，最简括切要、提纲挈领者，当推《心经》了。

一　经题的含义

　　"般若波罗蜜多心经"，为经的总题，前七字是别题，只限用于本经，经字是通题，通于佛所说的一切经。译为白话就是教人依照"般若"妙法修行，便可度脱烦恼的生死苦海，达到究竟安乐的涅槃彼岸（波罗蜜），而亲证不生不灭之真"心"实相的一部"经"典。

　　"般若"是梵语，义为"智慧"。为何不直译之，而仍用梵语呢？世人往往以为聪明就是智慧，若翻译之则与彼混滥，而失却"般若"二字的殊胜意义。为了表示这种智慧的殊胜性，所以沿用原音，而不直译为智慧；此即五不翻中尊重不翻，及四例翻经的翻字不翻音[①]。

---

　　①　五种不翻是：（1）多含不翻（如佛之尊号）、（2）秘密不翻（如神咒）、（3）尊重不翻（如般若等）、（4）顺古不翻（如阿耨多罗三藐三菩提等）、（5）此方无，不翻（如庵摩罗果等）。四例翻译是：（1）翻字不翻音（般若二字及一切神咒等）、（2）翻音不翻字（卍字等）、（3）音字俱翻（完全译成汉语之经典）、（4）音字俱不翻（非但音不翻，字亦不翻）。

般若与世间有漏智所成的有为之法是有别的。般若是自性中本具的一种无漏智，完全由真心流露出来的，是离过绝非，是正常，是真实，是纯净无染，是唯正无邪，并且是没有穷尽的。人们能够用它，非但能令自己断惑证真，离苦得乐，且能普度众生同超生死苦海，同登安乐彼岸。

般若有三种：第一种是文字般若。文字虽非般若，但语言文字能诠般若之理，又能生般若，故称之为般若。凡是佛所说的一切教法，或是佛弟子所说的一切言教，不论是声教或是文字印刷的经典，都称为文字般若。第二种是观照般若。所谓观照般若即是观察照见一切实相真理的智慧，指清净无漏之慧。此慧能照见一切有为或无为法皆无相，都是空寂的，故称观照般若。第三种是实相般若。所谓实相般若，指真如之理，为般若之实性，乃众生所本具，非寂非照，离一切虚妄之相。实相即诸法如实相，不可以"有""无"等去叙述他，也不可以"彼此""大小"等去想象他，实相是离一切相，包括言语相、文字相、心缘相，而无可取著的。

"波罗蜜多"也是梵语，译为"度"或"到彼岸"。通常指菩萨之修行而言，即菩萨自己修行，同时又度化他人的"事业"，由生死之此岸到达涅槃之彼岸，故称"到彼岸"。因此般若波罗蜜即照了诸法实相，而穷尽一切智慧之边际，度生死此岸至涅槃彼岸之菩萨大慧。众生被三惑烦恼所迷，以致沉沦生死苦海，现在如果想求度脱的话，就不得不借仗般若去灭除烦恼，以了脱生死的痛苦，获得究竟涅槃的安乐！所谓乘般若船渡过三重烦恼之流，顿超生死众苦的此岸，直上涅槃安乐的彼岸。

至于"多"字，古译只有"波罗蜜"，没有"多"字，后来翻译的人，竟加一"多"字。"多"字在梵文中是一种语尾词，如文言中的"矣"字。也有人将"多"字解释为"定"。因菩萨修行，必须定慧均等，不偏不倚。定心若生法爱，则必用慧照以策进之。慧心若生智爱，则必用定力以扶助之。

《心经》的"心"字，含有两种意义：一是说因般若为诸佛之母，此经又是大般若经的心要，浓缩了六百卷大般若经的要义，不但展示了大般若经的中心思想，同时阐明般若真空的妙理，可以说是般若的核心，故称"心"。二是指真心。此真心，是万法之始，众义之宗；亦是诸佛所证，众生所迷。大般若经所诠的毕竟空，以及本经所说的诸法空相，亦皆是显示此真心。众生执著于真心，认为是真实的我，或是真实的法。《心经》的目的就是要让我们舍妄趣真，向内寻求，令智慧的种子萌芽，进而让智慧开花结果，觉悟无上正等正觉。

"经"字梵语是"修多罗"，译名"契经"，简称为"经"。"契"就是契理、契机的意思，谓上契诸佛所证的真理，下契众生之机宜。"经"字含有五种不同意义，即出生义、泉涌义、显示义、绳墨义、鬘结义。此外，因为经典能够将佛陀的一代时教，如线贯珠，令其不散失；又能摄持所应教度的众生，令其不堕落；佛经所说的道理，是真常不变的，不因时间的迁流而转变；佛法放诸四海皆准，不因地理环境的不同而不适应，因此"经"字还含有贯、摄、常、法等义。

简而言之，如果我们因闻观世音菩萨所宣说的"般若波罗蜜多"的法门，进而实践之，必定能够启发般若正智，照见五蕴皆空，不生执著，而离四相，破我执；又能运用观照般若，照见诸法空相，真空不空，以无所住的心，修诸波罗蜜，即可以远离一切颠倒梦想，究竟涅槃，证得清净真心，成就佛果无上菩提，故本经名为《般若波罗蜜多心经》。

二 《心经》的译者

玄奘法师是唐朝时人，俗姓陈，名祎。因玄奘法师精通三藏，所以也被称为三藏法师。

法师刚年满十岁，慈父见背，成为孤儿。因此，便前往洛阳净土寺，投靠其哥哥长捷法师。长捷法师不特学丰德长，且为当时负有盛名的人物；每设法会，弘经布教时，都能吸引不少人前来闻法。法师因此得闻佛理，并对佛法产生浓厚兴趣，遂立志在净土寺出家，改法号为玄奘。

玄奘法师自出家后，便专心研究佛学，直至年满二十岁时，在成都受了具足戒后，才离开兄长，到处游学。由于当时宗派太多，传授各异，且经典不完备，翻译意义亦各异，玄奘深感困惑，便决心前往印度求学。于是他学习西域和印度各国的语言，积极地筹谋出国留学的计划。最终于贞观三年（629），偷度玉门关，冒禁孤征，踏上了西游取法的艰辛路途。

玄奘一路颇多艰险，单骑匹马向着四顾茫茫的沙漠迈进。翻过了峻岭、翻越了雪山、渡过了险津，在粮食短缺，水草难觅的情况下，终于在贞观五年（631）进入印度，开始遍历印度诸国，广学圣教。最后到那烂陀寺，从当时负有盛誉的佛学泰斗戒贤论师学习唯识，以及《瑜伽师地论》等大乘经典。玄奘法师曾多次代表那烂陀寺参加当时流行的宗教辩论大会，且均获胜利。自此，声望日隆，进升为那烂陀寺的副主讲，成为全印度佛学界的名学者。

玄奘法师留学印度十余载，可说名满五印，当时五印盟主戒日王等，十八大国国王，皆奉为国师，礼遇之隆，供养之厚，尊敬之诚，已无以复加，并一致恳留，希望玄奘法师永不要回国。但玄奘法师不为所动，只念念不忘留学初衷，乃为完备中土佛教经典之使命，要将所学贡献于祖国。于是于贞观十九年（645）饮誉归来，并带回游历三十多国，巡礼佛迹，遍访名师所获得的梵本佛经六百五十七部。回来后，在唐太宗、唐高宗父子给予的种种奖励和帮助下从事译经事业，召集全国富有学问修养的高僧专事翻译，共同展开史无前例的译经伟业。

玄奘法师先后翻译的佛经共七十五部，总计一千三百余卷，著名的有《大般若经》《解深密经》《瑜伽师地论》《成唯识论》等，本经是七十五部经中，文字最简短，义理最精简的一部。而六百卷《大般若经》，却是他翻译事业中最巨大的杰作。至于论著，玄奘法师也写了《大唐西域记》。

玄奘法师是中国佛经翻译界的权威，强调严谨的翻译态度，忠于原文，又清晰明白，在中国翻译事业上，有空前的成就。他在六十八岁那一年，翻完《大般若波罗蜜多经》后，因积劳成疾而圆寂。玄奘法师一生在学问上力求真实，在宗教上悲悯众生，无论任何险阻，都能够不屈不挠，献身护教。他的著作、学术思想与言论，不但在唐代放射出无比的光芒，而且一直照耀到现在，甚至未来。

三 《心经》的译注

《般若波罗蜜多心经》一卷，全称《佛说摩诃般若波罗蜜多心经》，一般简称为《般若心经》或《心经》。最早的译本是现存的《摩诃般若波罗蜜大明咒》，相传是后秦鸠摩罗什所译，但是梁代《出三藏记集》卷四和隋朝《法经录》卷四都将它列入失译录，所以很难说定此经就是鸠摩罗什所译。

本书所选的是玄奘法师的译本，为通常流行本，译于贞观二十三年（649），知仁笔受。除了玄奘法师的译本及相传为鸠摩罗什的译本外，本经前后还有其他不同的译本。其中包括：第一，唐罽宾国三藏般若、利言等译出的《般若波罗蜜多心经》。第二，唐摩竭陀国三藏法月译出的《普遍智藏般若波罗蜜多心经》。第三，唐三藏法成所译的《般若波罗蜜多心经》。第四，唐三藏智慧轮翻译的《般若波罗蜜多心经》。第五，宋西天三藏施护所译出的《圣佛母般若波罗蜜多经》。第六，唐义净完成的《佛说般若波罗蜜多心经》译本。第七，敦煌发现的译本《唐梵翻对字音般若波罗蜜多心经》。敦煌本将梵文以汉字音译,由斯坦因发现于敦煌石窟,与玄奘本相当,为佛教学术之重要资料。

然诸译本中,玄奘译本、鸠摩罗什译本、义净法师译本和敦煌本为"小本",只有正文;其余为"广本",有序、正、流通三分。现存此经的梵文,有在尼泊尔发现的广本和日本保存的各种传写模刻的小本两类。1884年,马克斯·缪勒(Max Müller)与南条文雄共同校订广、小两类梵本,1894年,缪勒更再次将之英译出版并编入《东方圣书》。此外,1864年,英国佛教学学者比尔(Samuel Beal)亦将玄奘所译之《心经》译成英文出版。

本经之注疏本极多,相传有二百余种,仅中国撰述者即有四十余种。比较重要者有:唐新罗僧人圆测《般若波罗蜜多心经赞》一卷,慧净《般若波罗蜜多心经疏》一卷(发现于敦煌),窥基《般若波罗蜜多心经幽赞》二卷,法藏《般若波罗蜜多心经略疏》一卷,明旷《般若心经疏》一卷,宋智圆《般若心经疏》一卷等;印度方面有提婆《般若波罗蜜多心经注》一卷;日本则有空海《般若心经秘键》二卷,最澄《般若波罗蜜多心经释》一卷,真兴《般若波罗蜜多心经略释》一卷,宗纯《般若波罗蜜多心经注》一卷等。

四 经的纲要

心,其中的意义指心脏,有精要、心髓等意义。《心经》将内容庞大的般若经浓缩,说尽了《大品般若》六百卷的义理,成为表现"般若皆空"精神之简洁经典。

《心经》的本文虽只有二百六十个字,但此中包含很多重要的佛教教理与修行方法,例如五蕴归空就是一种悟入本心的方法。又如"色不异空""空不异色"与"色即是空,空即是色",这三者分别与佛教的假、空及中观有关。又此中所说的十二因缘及四圣谛都是佛教的重要教理。其中讲到"空"是不生不灭、不垢不净、不增不减,更是佛教的名言。此外,《心经》中论及六尘、六根、十二处及十八界等佛学中常见的名词。因此,二百六十个字的《心经》,其中所含的义理非常深奥,影响极其深远。

本经在组织上大致可分为以下几个部分:(一)总纲分,此分总论心经主要含义。经文从"观自在菩萨"到"度一切苦厄",是说菩萨修甚深观照法门,照见诸法皆空,重点是在破除众生的我执,我执一除,自然度一切苦厄,出生死苦海,证无上菩提。下面即是依此深入分析怎样"度一切苦厄"。(二)色空分,此分说明五蕴诸法,与真如空性,无二无别。经文从"舍利子,色不异空"至"亦复如是",是说一切诸法是非有非空的,此段是恐众生闻"空"便起"断灭见",所以先阐述了空有之关系。(三)本体分,此分说明本来之体性,实无生灭、垢净、增减等相,无相之相,即是本来的面目。经文从"舍利子,是诸法空相"到"不增不减",在交代空有关系之后,便解释什么是空相。(四)妙用分,此分由体起用,空一切相。经文从"是故空中"至"无智亦无得",旨在阐明依诸法空相广破一切执见。(五)果德分,此分证果。通过以上所说的明体、起用、空相,而证明解脱之果德。经文从"故知般若波罗蜜多"到"得阿耨多罗三藐三菩提",破除一切执见之后,则能证得无上菩提、涅槃的佛果。(六)证知分,此分说明由证果而明白了知。经文从"故知般若波罗蜜多"至"真实不虚",是在赞叹般若之伟大,从而回归全经主题,说明以般若观照一切法空即能度一切苦厄,其道理是真实不虚的。(七)秘密分,此分是以密咒表达不可思议的心地。经文从"故说般若波罗蜜多咒"至"菩提萨婆诃",规劝大众普学般若,以度苦厄、证涅槃、成菩提。

从这里不难发现,虽然《心经》只有短短的二百六十个字,但其文句简约却能涵盖般若甚深广大之义，得其心要，因此历代都将其视为《摩诃般若波罗蜜多经》的精粹。

陈秋平

2016年1月

观自在菩萨①,行深般若波罗蜜多时②,照见五蕴皆空③,度一切苦厄④。

【注释】

①观自在菩萨:先从字面上来解释,"观"字,非眼观之观,乃心观之观。即是以自心观照身心世界之境,破除一切执著。"自在",即一切都不再是挂碍,一切都已安然,对于万事万物产生随缘的态度,对一切的外境外缘也就能随意而自由自在。"菩萨",即"菩提萨埵"之略称,意思为求大觉之人、求道之大心人。即指以智慧上求无上菩提,以慈悲下化众生,修诸波罗蜜行,于未来成就佛果之修行者。亦即自利利他二行圆满、勇猛求成佛者。观自在菩萨,合起来说,就是能观照自心,不为世间或出世间的万物所动,心中常能住寂,又能以智慧悲悯众生,自己已经得到解脱无碍,并能使他人也得解脱无碍自在的觉有情。从菩萨名号来解释,观自在菩萨,又作"观世音菩萨"。以慈悲救济众生为本愿之菩萨,即闻众生悲苦之音而进行予乐拔苦的救济工作。观世音菩萨与娑婆众生特别有缘,随类现身,寻声救苦,这是菩萨历劫度生的悲愿,因此观世音圣号在民间格外受尊敬,同时也可说是这位菩萨的悲心救苦、利生事业之深入人心的一种表征。以菩萨有大智故,于一切事理悉皆通达无碍,所以称"观自在";有大悲故,能够随类现身,寻声救

苦,所以称"观世音"。

②般若波罗蜜多:又作"般若波罗蜜""般罗若波罗蜜"。意译作"慧到彼岸""智度""明度""普智度无极"等。为"六波罗蜜"之一,"十波罗蜜"之一。"般若"译为"智慧",即明见一切事物及道理之高深智慧。"波罗蜜"译为"度"或"到彼岸",通常指菩萨之修行而言,即菩萨通过自行化他之事,由生死之此岸到达涅槃之彼岸,故称"到彼岸"。因此般若波罗蜜即观照诸法实相,而穷尽一切智慧之边际,度生死此岸至涅槃彼岸之菩萨大慧。菩萨为达彼岸,必修六种行,即修"六波罗蜜"。其中之"般若波罗蜜",被称为"诸佛之母",成为其他"五波罗蜜"之根据,而居于最重要之地位。

③照见:照是观照,见即彻见。即以般若智慧体察一切事物皆是因缘和合的。五蕴:又作"五阴""五众""五聚"等。蕴是积集、类别的意思。佛教将包括个人身心与身心环境的一切物质与精神分成五种"聚集",故称为"五蕴"。五蕴就是色蕴、受蕴、想蕴、行蕴、识蕴。(一)色蕴:色就是一般所说肉体或物质,其语义即为物质或肉体的积集。(二)受蕴:受是领纳义,即肉体对境之感受与精神之知觉等的感受作用。(三)想蕴:即对于已受境界,重加分别想象。亦即对外境而在心中想象事物种种相貌形状之作用。(四)行蕴:行是迁流造作义,前灭后

生,念念不停,所以叫做行,即意志与心之作用。
(五)识蕴:识是了别义,即了别和识知所缘所对的事物。这里说五蕴皆空,意谓不论物质现象(相当于色)或精神现象(受、想、行、识)均属因缘所生法,无固定不变之自性,唯有假名,而无实体。

④苦厄:苦,是苦恼,能逼恼身心。厄,是灾厄,即指祸患险难。这里指若能照见五蕴都是空的,就能登至彼岸,自可度脱一切烦恼生死之苦厄。

【译文】

观世音菩萨,修习深妙般若,功行到了极其深妙的时候,观照彻见五蕴都是因缘和合的,并没有自性,当体即空,除去了造业受苦的根源而无有烦恼,因而得以度脱一切烦恼生死之苦厄。

舍利子①,色不异空,空不异色,色即是空,空即是色②,受、想、行、识,亦复如是。

【注释】

①舍利子:即舍利弗,是此经的当机者,又作"舍利弗多""舍利弗罗""舍利弗恒罗""舍利弗多罗""奢利富多罗""奢利弗多罗""奢唎补怛罗""设利弗呾罗"等。是佛陀十大弟子之一。其母为摩伽陀国王舍城婆罗门论师之女,出生时以眼似舍利鸟,所以命名为"舍利";故舍利弗之名,即谓"舍利之子"。舍利弗自幼形貌端严,年少时

修习诸技艺，通晓四吠陀。十六岁时即能挫伏他人之论议，诸族弟皆归服于他。幼时，即与邻村之目犍连结交，后因一次参加只离渠呵山的大祭，见到群众杂沓，油然心生无常之感，遂相约投六师外道中之删阇耶毗罗胝子出家学道（胝音支，zhī）。仅七日七夜即会通其教旨，成为其门人二百五十人中之上首，然舍利弗犹深憾未能尽得解脱。其时，佛陀成道未久，住于王舍城竹林精舍，弟子马胜比丘着衣持钵，入城中乞食。舍利弗见其威仪端正，行步稳重，遂问所师何人，所习何法。马胜比丘乃以佛陀所说之因缘法示之，令舍利弗了知诸法无我之理。舍利弗旋即与目犍连各率弟子二百五十人同时到竹林精舍皈依佛陀。皈依佛陀后，常随从佛陀，破斥外道，论究法义，代佛说法，主持僧事，领导僧团，多方翼赞佛化。在佛陀弟子之中，舍利弗与目犍连被称为佛陀门下的"双贤"，是佛陀弘法的左右手。而舍利弗复以聪明胜众，被誉为佛弟子中"智慧第一"。舍利弗一生为僧伽长老崇敬，且屡为佛陀所赞美。后较佛陀早入灭，七日后荼毗，葬遗骨衣钵于祇园，须达多长者还为他建了一座塔。

②"色不异空"四句："色"即物质，"异"字除作各异的解释外，还可作"离"字解。"空"指虚空、真空，这里指诸相无实，一切都是因缘所生，究竟无体。"空"的意思并不是说没有色就是空，或者说色灭为空，因为空并不是空无所有，不是虚无。缘起假象

谓之"色",缘生无性谓之"空";所谓色虽分明显现却无实体,故说"色不异空";虽无实体,而分明显现,故说"空不异色"。"空"与"色"本来就是不可分析为二的。色身借四大和合而成,自体就是空,一切色法皆借众缘而生起,本无自性,莫不当体即空;四大若离散,则复归空无,故说"色即是空"。人间之物质、身体本系空无实体,而由地、水、火、风四大和合而成,故称"空即是色"。概要而说,因缘起而性空——"色不异空",依性空而缘起——"空不异色";缘起无自性当体即性空——"色即是空",性空为缘起所依即是缘起之本体——"空即是色"。所谓五蕴皆空,意谓不论物质现象(相当于色)或精神现象(受、想、行、识)均属因缘所生法,无固定不变之自性;若以其为实有自性,则是虚妄分别,故色之本质为空。也就是说五蕴与空是不异,而且相即。

【译文】

舍利弗!世间存在的色本来就与空不是异质的,作为存在之底蕴的空也与任何物质形式没有什么不同。那么,物质的本体就是空,空的现象就是物质。人的受、想、行、识也应该看作是这种"色"与"空"的统一。

舍利子,是诸法空相[1],不生不灭,不垢不净,不增不减[2]。

【注释】

① 诸法空相:"诸法"又作"万法"。现代语称之为存在、一切现象等。此处指五蕴诸法,也包含之后的六根、六识、十二因缘、四谛等。"空相"指诸法皆空之相状,或指真空之体相。因缘生之法,无有自性,即空之相状。《大智度论》卷六云:"因缘生法,是名空相,亦名假名,亦说中道。"这里意谓色、受、想、行、识五蕴等诸法,皆是缘起性空的一种现象,当体即是空相,所以说诸法空相。

② "不生不灭"三句:这是在讲一切事物的空的状态,其状态是什么呢?即:不生、不灭、不垢、不净、不增、不减。为什么是不生、不灭、不垢、不净、不增、不减?因为在空性中,是不存在生、灭、垢、净、增、减的,一旦我们体证了这种空性,内心也就不存在生、灭、垢、净、增、减等的分别,自然也就达到了一种没有妄想执著的心境。世间一切事物与现象,实相理体真常不变,并不能特意使其生,也不能破坏而使其灭;亦不是以般若照见后才谓之生(本来不生),亦非般若未照见前就没有所谓的灭(本来不灭),所以说不生不灭。实相理体本来空寂,并非可以染之使其垢,治之使其净;也不因被恶的因缘所染而变为垢,或为善的因缘所熏习而成净,而本来无所谓净或垢,所以说不垢不净。实相理体本自圆满,无法加之使其增,损之使其减,所以说不增不减。

【译文】

舍利弗！这些五蕴等一切诸法,是因缘和合的,当体即是空相,本来没有所谓缘聚为生,和缘尽为灭;不因被恶的因缘所染而变为垢,亦不为善的因缘所熏习而成净,也不是悟时为增,迷时为减的虚妄之相。

是故,空中无色,无受、想、行、识;无眼、耳、鼻、舌、身、意①;无色、声、香、味、触、法②;无眼界,乃至无意识界;无无明,亦无无明尽,乃至无老死,亦无老死尽③;无苦、集、灭、道④,无智亦无得⑤。

【注释】

①眼、耳、鼻、舌、身、意:即"六根",又作"六情"。六根指六种感觉器官,或认识能力。眼根指视觉器官及其能力;耳根指听觉器官及其能力;鼻根指嗅觉器官及其能力;舌根指味觉器官及其能力;身根指触觉器官及其能力;意根指思维器官及其能力。前五种又称"五根"。五根乃物质上存在之色法,即色根。意根则为心之所依生起心理作用之心法,即无色根。

②色、声、香、味、触、法:即"六尘",又作"六贼"。色尘即眼所见的一切对象,眼根对于色尘而生眼识。声尘即耳所闻的一切对象,耳根对于声境而生耳识。香尘即鼻所嗅的一切对象,鼻根对于香境

而生鼻识。味尘即舌所尝的一切对象，舌根对于味境而生舌识。触尘即身所觉触的一切对象，身根对于触境而生身识。法尘即意所缘的一切对象，意根对于法境而生意识。尘即染污之义，谓能染污情识，而使真性不能显发。众生以"六识"缘"六尘"而遍污"六根"，此"六尘"在心之外，故称"外尘"。此"六尘"犹如盗贼，能劫夺一切之善法，故称"六贼"。"六根"与"六尘"的相互作用使众生生出了种种虚妄分别心，造作种种业因，感受种种果报。

③"无无明"四句："无"作"空"字解（谓无明空，乃至老死空）。"尽"即灭尽的意思。"乃至"二字是超略词，略去了"十二因缘"中间的行、识、名色、六入、触、受、爱、取、有、生，只例了无明和老死。"十二因缘"包括：（1）无明，就是不明，乃一切烦恼的总称。于缘起性空无所明了，因而妄生一切执著，此谓"无明"。（2）行是造作义，指一切行为，即依无明所造的善恶业。（3）识就是业识，此识随业受报，为过去业力所驱，挟持所造善恶种子而来投胎。（4）名色，名指心识，色指形体。由于一念爱染投入母体为名，成胎后为色。所谓心物和合而成胎，胎相初成叫做"名色"。（5）"六入"即"六根"。在母胎十个月的中间，由名色渐渐成长到六根完备，于出胎后对六尘境有互相涉入的作用，故名"六入"。（6）触即接触。根、尘和合而成触。指出胎后六根与一切外境之接触。（7）受即领受。

根境相对于违顺二种境界上,生起苦乐二种感觉谓之"受",此即为对境所起的一种情绪。(8)爱即贪爱。对于五尘欲境,心生贪著,此即为对境所起的一种贪染心。(9)取即妄取,追取。遇喜欢之乐境则念念贪求,必尽心竭力以求得之而后已,遇所憎之苦境则念念厌离,必千方百计以图舍之而后已,此即为爱染欲境的一种趋求。(10)有即业。即有因有果,由前际因(爱取),生后际果(生老死),业力牵引,因果不亡,遂演成三界轮回的事实来。此为所作业力感报的一种规定。(11)生即受生。以现在所造之业为因,依因感果,必招来世受生,此即为未来受报的一种活动。(12)老死即老耄和死亡。诸根衰败叫做老,身坏命终谓之死。有生就不能不死,四大和合的身躯自然从少至老,无常转变必至于死,此即为未来受报的一种结果。无明与行二者为过去因,识、名色、六入、触、受,此五者为现在果。爱、取、有三者为现在因,生、老死二者为未来果。前因今果,今因后果,如是辗转依因再感果,果上再造因,因果不昧,前后相继不断,生死轮回无尽。吾人如顺着生死潮流,则无明缘行,乃至生缘老死,于是乎永受生死,这叫作"流转门"。反之能逆了生死潮流,则无明灭,乃至老死灭,于是乎获得解脱,就是"还灭门"。解脱是要有般若智慧,有了般若智慧,则自然不会愚痴(无明),也就不会有错误的行为(行),没有行为上的不良作为，则自然没有不好的潜能（种子）随识流转，乃至不会有五蕴、六根、触、受、爱、取、有、生、老死等，这便是出世的解脱。而在空性中，是没有实在的有情在生死中流转，也没有实在的有情在涅槃中解脱，所以说是"无无明，亦无无明尽，乃至无老死，亦无老死尽"。

④苦、集、灭、道：即佛教所说的"四圣谛"。佛成道后，至鹿野苑为五贤者作第一次说法，是为佛转法轮之初，故称"初转法轮"。此次说法的内容就是"四谛之教"。所以"四圣谛"是释尊最初所说的法。谛，谓审实不虚之义，即指苦、集、灭、道四种正确无误之真理。此四者皆真实不虚，故称"四谛""四真谛"；又此四者为圣者所知见，故称"四圣谛"。苦，即苦圣谛。指圣者如实审察三界有漏之苦果（有情及器世间）。对于凡夫而言，现实生活的一切现象（有漏法）可以说都是苦的。生、老、病、死之四苦，加上怨憎会、爱别离、求不得、五取蕴苦之四苦，即为八苦。集，即集圣谛，又作"习谛""苦习圣谛""苦集谛"等。集是集起，有原因及理由的意思，即指事物集起的原因。也就是关于世间众生沉沦生死、遭受苦果的原因。苦之根源为渴爱，以渴爱之故，形成"来世"与"后有"。渴爱之核心乃由无明生起之虚妄我见，若有渴爱，便有生死轮回。灭，即灭圣谛，又作"苦灭谛""苦尽谛""苦灭圣谛""爱灭苦灭圣谛"等。

灭，灭尽、息灭之义。指灭息苦之根本，即永断无明、欲爱等一切烦恼，从相续不断之苦中获得解脱与自由，亦即涅槃境界。道，即道圣谛，又作"趣苦灭道圣谛"、"苦灭道圣谛"、"苦出要谛"等，是指灭除烦恼。达苦灭之境而依之修行的方法，分为八部分而成为神圣的"八正道"。所谓"八正道"，即正见、正思惟、正语、正业、正命、正精进、正念、正定。其中，苦与集表示迷妄世界之果与因，而灭与道表示证悟世界之果与因；即世间有漏之果为"苦谛"，世间有漏之因为"集谛"，出世无漏之果为"灭谛"，出世无漏之因为"道谛"。

⑤无智亦无得："智"即是"般若"，亦即是智慧、能知的妙智。"智"为能求的心；"得"为所证的佛果或者所求的境界。能空诸法之智与空智所得之法空，二者俱不可得，便是无智亦无得。这里是说明菩萨之修（智）证（得），当要离相无住，即不著所修之行，也不取所证之果，一有所住即是执著，便成法缚。一再存有能观之"智想"，与所得之"空想"，仍是一种法执，未契般若真空妙义，所以亦要空之。其实以般若观照，并没有修习的事，因此也就没有什么可以证得。所以不见有知的大智，也就没有所证的果德，若是以有所得的心去求，就已经不是真空。

【译文】

因此从根本上看，这个空之中并没有物质之色，并没有感受、想象、意志和意识；也没有作为认知活动依据的眼、耳、鼻、舌、身、意官能，也不存在那作为六种认识官能的对象的色、声、香、味、触、法，也没有能见之眼根，乃至于没有别尘境之意根；也没有作为认知所得的六种意识。没有无明，也没有灭尽的无明，甚至于没有老死，也没有灭尽的老死。也即没有知苦、断集、修道、证灭的圣教实践过程；没有根本的般若智慧，也没有凭借此智慧所证的佛果或者所求的境界。

以无所得故，菩提萨埵①，依般若波罗蜜多故，心无挂碍②。无挂碍故，无有恐怖。远离颠倒梦想③，究竟涅槃④。三世诸佛⑤，依般若波罗蜜多故，得阿耨多罗三藐三菩提⑥。

【注释】

①菩提萨埵：即菩萨，又作"菩提索多""菩提索埵""摩诃菩提质帝萨埵"等。意译为"道众生""大道心众生""大觉有情""觉有情"等，又译作"开士""始士""高士""大士"等。"菩提"有觉、智、道之意；"萨埵"有众生、有情之意。菩萨有上求菩提（自利）、下化众生（利他）两种任务。因此菩提萨埵即指以智上求无上菩提，以悲下化众生，修诸波罗蜜行，将来可成佛之大心众生。亦即自利利他二行圆满、勇猛求菩提者。菩萨所修之行，称作"菩萨行"。

②挂碍:"挂"即牵挂或被网罩的意思,比喻为无明烦恼蔽覆真心,如被罗网罩着不得自由;"碍"即妨碍或是阻滞的意思,比喻为众生对事物的执著,阻碍正道,不得前进。意谓由于物欲等无明牵挂妨碍,所以不得自在的意思。

③远离颠倒梦想:指永远脱离令人忧悲苦恼不已的颠倒与梦想,而得解脱。"颠倒"意谓众生将因缘和合的现象认为是真实的。"梦想"指在梦中之幻想,是虚妄不实的。一切梦境皆为幻现,而非实事,而梦中人错认为真。凡夫无知,被无明所迷,于是产生颠倒执著,妄造恶业,进而继续轮回生死。众生应以般若起观照,让自己从无明中解脱出来,让实相得以显现,如梦初醒,这就是远离颠倒梦想的意思。

④涅槃:又作"泥洹""泥曰""涅槃那""涅隶盘那""抳缚南""匿缚喃"等。意译作"灭""寂灭""灭度""寂""无生"等。在印度的原语应用上,是指火的熄灭或风的吹散,如灯火熄灭了称为"灯焰涅槃"。印度其他宗教很早就采用此词作为最高的理想境界,并非是佛教专有的名词。唯这名词一出现在佛教经典上,便给它以新的内容,到现在差不多变成佛教特有而庄严的名词了。涅槃具有"灭"义,指的是消灭烦恼灾患,这说明灭是以灭尽烦恼与苦为义;烦恼与苦消灭,就会出现寂静、安稳、快乐的境界。玄奘法师译涅槃为"圆寂"。具

足一切福德智慧叫做"圆";永离一切烦恼生死叫做"寂"。即福慧皆达到圆满无缺(圆),三惑烦恼彻底清除,完全度脱生死(寂),永远不再被烦恼生死所困扰,而获得一种纯善纯美的庄严解脱。涅槃有两种:一者有余涅槃,二者无余涅槃。前者诸根的身依还存在,饥时要吃,寒时要穿,四大不调时也会生病;唯由于烦恼之漏已尽,六根所反映的种种好丑境界,不会令其起执著爱憎之心,可是残余的身尚存在,故称"有余涅槃"。至于无余涅槃与前者所区别的,是在寿命已尽,肉体消灭,现在的身受心受的牵引因已断,对于未来更达到了灰身泯智的境界。

⑤三世诸佛:"三世"指过去、现在、未来三者,此处含有"十方三世"的意思。三世诸佛即统称全宇宙中所有的佛;统指出现于三世的一切佛。即过去、现在、未来等十方三世之众多佛。所以又作"一切诸佛""十方佛""三世佛"。在佛教成立的当时,释迦牟尼佛被称为"现在佛",在释迦牟尼佛以前的一切佛被称为"过去佛",在释迦牟尼佛以后成佛的被称为"未来佛"。

⑥阿耨多罗三藐三菩提:略称"阿耨三菩提""阿耨菩提"等。"阿耨多罗"意译为"无上",指所悟之道为至高无上,"三藐三菩提"意译为"正遍知",表示所悟之道周遍而无所不包。因此"阿耨多罗三藐三菩提"可译为"无上正等正觉",谓佛陀所觉悟

之智慧，是真正平等觉知一切真理的无上智慧。佛陀从一切邪见与迷执中解脱出来，圆满成就无上智慧，周遍证知最究极之真理，而且平等开示一切众生，令其到达最高的、清净的涅槃。另外，又音译为"阿耨多罗三藐三佛陀"，意谓成就阿耨多罗三藐三菩提之人，系为佛陀之尊称。

【译文】

由于并不存所证之果，所以菩萨依止般若波罗蜜多的胜妙法门修行，而不再有牵挂滞碍。因为没有牵挂滞碍，所以不再有恐怖畏惧。因而远离了关于一切事物的颠倒和幻想，达到了究竟的涅槃。十方三世的所有佛世尊，也都是如此依止般若波罗蜜多的胜妙法门修行，而证得无上正等正觉圆满佛果。

故知般若波罗蜜多，是大神咒，是大明咒，是无上咒，是无等等咒①，能除一切苦，真实不虚。

【注释】

①"故知"五句：此一段赞誉般若的功能。"故知"二字，总结前面说的般若功用，引起后面所说的般若利益。就是说因般若波罗蜜多而能够了脱生死苦恼，驱除烦恼魔障，所以"是大神咒，是大明咒，是无上咒，是无等等咒"。咒，原作"祝"，是向神明祷告，令怨敌遭受灾祸，或欲祛除厄难、祈求利益时所诵念之密语。印度古吠陀中即有咒术。这里

指真言密咒，又称"神咒""密咒"或"咒文"，意即不能以言语说明的特殊灵力之秘密语。咒也叫"总持"，音译为"陀罗尼"，指能"总持"一切善法令其不失去，"总持"一切恶法令其不生起。咒是有力量的语言，能成就除恶生善的事实。咒有"善咒""恶咒"之别。如为人咒病或为防护己身者，即为"善咒"；咒诅他人令罹灾害者即为"恶咒"。佛陀禁止习此等咒术以谋生，但允许为治病或护身而持咒。"大神咒"即是说般若智慧有大神力，神有妙力之义，能令受持者，驱除烦恼魔，解脱生死苦。"大明咒"是说般若智慧有大光明，无所遮蔽，如同日光照世。能照彻一切皆空，令受持者破除疑痴，照见无明虚妄。"无上咒"，是说般若智慧能令受持者，直趋无上涅槃，是出世间无有一法能出其上，若依此修行，便能证得无上的佛果；"无等等咒"是说般若智慧能令受持者，成就无上菩提，是没有什么能与它相等同，般若法是佛的修行心要，是圣中之圣。修般若法，能无牵无挂，不但明心见性，还可以此证佛果，尽除一切众生所受的苦厄灾难。所以说，般若法门"真实不虚"。

【译文】

所以，确知般若波罗蜜多是一种大神力的咒，是一种具有大光明的咒，是一种至高无上的咒，是一种绝对无与伦比的咒，它能解除世间一切众生的苦难，这是的的确确的事实。

故说般若波罗蜜多咒,即说咒曰:
揭谛,揭谛,波罗揭谛,波罗僧揭谛,菩提萨婆诃①。

【注释】

① "揭谛"五句:此为梵文咒语。本经前面,从"观自在菩萨"始,至"真实不虚"为显说般若,此段咒语则为密说般若。"揭谛"有"去"或"度"之意,这也就是般若的甚深功能,能度众生去到彼岸;重复"揭谛"二字,无非是表示自度又能度他人的意思。"波罗"可译为"彼岸";"波罗揭谛"就是"度到彼岸去"的意思。至于"僧揭谛"的"僧",是指"众""总"或"普"等,那么"波罗僧揭谛"的意思便是"普度众人一起到彼岸去"。"菩提"则译为"觉""智""知""道",即无上佛果。"萨婆诃"有"速疾"之意,表示依此心咒,便能急速得成大觉,成就无上的菩提。由于咒语有其特殊意义,因此咒为"五不翻"中"秘密不翻"。

【译文】

所以,在这里宣说般若波罗蜜多的总持法门,也就是宣说如下的咒语:

揭谛,揭谛,波罗揭谛,波罗僧揭谛,菩提萨婆诃。

坛 经

前　言

作为禅宗的宗经宝典，《六祖坛经》（亦称《坛经》）在中国佛教中占有特别重要的地位。它是绝无仅有的一本被称作是"经"的由中国僧人撰述的佛典。因为根据佛教的传统，只有记叙佛祖释迦牟尼言教的著作才能被称为"经"，佛的弟子及后代佛徒的著作只能被称为"论"。以《坛经》冠名惠能（也作慧能）的言教，足见"六祖革命"后，中国佛教的变革风习，也足见《坛经》在中国佛教史上的地位之高，惠能禅宗影响之大。

一　《坛经》之名

关于《坛经》一名的缘由，"坛"原是指《坛经》的作者——禅宗六祖惠能于唐仪凤元年（676）出家受戒的戒坛，此戒坛原为南北朝刘宋时印度僧人求那跋陀罗三藏创建，并立碑预言："后当有肉身菩萨，于此受戒。"至梁天监元年（502），又有智药三藏从西竺国航海归来，带回菩提树一株种植于戒坛之畔，预言："后一百七十年，有肉身菩萨，于此树下开演上乘，度无量众，真传佛心印法主也。"其后一如谶语所言，作为禅宗创始人的惠能于此阐扬佛法，将此"戒坛"更赋予了"法坛"的意义。惠能对当时的传统禅学进行了一系列根本性的变革，其影响之深、变化之巨，致使佛教史上誉称之为"六祖革命"。由此我们可知《坛经》之名中的"坛"乃取"法坛"之意；而"经"意是由于惠能门徒"视能如佛"；惠能之法语，如同佛经，因此名为《坛经》。

二 《坛经》作者

惠能（638—713），唐代人，是中国佛教史上一位富有传奇色彩的人物。关于"惠能"一名的由来，据载：惠能刚出生时，曾有二异僧造谒，专为之安名，上惠下能："惠者，以法惠施众生；能者，能作佛事。"这预示着惠能是因弘法而来，今后必将大兴佛法、惠施众生。"惠能"亦作"慧能"，二者通用。佛教在使用上，"惠"是"施"义，"慧"则是"智"义，以"法""惠济众生"，属"六度"中的布施，以"法""慧施众生"，则是"六度"中的般若。

惠能俗姓卢，据大多数《坛经》本子中"本贯范阳"及《神会语录》载惠能"先祖范阳人也"可知，惠能祖籍范阳，即今河北、北京一带。父亲卢行瑫，母亲李氏。父亲原本为官，唐武德三年（620）被"左降迁流岭南"而贬为新州（今广东新兴）百姓。惠能三岁时遭父丧之劫难，从此家境"艰苦贫辛"，稍长，不得不"于市卖柴"，靠每日砍柴鬻柴维持生计。虽则身处贫贱，却早早地显示出卓尔不群、异于常人的风范。《曹溪大师别传》中说他"虽处群辈之中，介然有方外之志"，显示了一代弘法大师的高远超迈的宏阔气象。

关于惠能出家的典故，历来有"闻经悟道"的记载：一日，惠能于市集卖柴，偶听一客诵读《金刚经》，一闻便悟，经人指点后前往蕲州黄梅县（今湖北黄梅西北）东山寺参拜五祖弘忍大师，并开宗明义声称自己远来，"惟求作佛，不求余物"，显示出不凡的根器和超越常人的智慧。受到五祖明为叱责、实为考炼的问难："汝是岭南人，又是獦獠，若为堪作佛！"惠能以"人虽有南北，佛性本无南北。獦獠身与和尚不同，佛性有何差别"慨然作答，深契五祖弘忍之心，认定惠能根性大利，定下传授衣钵之心念。

"得传法衣"是惠能一生重要的事件，这缘于惠能所作的偈颂："菩提本无树，明镜亦非台。本来无一物，何处惹尘埃。"相比较于弘忍的上首弟子，当时已是教授师的上座神秀所作"身是菩提树，心如明镜台。时时勤拂拭，勿使惹尘埃"的"未见本性"的偈颂而言，前者深契心性常清净的旨趣，明了"一切万法，不离自性"的道理，令弘忍大为赞赏，是夜三更，五祖弘忍密召惠能，为其演说《金刚经》并密授衣法。由于六祖惠能的根器非凡，五祖弘忍的慧眼独具，导致了惠能成为禅宗六祖、行化曹溪、大开"东山法门"，创立了中国佛教史上影响最大的禅宗"南宗"，并对中国传统思想、社会生活、文化艺术等领域发生了重大的影响。

法衣的付予标志着尚未出家的惠能已经承继了禅宗传法衣钵，得到了禅宗宗主的地位，从而成为了第六代祖师。在广州法性寺，惠能以"风幡之议"为契机，在公众面前亮相，从此一鸣惊人，一举奠定其作为一代宗师的地位。

唐高宗仪凤元年（676）正月十五日，惠能在法性寺正式出家受戒，时年三十九岁。印宗法师为之剃发并请律师授戒。唐玄宗先天二年（713）八月，惠能示寂于新州国恩寺，春秋七十有六。是年十一月，六祖惠能大师的遗体被弟子迎回曹溪宝林禅寺，即今天的南华禅寺，寺内六祖殿现供奉有六祖惠能肉身像。

唐宪宗于元和十一年（816）下诏追谥惠能为"大鉴禅师"；北宋太平兴国元年（976），宋太宗加谥惠能为"大鉴真空禅师"；宋仁宗时，惠能又被追谥为"大鉴真空普觉禅师"。后来，宋神宗又追谥惠能为"大鉴真空普觉圆明禅师"。

惠能在中国禅宗的发展史上是一个划时代的人物，在佛教中国化过程中起到里程碑的作用，在中国思想文化史上是一个具有重大影响的历史人物。

三 《坛经》的内容与结构

《坛经》一书是六祖惠能在黄梅得法之后回到南方，于曹溪宝林寺住持期间，应韶州韦刺史的邀请，在韶州大梵寺讲堂为僧俗一千余人说法，门人对其说法内容进行的记录和整理。全书叙述了惠能学佛的缘由和行历，概括了惠能的主要思想，记载了其圆寂前对禅宗宗旨的总结，主要描述了惠能如何由一个不识文字的砍柴少年最终成为一代禅宗宗师的过程，通过这一脉络，阐明了禅宗的具体传承、南宗的禅法，以及南宗对般若、定慧、坐禅、顿渐、一行三昧、无相、无住、无念等问题的解释。

全书内容分为三部分：首先是惠能自述生平，基本反映惠能出身贫苦、黄梅得法、南归传禅的主要事迹；其次是惠能弘法所说内容，即其如何以空融有、直了心性、顿悟成佛的禅学思想和禅法特色；最后是惠能弟子对大师的请益以及他与弟子的问答。印顺法师在《中国禅宗史》中总结道："惠能在大梵寺，'说摩诃般若波罗蜜法，授无相戒'。传说由弟子法海记录，为《坛经》主体部分。这在惠能生前，应该已经成立了。等到惠能入灭，于是惠能平时所接引弟子的机缘，临终前后的情形，有弟子集录出来，附编于被称为《坛经》的大梵寺说法部分之后，也就泛称为《坛经》。这完成了《坛经》的原型，可称为'曹溪原本'。《坛经》的内容历代有所增删，尤其是最后部分多为在后来流传过程中所添加的内容，多是惠能弟子和以后的禅宗门人所作，但我们认为这些是对于惠能在大梵寺所说禅法的补充、延伸和发展，是为了迎合禅宗后来发展需要而产生的，是惠能后学在丰富和发展南宗禅法过程中集体智慧的积淀，也是符合禅宗基本思想内容的。从某种意义上讲，我们所称的惠能的《坛经》更适于称之为禅宗的《坛经》。"

《坛经》的主要思想可以概括为"即心即佛"的佛性论，"顿悟见性"的修行观，"自性自度"的解脱观。

四 《坛经》的版本与注疏

《坛经》自问世以来，由于其通俗易懂而得以风行天下，在广为流传的过程中经常有传抄讹误的现象发生,加之惠能门人和后学基于各种意图不断地进行修订和补充,导致《坛经》在其长期的流传过程中出现了许多不同的版本。

日本学者石井修道曾总结了十四种《坛经》版本;宇井伯寿《禅宗史研究》归纳了二十种《坛经》版本;杨曾文表列了近三十种《坛经》版本。柳田圣山所编的《六祖坛经诸本集成》收集中日两国十一个不同的版本等等。但是在众多的版本中,经过专家学者的梳理,有了大致相同的看法。

郭朋认为"真正独立的《坛经》本子仍不外乎敦煌本(法海本)、惠昕本、契嵩本、宗宝本这四个本子,其余,都不过是这四种本子中的一些不同翻刻本或传抄本而已"。

日本学者田中良昭在《坛经典籍研究概史》一文中认为:目前,《坛经》的版本系统,依驹泽大学禅宗史研究会所刊行之《惠能研究》,约可以分为五种:一、敦煌本;二、惠昕本;三、契嵩本;四、承继敦煌本系古本与契嵩本而再编的德异本;五、主要承接契嵩本而再编的宗宝本。

洪修平认为"根据我们的研究,现有《坛经》真正有代表性的其实只有敦煌本、惠昕本和契嵩本三种,因为德异本和宗宝本实际上都是属于契嵩本系统的。但由于宗宝本是明代以来的通行本,所以……仍然把它作为一个独立的本子"。

王月清在其注评的《六祖坛经》一书中认为《坛经》在流传过程中,内容不断变化,迄今异本不下十几种,其中最有代表性的有:1.敦煌本,2.惠昕本,3.契嵩本,4.德异本和曹溪原本,5.宗宝本。本文从此说,分别介绍这五个版本的概况:

1. 敦煌本。

敦煌本是现存最早的《坛经》版本,由于下署"兼受无相戒弘法弟子法海集记",故而又称"法海本"。郭朋认为:比较起来,法海本《坛经》,基本上确可以说是惠能语录。敦煌写本是《坛经》版本中的主要系统之一,存世的敦煌写本共有六种:

旅顺博物馆藏敦煌写经本残片（旅本）；敦煌斯坦因本（斯本）；北京图书馆藏敦煌写本（北本）；敦煌县博物馆本（敦博本）；方广锠发现北京图书馆藏敦煌写本残片（方本）；西夏文写本残片（西夏本）。

2. 惠昕本。

惠昕本分上下两卷共十一门，约一万四千余字。该本大约改编于晚唐或宋初，胡适称之为"人间第二最古的《坛经》"，由于它最早发现于日本京都兴圣寺，又称"兴圣寺本"。兴圣寺的惠昕本题为《六祖坛经》，从前面的"依真小师邑州罗秀山惠进禅院沙门惠昕述"的署名可知此本的编者为晚唐（或说宋初）的惠昕和尚，并且他说明了在编纂时对《坛经》有所削删。

3. 契嵩本。

全称《六祖大师法宝坛经曹溪原本》，约成书于宋仁宗至和三年（1056），一卷计十品，约两万余字，由宋代高僧契嵩改编。现存的是明代的本子，故也称"明藏本"或"曹溪原本"，从宋代工部侍郎郎简所作的《六祖坛经序》中的记载，我们知道这已经不是契嵩改编的那个本子了，为了指称明确，与其他的明藏本区别开来，我们仍约定俗成地称之为契嵩本。序中也介绍了这个本子是契嵩辛辛苦苦觅来的如实记载六祖大师言论的古本，后由工部侍郎郎简出资模印。

4. 德异本和曹溪原本。

这两个本子基本上是源出于契嵩本，德异本题名为《六祖大师法宝坛经》，也是一卷十品，从序言中推断刊行于元至元二十七年（1290）。其编撰缘起为：在元代末年，僧人德异声称自己发现了《坛经》古本并着手刊印。杨曾文说："从明代开始，被称为'曹溪古本'的，也就是德异本。而德异本，很可能就是契嵩本。"即德异从通上人处得到的"古本"，很有可能是真正的契嵩改编本，假如德异在改编时没再增删，那么这个德异本可能就是契嵩本。

5. 宗宝本。

宗宝本几乎是明代以后唯一的流行本,从内容上看,也是属于契嵩改编本这个系统,全本一卷十品,共计约两万多字。约成于元世祖至元二十八年(1291),为元代光孝寺僧人宗宝改编。宗宝将三种《坛经》版本合校,编订了一个新的版本,题名为《六祖大师法宝坛经》,编撰者宗宝在跋文中声明他对《坛经》错讹之处进行了改正,简略之处进行了增补,还明确提到附加了惠能与弟子的问答。根据校对可以看出,宗宝对《坛经》的改动主要在:首先,将古本中四个字的章节名称改为两个字;其次,将古本第一章分为两章,将第九章、第十章合并为一章,在有些章节内,也有部分移动、分割的现象。还有就是对正文有所增加和删减。这些改动当然引起了一些反对和批评,更由于它是明以后最流行的版本,具有不可取代的地位,故而引来的抨击更加强烈。但是我们认为由于宗宝所改编的本子具有品目齐整、语言流畅、通俗易懂、文学色彩浓、可读性强等优点而导致后来流行天下,这对《坛经》深入人心和社会推广都起到了莫大的功效,现在已经成为我们普遍认可的《坛经》版本了,本着尊重历史发展的态度,我们认为宗宝本的学术价值是巨大的。

比较这几个不同的《坛经》版本,我们可以看到,随着时间顺序的推近,《坛经》的字数不断在增加,从唐代的法海本有一万二千字左右到北宋的契嵩本和元代的宗宝本的二万以上的字数,时间越晚,字数越多,这说明了《坛经》在其发展流布中,被惠能门人和惠能后学不断添加增改,最终得以形成现在的面貌。这一点在惠昕和宗宝的序言中都有所交待,其实早在惠能去世后不久,就有修改或篡改《坛经》的现象出现。我们认为历代的篡改这一史实是确凿无疑的,但是,惠能门人及惠能后学出于对禅宗发展的推动、对禅宗南宗地位提升的需要,对《坛经》进行的增改,在今天看来都是合乎情理的,是历史的必然。它们已经成为禅宗禅学不可缺少的有机组成部分，值得我们今天去学习和研究。

另外，关于《坛经》的注疏，历来很多。比较重要的有契嵩的《法宝坛经赞》、天柱的《注法宝坛经海水一滴》五卷、袁宏道的《法宝坛经节录》、李贽的《六祖法宝坛经解》、亘璇的《法宝坛经要解》、益淳的《法宝坛经肯窾》五卷、青峦的《法宝坛经讲义》一卷、丁福保的《六祖法宝坛经笺注》一册等。近年来流行的是中华书局1983年出版的郭朋的《坛经校释》。

五 《坛经》与中国文化

"《坛经》不仅是中国思想史上一个重要的转换期，同时也是佛教对现代思想界一个最具有影响力的活水源头，它代表了中国佛教一种特殊的本质所在，也表现了中国文化，或者说中国民族性中一份奇特的生命智慧"（薄克礼、于广杰主编《中国传统文化导论》，北京对外经济贸易大学出版社，2013年版）。确实，作为禅宗的宗经宝典的《坛经》对中国佛教乃至整个中国文化的发展和变化都产生了广泛和深远的影响。

从佛教发展内部而言，首先惠能在中国佛教史上引发了"六祖革命"，而产生的禅宗经过发展和壮大，最终成为中国佛教的代表。其次，《坛经》的思想对中国佛教思想的内在理路和架构也影响重大，包括了把传统佛教的真如佛变为心性佛、把传统佛教的佛度师度变为注重自性自度、把传统佛教强调修禅静坐变为注重道由心悟、把传统佛教强调经教变为注重不立文字、把传统佛教强调出世间求解脱变为注重即世间求解脱。

《坛经》中强调在世间求解脱的主张引发了传统佛教的人间化、生活化，并将世间法和佛法相结合、相统一。太虚大师的"人间佛教"正是遥接了这一主导思想顺势而起的。"人间佛教"即主张做人即是作佛，世间法皆是佛法，这正是与《坛经》思想相契合的，也正是《坛经》思想对中国佛教的影响在近代的表现。

除此之外,《坛经》也对中国传统思想文化有着一定的影响。《坛经》是中国佛学儒学化的代表作,它的最大特点是把佛性心性化、人性化。将印度佛教的真如、佛性、法性、如来等原本具有抽象本体性质的真心转变为众生当下鲜活的现实人心,建立了一个以当前现实人心为基础的心性本体论体系。《坛经》的心性论思想表明了惠能禅宗强调本自清净的自心圆满具足,其最终落实点是在自我的心性上,《坛经》中的心性问题直接导引了宋明理学的开端,启发了宋明儒学心性本体论的建构,促使儒家学说在宋明时期的自我转化和自我突破,使得中国传统哲学出现一次重大转折。

在中国文化艺术方面,《坛经》的影响作用亦不可忽视。作为中国古代文化之冠冕的诗、书、画所以特别注重"意境""气韵",其中一个重要原因,是深受佛教注重"顿悟"的思维方式的影响。诗与禅都重视内心体验,重视启示与象征,都追求言外之旨、象外之意。另外,从历史来看,自唐代禅宗确立之后,禅就在诗歌创作中,在士人的心灵生活中产生了巨大影响。

书法可以说是中国人从最高境界落实到人伦日用、从抽象思维回归到形象世界的最直接途径和第一手段。禅与书法的关系,有学者认为是一种体用关系:禅为书之体,是书法的创作源泉;书为禅之用,是禅的最恰当的表现方式之一,二者的关系非常紧密。其实禅对书法艺术的影响是多方面、多向度的,有禅僧写书者,有书家习禅者;有艺术流派对禅宗形式上的借用和模仿,也有在书法创作品评上,与禅的审美意境和审美追求内在同构和互通,更有将禅定之意作为书家确立的书法创作心态和创作要旨。

禅宗哲学思想和思维方式也对中国绘画的创作和审美产生了深刻的影响。中国古代的画家常运用这样禅意的思维方式于绘画创作。另外,就绘画史而言,自唐代始,即有王维开创的文人画，王维本人潜心向佛并进一步以佛理禅趣入画，开创了中国禅意画之先河。到了明代，禅对中国绘画史产生了形式上最直接的影响，其结果就是董其昌南北宗论的提出，他倡导了中国历史上第一个绘画流派说。这一明显受禅宗南北宗之划分的影响而产生的理论，为中国书画的发展提供了新的理论基础，在以后产生了深远的影响。

佛教是一个注重形象宣传和教化功能的宗教，自汉代传入中土以来，为了进一步弘扬佛法，传播教义，与中国的文化艺术相结合，共同创生了宏大绚烂的佛教艺术文化。这一创造过程同时也是对中国文化艺术进行渗透、影响和改变的过程。

尚荣
2016 年 1 月

行由品第一

　　本品记叙了惠能大师在曹溪宝林寺时,应韶州刺史韦璩之邀于大梵寺为众生讲述自己的生平及得法因缘。通过讲述"闻经得悟"、黄梅参拜五祖等事由,暗示了南宗禅法与《金刚经》及"东山法门"的渊源。通过"人虽有南北,佛性本无南北,獦獠身与和尚不同,佛性有何差别"的语段,宣扬了南宗禅门"一切众生,悉有佛性"的佛性理论。记载了五祖弘忍欲传衣钵,命众人作偈,惠能因一首"菩提本无树,明镜亦非台。本来无一物,何处惹尘埃"的偈颂深契五祖心意,从而三更受法,得传衣钵。五祖亲送渡江,惠能又提出了"迷时师度,悟了自度"的主张,这些都揭示了南宗禅法扫相破执、直指心源、不落阶级、顿悟成佛的特质。接着惠能遵循五祖"不宜速说"的付嘱,隐于猎人队中凡一十五载。后于广州法性寺因"风幡之议"而为世人瞩目,从此开坛说法,弘化一方。

　　时①,大师至宝林②,韶州韦刺史与官僚入山③,请师出。于城中大梵寺讲堂④,为众开缘说法⑤。

　　师升座次⑥,刺史官僚三十余人,儒宗学士三十余人,僧尼、道俗一千余人,同时作礼,愿闻法要。

　　大师告众曰:"善知识⑦,菩提自性⑧,本来清净,但用此心,直了成佛⑨。善知识!且听惠能行由得法事意。

"惠能严父,本贯范阳⑩,左降流于岭南⑪,作新州百姓⑫。此身不幸,父又早亡,老母孤遗,移来南海⑬,艰辛贫乏,于市卖柴。时有一客买柴,使令送至客店,客收去,惠能得钱,却出门外,见一客诵经⑭,惠能一闻经语,心即开悟⑮。遂问:'客诵何经?'客曰:'《金刚经》⑯。'复问:'从何所来,持此经典?'客云:'我从蕲州黄梅县东禅寺来⑰。其寺是五祖忍大师在彼主化⑱,门人一千有余。我到彼中礼拜,听受此经。大师常劝僧俗,但持《金刚经》,即自见性⑲,直了成佛。'惠能闻说,宿昔有缘⑳,乃蒙一客,取银十两与惠能,令充老母衣粮,教便往黄梅,参礼五祖。"

【注释】

① 时:佛教经典中一开始往往有简略的序,介绍佛说法的时间、地点、人物等,"时"即表示说法的时间,并非确指。《坛经》依照佛家典籍的格式,以"时"表明六祖惠能说法的时间。

② 宝林:即宝林寺,位于广东曲江南三十五公里曹溪山,今称"南华寺""南华古寺""南华禅寺"。南朝梁时由天竺僧智药建立。唐高宗仪凤年间(676—678),惠能主持弘法,学徒云集,法道大振,今存有六祖惠能肉身像。

③ 刺史:官名。汉代设置。隋时改刺史为太守。宋时刺史与太守已无区别。清时用作"知州"的别称。

这里的刺史指韶州刺史韦璩。

④大梵寺：位于广东曲江。《广东通志》记载："韶州府曲江县，报恩光孝寺，在河西。唐开元二年（714），僧宗锡建，名开元寺，又更名大梵寺，为刺史韦璩请六祖说《坛经》处。宋崇宁三年（1104），诏诸州建崇宁寺，政和中改天宁寺。绍兴三年（1133），专奉徽宗香火，赐额曰报恩光孝寺。"可知此寺为僧宗锡建于唐玄宗开元二年（714），是刺史韦璩请六祖惠能宣说《坛经》之处。

⑤开缘说法：将说佛教教义以开导众人。

⑥升座：在说法的座位上落座。

⑦善知识：指正直有德、导人正道，教众生远离恶法修行善法的人。上至佛、菩萨，下至人、天，不论以何种姿态出现，凡能引导众生舍恶修善、入于佛道者，均可称为"善知识"。教导邪道之人称为"恶知识"。善知识可以用来称呼出家的僧人，也可以用来称呼未出家的佛教徒。

⑧菩提：意译"觉""智"等。断绝世间烦恼而达到涅槃智慧可通称为"菩提"。菩提为佛教的根本理念。佛教主要即在说明菩提之内容，及证取菩提的实践修行方法。佛教的礼拜对象，即为获得菩提的觉者，即佛陀。

⑨但用此心，直了成佛：禅宗认为人心先天就蕴涵着佛教的全部道理，是本来具足的，只要如实地运用此心，本来呈现，就能直接成就佛道。

⑩范阳：地名。唐代置郡，今天的北京大兴、宛平一带。
⑪岭南：指五岭以南的广大地区，约是今天广东一带。
⑫新州：今广东新兴。
⑬南海：今属广东佛山一带。
⑭诵经：指诵读佛教经典，此为功德。
⑮开悟：开启了人心本有的智慧，觉悟了佛教根本的教义教理。
⑯《金刚经》：佛教经典。全称《能断金刚般若波罗蜜多经》，简称《金刚经》，最早由后秦鸠摩罗什译出，一卷。卷末四句偈文："一切有为法，如梦幻泡影，如露亦如电，应作如是观。"被称为一经之精髓，意为世界上一切事物都是空幻不实，认为应"远离一切诸相"而"无所住"，即对现实世界不执著、不留恋。由于此经以空慧为体，说一切法无我之理，篇幅适中，不过于浩瀚，也不失之简略，故历来弘传甚盛，特别为惠能以后的禅宗所重。
⑰蕲州黄梅县东禅寺：蕲州指今天的湖北蕲春。黄梅县是今湖北黄梅西北地区。东禅寺位于湖北黄梅西南。《湖广通志》记载："黄州府黄梅县，东禅寺在黄梅县西南一里。"又称"莲华寺""东渐寺"。为禅宗五祖弘忍之道场，当时门下僧众达七百余人。五祖于该寺半夜密传衣钵于六祖惠能。寺内尚存六祖当年之簸糠池、坠腰石等遗迹。
⑱五祖忍大师：即中国禅宗五祖弘忍。弘忍（601—

674），唐代僧人，湖北黄梅人，俗姓周。七岁从四祖道信出家，得其心传。道信入寂后继承师席，在黄梅双峰山的东面冯茂山建东山寺，弘忍发扬禅风，以悟彻心性之本源为旨，守心为参学之要。时称其禅学为"东山法门"。唐高宗上元二年（675）示寂（即于传法后四年），世寿七十四。敕谥"大满禅师"。弘忍门下弟子甚众，著名弟子有神秀、惠能等。弘忍将禅贯彻到日常生活，认为行住坐卧都是成佛的行为和活动，这一点对惠能以及《坛经》的思想影响很大。主化：即主持教化。

⑲见性：即"识性"，指彻见自心之佛性，为禅家之语。

⑳宿昔有缘：前世结下的缘分。

【译文】

当时，惠能大师来到广东南华山宝林寺，韶州刺史韦璩与他的僚属们一道进山，请惠能大师到位于城中的大梵寺讲堂为大众演说佛法大义。

大师于说法的座位上落座，刺史及官员们三十多人，儒学学士三十多人，出家比丘、比丘尼及在家信众一千多人，都来参加盛会，大家一齐向大师行礼致敬，希望聆听大师演说佛法的精要。

大师告诉众人说："善知识们，人心先天具有成佛的觉悟本性，本来清净没有污染，只要用这个清净的本心，就可以直接开悟成佛。各位善知识们，请先听听我讲述我求法得道的因缘和经历！

"我惠能的父亲,原籍范阳,后来因事遭贬被流放到岭南地区,从而成为新州的普通百姓。惠能自幼不幸,父亲很早离开人世,留下我们孤儿寡母相依为命,后来又迁移到南海这地方,由于家境贫寒,惠能只得每日进山打柴,担到集市卖掉,以此维持生计,勉强度日。有一天,有一位客人买了惠能的柴,并让送至客房,送达后,客人收了柴,惠能得到钱,刚走到门外,就见到一位客人正在诵读佛经,惠能一听客人所诵的经文,心中顿然开悟。就问:'这位客人所诵的是什么经典。'客人告之:'是《金刚经》。'惠能又问:'客人从什么地方来,如何获得这部经典?'客人说:'我从蕲州黄梅县东禅寺来,五祖弘忍大师在那里主持并弘扬佛法教化众生,门下弟子达一千多人。我到东禅寺拜谒五祖弘忍大师,并听闻领授了这部佛经。弘忍大师常常劝诫僧人和在俗的人,指示只要依《金刚经》所讲的修行,就能自己识见自心佛性,直接了悟成佛。'惠能听了客人的这番话,觉得自己与佛法宿世有缘,正好承蒙一位客人取了十两银子给他,嘱咐他用来安顿老母,充当其衣食生活之所需,然后去黄梅县东禅寺,参拜五祖大师。"

惠能安置母毕,即便辞违,不经三十余日,便至黄梅,礼拜五祖。

祖问曰:"汝何方人,欲求何物?"

惠能对曰:"弟子是岭南新州百姓,远来礼师,惟求作佛①,不求余物。"

祖言:"汝是岭南人,又是獦獠②,若为堪作佛?"

惠能曰:"人虽有南北,佛性本无南北③,獦獠身与和尚不同④,佛性有何差别?"五祖更欲与语,且见徒众总在左右,乃令随众作务⑤。

惠能曰:"惠能启和尚,弟子自心常生智慧⑥,不离自性,即是福田⑦。未审和尚教作何务?"

祖云:"这獦獠根性大利⑧,汝更勿言,著槽厂去⑨。"

惠能退至后院,有一行者⑩,差惠能破柴踏碓⑪。

经八月余,祖一日忽见惠能,曰:"吾思汝之见可用,恐有恶人害汝,遂不与汝言,汝知之否?"

惠能曰:"弟子亦知师意,不敢行至堂前,令人不觉。"

【注释】

① 作佛:即成佛。《法华经·譬喻品》曰:"具足菩萨所行之道,当得作佛。"断妄惑、开真觉,根除无明烦恼,开启真实觉悟。

② 獦獠:是对当时生活在南方以行猎为生的少数民族的侮称。如此称呼表示轻蔑的意思,意指惠能是未开化、无知识的蛮夷。

③ 佛性:即佛陀之本性,或指成佛之可能性。又作"如来性""觉性"。为"如来藏"之异名。《涅槃经》有云:"一切众生悉有佛性,如来常住无有变易。"

④和尚：指德高望重之出家人，又作"和上"。意译"亲教师""力生""近诵""依学""大众之师"。和尚为受戒者之师表，故华严、天台、净土等宗皆称为"戒和尚"。后世沿用为弟子对师父之尊称。

⑤随众作务：随同大家一起劳动、做活。

⑥智慧：明白一切事相叫做智；了解一切事理叫做慧。决断曰智，简择曰慧。知俗谛曰智，照真谛曰慧。《大乘义章》卷九曰："照见名智，解了称慧，此二各别。知世谛者，名之为智，照第一义者，说以为慧，通则义齐。"

⑦不离自性，即是福田：指认识自我的本心就像在福田播种，其收获的成果就是成就佛道，并不需要通过随众作务这样的苦修来达成。自性，指自体之本性，亦即诸法各自具有真实不变、清纯无杂的个性。福田，指人们做善事犹如在大地里播种庄稼而有收获一样，能够得到福报。这里是以田为喻，故名福田。"田以生长为义，农夫播种于田亩，必有秋收之利。人若行善，能得福慧之报。"佛教中认为凡敬侍佛、僧、父母、悲苦者，即可得福德、功德。

⑧根性大利：《止观辅行传弘决》卷二称："能生为根，数习成性。"根为能生之义，善恶之习惯曰"性"，人性有生善业或恶业之力，故称"根性"。大利，大好，非常好。这里指惠能禀赋极高。

⑨槽厂：马房、马棚，指养马的地方。

⑩行者：又称"行人""修行人"，泛指一般佛法之修行者，是修行佛法的通称。也指居住佛寺但留着头发修行的人。《释氏要览》卷上指未剃度而在丛林内服诸劳役的带发修行者，即未出家而住于寺内帮忙杂务者。有剃发者，亦有未剃发而携家带眷者。

⑪踏碓：发明于西汉，是去秕、脱壳的粮食加工工具。

【译文】

惠能安置好老母亲后，便辞别老母北上奔赴黄梅。不到三十天的时间，惠能便抵达了黄梅，见到了五祖弘忍大师并向他致礼参拜。

五祖问道："你是哪里人，到我这里想求得什么？"

惠能答对道："弟子我是岭南新州的一名普通老百姓，远道而来，礼拜师父，只想觉悟成佛，别无他求。"

五祖大师说："你是岭南人，又是未开化的獦獠，怎么能成佛呢？"

惠能说："虽然人有南方和北方的地区差别，但人的佛性却没有南方和北方的不同。我这个獦獠之身虽然和大师不一样，但我们都具有的成佛本性却有什么不同呢？"五祖还想和惠能继续交谈下去，因为看到众多弟子围在左右，便让惠能和大家一起先去干活。

惠能说："惠能禀告大师，弟子内心常生出智慧之念，认为不离自我本性便是成就福田，不知道大师还要让我干什么？"

五祖说："想不到你这獦獠根基很不错，禀赋很高！你不必多说了，先到后院马棚里干活去吧。"

惠能退下来到后院，有一个行者，分派惠能干劈柴舂米的活。

如此，惠能一连干了八个多月，一天，五祖突然看到惠能，便说："我考虑到你的见解是很可用的，恐怕有坏人嫉妒而要加害于你，所以那天没有与你深谈，你明白我的用意吗？"

惠能说："弟子也知道师父的用心，所以从来不敢到前堂大殿上去，以免被别人察觉。"

祖一日唤诸门人总来："吾向汝说，世人生死事大，汝等终日只求福田，不求出离生死苦海①。自性若迷，福何可救？汝等各去，自看智慧，取自本心般若之性②，各作一偈③，来呈吾看，若悟大意，付汝衣法④，为第六代祖。火急速去，不得迟滞。思量即不中用⑤，见性之人，言下须见。若如此者，轮刀上阵⑥，亦得见之。"

众得处分，退而递相谓曰："我等众人，不须澄心用意作偈⑦，将呈和尚，有何所益？神秀上座⑧，现为教授师⑨，必是他得；我辈谩作偈颂，枉用心力。"余人闻语，总皆息心，咸言："我等已后依止秀师⑩，何烦作偈。"

神秀思惟⑪：诸人不呈偈者，为我与他为教授师，我须作偈，将呈和尚。若不呈偈，和尚如何知我心中见解深浅。我呈偈意，求法即善，觅祖即恶,却同凡心夺其圣位奚别?若不呈偈,终不得法,大难大难。

五祖堂前,有步廊三间,拟请供奉卢珍画《楞伽经变相》及《五祖血脉图》⑫,流传供养⑬。神秀作偈成已,数度欲呈,行至堂前,心中恍惚,遍身汗流,拟呈不得。前后经四日,一十三度,呈偈不得。

秀乃思惟:不如向廊下书著,从他和尚看见,忽若道好,即出礼拜,云是秀作。若道不堪,枉向山中数年,受人礼拜,更修何道?

是夜三更,不使人知,自执灯,书偈于南廊壁间,呈心所见。偈曰:

身是菩提树,心如明镜台。

时时勤拂拭,勿使惹尘埃。

秀书偈了,便却归房,人总不知。秀复思惟:五祖明日见偈欢喜,即我与法有缘,若言不堪,自是我迷,宿业障重⑭,不合得法,圣意难测⑮。房中思想,坐卧不安,直至五更。

【注释】

① 生死苦海:佛教认为人都处于天、人、阿修罗、饿鬼、畜生、地狱等六道迷界中生死相续、永无穷尽的轮回中。与"涅槃"相对称。生死苦海,指各种苦难的世界,亦即生死轮回之三界六道。众生沉沦于三界之苦恼中,渺茫无际,犹如沉没于大海难以

出离，故以广大无边的海来比喻。

②般若：梵文音译。又作"波若""般罗若""钵刺若"。意译为"慧""智慧"。明见一切事物及道理的高深智慧，即称"般若"。

③偈（jì）：译为"颂"。颂者，美歌也。泛指一种略似于诗的有韵文辞，不问三言四言乃至多言，通常四句一偈。通用于佛教经律论。

④衣法：指衣与法。禅宗传承，师传法于弟子都以付授的袈裟为表征，传衣即传法之义。内传心法以印证宗门的佛心宗旨，外传僧衣以表示师承的信实无虚。衣，指出家人的袈裟。法，正法，指传正法之信征。

⑤思量即不中用：表明禅宗认为若要明白本心，通过思考分析是没有用的，是不能达到的。思量，即思虑度量事理的意思。

⑥轮刀上阵：指上阵作战，舞刀飞转如旋转的车轮一般。

⑦澄心：使心绪澄静平定，集中凝虑。

⑧神秀上座：唐代禅僧（605—706），五祖弘忍弟子之一。汴州尉氏人，俗姓李。身长八尺，龙眉秀目，有巍巍威德，少览经史，博学多闻。至蕲州双峰东山寺，参谒五祖求道。弘忍深为器重，令为教授师，因居五祖门中第一位，有神秀上座之名。弘忍示寂后神秀师迁江陵当阳山传法，道誉大扬。禅门中将之与惠能称为"南能北秀"。禅宗北宗，与南

宗的"顿悟"说不同，其教法力主渐悟之说，故而禅史有"南顿北渐"之称。神龙二年（706）神秀示寂，寿一〇二，敕号"大通禅师"，为禅门谥号最早者。上座，指寺院僧职的名称。唐以前上座是寺院之首，唐以后上座为禅宗寺院住持之下的职位。

⑨教授师：是专门负责教授弟子威仪、作法的轨范师，专门给受具足戒的僧人教授有关行住坐卧等威仪的作法。

⑩依止：即依存而止住的意思。依赖于有力、有德者之处而不离，亦称为"依止"。

⑪思惟：即思考推度。思考真实的道理，称为"正思惟"，系"八正道"之一；反之，则称"邪思惟"（不正思惟），乃"八邪"之一。

⑫供奉：官名。指被朝廷或皇家聘用的官员，多为擅长文学、美术等各种技艺的人。《楞伽经》：为佛教经典。全名《楞伽阿跋多罗宝经》或《入楞伽经》，四卷本，南朝宋求那跋陀罗译，收于《大正藏》第十六册。楞伽，山名。阿跋多罗，"入"之意思。意谓佛陀入此山所说之宝经，本经宣说世界万有皆由心所造，人认识的对象不在外界而在内心。《楞伽经》对中国禅宗的影响颇大。变相：指依经典之记载，描绘佛的本生故事，或净土庄严、地狱相状等图画，用以宣传教义。又作"变像""变绘"，略称"变"。变，乃变动、转变之意，即将种种真实之动态，以图画或雕刻加以描绘。

⑬供养：奉养的意思，对上含有亲近、奉事、尊敬的意思，对下含有同情、怜惜、爱护的意思。又作"供""供施""供给""打供"，意指供食物、衣服等予"佛法僧"三宝、师长、父母、亡者等。供养初以身体行为为主，后亦包含纯粹的精神供养，故有身分供养、心分供养之分。

⑭宿业障重：又称"宿作业"。佛教说宿业是指过去世所造的善恶业因。障，指烦恼，烦恼能障碍圣道，故名"障"。"宿业障重"即指过去世所作的恶业烦恼深重，影响人认识本心。

⑮圣意：这里指弘忍的心意。

【译文】

一天，弘忍大师召集所有的弟子，说："世人如何解脱生死是很重要的问题，你们整天只知持戒修善追求人天福报，而不知修慧，脱离生死苦海。你们自我本有的佛性如果迷失了，做功德、求福田又哪里能救你们脱离苦海呢？你们各自回去，运用自己的智慧观照本心自性，各自做一首体认佛法的偈来送给我看。如果有谁能明白佛法大意，我就传给他衣钵和教法，他将成为第六代祖师。你们赶快回去做，不得迟缓拖延。费心思考分析是没有用的，因为能体认自我本心、识见真如佛性的人，只言片语就能显现出。像这样的人，即使在战场上将刀挥得如轮子飞舞似的刹那瞬息之间，也能见悟得悟。"

众人听了吩咐后，退回来相互议论道："我们这样的人，没必要静心思索花费心力来作偈，呈给大师看了，有什么用处？神秀上座现在是教授师，第六代祖师之位一定是他的；我们这些人冒昧轻易地作偈实在是白白浪费精力。"大家听了这话，都打消了作偈的念头，都说："我们以后追随着神秀禅师就行了，何必费心作偈呢？"

神秀心中思虑：大家都不作偈呈交大师，是因为我是他们的教授师，我则必须作一首偈呈交师父。如果不作偈呈交，五祖大师怎么知道我对佛法的见地是深还是浅。我作偈呈交五祖，如果是为了求法，那就是好的，如果是为了获取六祖的位子，那就不对，同凡夫俗子的费尽心机去谋求圣位有什么差别呢？但如果不作偈呈交，终究不能得法，真是太难了，太难了！

五祖大师的堂前有三间走廊，本来准备请供奉卢珍在这里画《楞伽经变相》和《五祖血脉图》，用来永久流传、受人供养的。神秀作好偈以后，好几次想呈送给五祖，一走到大堂前，就紧张得心中恍惚，全身流汗，想呈交偈子总不成功。前前后后过了四天，共十三次想呈送，都始终没有勇气交上去。

神秀心中又想：不如我把所作的偈写到堂前走廊里，任由五祖大师看到，如果猛地称赞这个偈好，我就出来向五祖大师致敬行礼，说明这是我神秀作的。如果五祖大师说这个偈实在不行，那就算我白白在山中修行这么多年，枉受大家礼敬，还再修什么道呢？

当天夜里三更时分，神秀不让别人知道，悄悄地自己持着灯烛，将作好的偈子写在南廊的墙壁上，表明了他对佛法的体认。偈是这样说的：

身是菩提树，心如明镜台。
时时勤拂拭，勿使惹尘埃。

神秀写完偈，便回到自己的房中，全寺上下都不知道这件事。神秀又想：明天五祖看到偈后，如果心生欢喜就说明我与佛法有缘。如果说实在不行，那就是我自心仍迷，前世罪业太过深重，不该得到佛法，五祖的圣意真是难以预料。神秀在房中思考，坐卧不安，一直折腾到五更时分。

祖已知神秀入门未得，不见自性。天明，祖唤卢供奉来，向南廊壁间绘画图相，忽见其偈。报言："供奉却不用画，劳尔远来。经云：凡所有相，皆是虚妄①。但留此偈，与人诵持。依此偈修，免堕恶道②。依此偈修，有大利益。"令门人炷香礼敬③，尽诵此偈，即得见性。

门人诵偈，皆叹善哉④。

祖三更唤秀入堂，问曰："偈是汝作否？"

秀言："实是秀作，不敢妄求祖位。望和尚慈悲⑤，看弟子有少智慧否？"

祖曰："汝作此偈，未见本性，只到门外，未入门内。如此见解，觅无上菩提⑥，了不可得。无上菩提，须得言下识自本心，见自本性。不生不灭⑦，于一切时中⑧，念念自见⑨，万法无滞，一真一切真，万境自如如⑩。如如之心，即是真实⑪。若如是见，即是无上菩提之自性也。汝且去一两日思惟，更作一偈，将来吾看汝偈，若入得门，付汝衣法。"

神秀作礼而出,又经数日,作偈不成,心中恍惚,神思不安,犹如梦中,行坐不乐。

复两日,有一童子⑫,于碓坊过⑬,唱诵其偈。惠能一闻,便知此偈未见本性。虽未蒙教授,早识大意。遂问童子曰:"诵者何偈?"

童子曰:"尔这獦獠不知。大师言:'世人生死事大。'欲得传付衣法,令门人作偈来看。若悟大意,即付衣法,为第六祖。神秀上座,于南廊壁上,书无相偈,大师令人皆诵,依此偈修,免堕恶道。依此偈修,有大利益。"

惠能曰:"我亦要诵此,结来生缘。上人⑭,我此踏碓,八个余月,未曾行到堂前,望上人引至偈前礼拜。"

童子引至偈前礼拜。惠能曰:"惠能不识字,请上人为读。"

时有江州别驾⑮,姓张,名日用,便高声读。惠能闻已,遂言:"亦有一偈,望别驾为书。"

别驾言:"汝亦作偈,其事希有。"

【注释】

①凡所有相,皆是虚妄:出自《金刚经》,意为世界上一切现象都是虚幻不实的。相,指能为人们所感觉到的一切有形体的事物和现象。虚,即无实。妄,是不真。虚妄即虚假、非真实的意思。

②恶道:为"善道"的对称,与"恶趣"同义,即指

生前造作恶业，而在死后所去往的苦恶处所，主要指地狱。在"六道"之中，一般以地狱、饿鬼、畜生三者称为"三恶道"，阿修罗、人间、天上则称为"三善道"。

③炷香：即烧香、燃香。礼敬：又作"敬礼"，即礼拜恭敬的意思。

④善哉：称赞之辞，为契合我意的称叹之语。古印度在开会议决之际，表示赞成时皆用此语；又释尊或其他诸佛在赞同其弟子的意见时，也发此语。

⑤慈悲：与乐曰慈，慈爱众生并给予快乐；拔苦曰悲，同感其苦，怜悯众生并拔除其苦。二者合称为"慈悲"。佛陀之悲就是以众生苦为己苦的同心同感状态，故称"同体大悲"；又因其悲心广大无尽，故称"无盖大悲"。

⑥无上菩提：指至高无上的觉悟。菩提有三等，佛、缘觉、声闻，各于其果所得的觉智，称为"菩提"。此中佛所得的菩提，无有过之者，为无上究竟，故称"无上菩提"。

⑦不生不灭：生灭，指生起与灭尽，与"生死"同义。离因缘而永久不变的常住存在为无为法，无生无灭、不生不灭。依因缘和合而有，叫做"生"；依因缘分散而无，叫做"灭"。有生有灭，是有为法，不生不灭，是无为法。"不生不灭"乃"生灭"的相对词，是"常住"的别名，也是永生的意思。凡佛经均不外此意。

⑧于一切时中：指在过去、现在和未来的一切时间，即时时刻刻。一切时，指从无始以来相续无穷的时间，称为"一切时"。无论何时，包括过去、现在、未来所有的时间，都称为"一切时"。

⑨念念自见：佛教认为事物和现象变化之迅速莫过于人的心念的起灭。念念者，刹那的意思，意谓极其短暂之时间。

⑩万境自如如：即指万事万物都真实平等，没有分别。万境，指一切的境界，即人们感觉和思维的一切事物和现象。如，即"如于真如"。是不动、寂默、平等不二、不起颠倒分别的自性境界，即如理智所证得的真如，故而称"如如"。

⑪真实：离迷情、绝虚妄称为"真实"。与"方便权假"对应。身口各异，言念无实，称为"虚伪"。若表里如一，更无虚妄，则为"真实"。

⑫童子：对寺院中尚未正式出家的青少年的称呼。

⑬碓（duì）坊：舂米的房间。

⑭上人：上德之人。是对智德兼备而可为众僧及众人师者的高僧的尊称。《释氏要览》卷上谓内有智德，外有胜行，在众人之上者为"上人"。后逐渐成为对出家僧人的尊称。这里是惠能对童子的尊称。

⑮别驾：官名。汉代设立，为州长官的辅佐。因随从州官出巡辖境时，别乘驿车随行而得名。

【译文】

五祖本来已经了解神秀是还未真正入道，还不能识见自心自性的。天亮后，五祖请来供奉卢珍，带到南边廊下，准备请他绘制壁画，猛地看到神秀书写的这个偈，便向卢珍宣称道："供奉，不用再画了，劳驾你远道而来。佛经上说：凡是一切有形体相状的东西都是虚幻不真实的。只留下这首偈，让人们念诵持奉，依照这个偈去修行，可以避免坠入恶道；依照这个偈的道理去修行，会有很大的利益。"于是，五祖让门下弟子们焚香敬礼，都来念诵这首偈，可以识见自性。

弟子们依照五祖大师的话去念诵这个偈，都心生欢喜称赞不已。

五祖当天夜里三更时分把神秀叫到堂上，问道："偈是你作的吗？"

神秀回答道："确实是神秀我作的，不敢奢望求取第六代祖师的位置，只希望师父发发慈悲，衡量弟子我是否还有一点智慧？"

五祖大师说："你作的这个偈，还没有认识到本性，你只到了门外，还没有登堂入室。依照这样的见解，要想获得无上的觉悟，是不可能的。所谓无上的觉悟，是必须当下识心见性。认识到本心佛性没有生起和毁灭，于任何时候、在每一念中，即时时刻刻、在在处处都能清楚明白地了知。一切事物现象相互融通而无滞碍，事物本性真实因而一切万法真实不虚，如实呈现。体现真如佛性，自心如实呈现，就是真实。如果有了这样的见解就是体证无上觉悟的本性。你姑且先回去再思考一两天，作一个新的偈给我看。如果重写的偈表明你真的入门了，我就将衣钵传给你。"

神秀向五祖行礼后退出来。又过了几天，偈仍然没能作成，心中整天恍恍惚惚，精神不安，犹如在梦中一般，行住坐卧都闷闷不乐。

又过了两天，有一个童子，从碓坊前经过，口中唱诵着神秀所作的偈。惠能一听就知道这首偈还没有认识到本心自性。惠能虽然从未蒙受过点化指导，但心中早已认识了佛法的大意。于是就问童子："你念的是什么偈啊？"

童子说："你这獦獠有所不知。五祖弘忍大师说：'世上众生脱离生死苦海是亟待解决的大问题。'他要传授衣钵和教法，让弟子们各写一个偈给他看。如果谁悟得佛法大意，就传衣钵给他，让他成为第六代祖师。上座师神秀在南廊墙壁上，写了这首无相偈，五祖弘忍大师让弟子们都念诵这首偈，依照这首偈修行，可以避免坠入恶道；依照这首偈修行，会有大受益。"

惠能说："我也要念诵这首偈，为来生结缘。上人，我在这里踏碓舂米，已经八个月了，从来没有走到堂上去，希望上人能带领我到偈前去礼敬膜拜。"

童子便带惠能到偈前去礼拜。惠能说："惠能我不识字，请上人为我读一遍。"

当时，有位叫张日用的江州别驾在场，便高声诵读了神秀的偈。惠能听了以后便说："我也有一偈，希望别驾为我写下来。"

别驾说："你也写？这件事真是稀奇少有。"

惠能向别驾言："欲学无上菩提，不得轻于初学。下下人有上上智,上上人有没意智①。若轻人,即有无量无边罪②。"

别驾言:"汝但诵偈,吾为汝书。汝若得法,先须度吾③,勿忘此言。"

惠能偈曰:

> 菩提本无树,明镜亦非台。
> 本来无一物,何处惹尘埃。

书此偈已,徒众总惊,无不嗟讶,各相谓言:"奇哉,不得以貌取人,何得多时使他肉身菩萨④。"

祖见众人惊怪,恐人损害,遂将鞋擦了偈,曰:"亦未见性。"众以为然。

次日祖潜至碓坊,见能腰石舂米,语曰:"求道之人,为法忘躯,当如是乎!"

乃问曰:"米熟也未⑤?"

惠能曰:"米熟久矣,犹欠筛在⑥。"

祖以杖击碓三下而去⑦。惠能即会祖意。三鼓入室。

祖以袈裟遮围⑧,不令人见。为说《金刚经》,至"应无所住而生其心"⑨,惠能言下大悟"一切万法不离自性"。遂启祖言:"何期自性,本自清净;何期自性,本不生灭;何期自性,本自具足⑩;何期自性,本无动摇;何期自性,能生万法。"

祖知悟本性,谓惠能曰:"不识本心,学法无益。若识自本心,见自本性,即名丈夫、天人师、佛⑪。"

三更受法,人尽不知,便传顿教及衣钵⑫。云:"汝为第六代祖,善自护念,广度有情⑬,流布将来,无令断绝。听吾偈。"曰:

　　有情来下种,因地果还生。

　　无情既无种,无性亦无生。

祖复曰:"昔达磨大师⑭,初来此土,人未之信,故传此衣,以为信体,代代相承。法则以心传心,皆令自悟自解。自古佛佛惟传本体,师师密付本心。衣为争端,止汝勿传,若传此衣,命如悬丝,汝须速去,恐人害汝。"

惠能启曰:"向甚处去?"

祖云:"逢怀则止,遇会则藏⑮。"

惠能三更领得衣钵,云:"能本是南中人,素不知此山路,如何出得江口?"

五祖言:"汝不须忧,吾自送汝。"

【注释】

① 没意智:即指愚钝、没有智慧或智慧被埋没的意思。意智,即思量之意。
② 无量:指不可计量之意。指空间、时间、数量之无限,亦指佛德之无限。无边:指广大而无边际也。
③ 度:渡过之意。指从此处渡经生死迷惑之大海,而到达觉悟彼岸。出家为觉悟之第一步,故称出家为"得度",即从生死此岸到解脱涅槃的彼岸。
④ 肉身菩萨:菩萨,指据大乘佛教教义修行而能够于

未来成就佛道的修行者。肉身菩萨，指生身菩萨，即以父母所生之身而至菩萨修行阶位的人。肉身菩萨于入寂后可得全身舍利。所谓舍利，据《法苑珠林》卷四十所载，舍利即身骨，为有别于凡夫死人之骨，故保留梵名。可分为三种：一、骨舍利，白色；二、发舍利，黑色；三、肉舍利，赤色。全身舍利系于高僧或大善知识示寂后，其身躯虽经年代久远，时空变迁，却未腐朽溃烂，常保原形而栩栩如生。

⑤米熟也未：禅家讲"劈柴担水，无非妙道"，此处以舂米为喻，暗示询问惠能悟道了没有，思维是否成熟了。

⑥犹欠筛在：此处以筛子筛米为喻，暗示惠能称自己思虑早已成熟，就差五祖弘忍大师点化开示或验证肯定了。

⑦祖以杖击碓三下而去：此处指五祖弘忍大师暗示惠能是夜三更来见。

⑧袈裟：比丘的法衣，解释为不正色、坏色、染色等意义，因为出家比丘所穿的法衣，都要染成浊色，故袈裟是依染色而立名的。又因其形状为许多长方形割截的小布块缝合而成，有如田畔，故又名"割截衣"或"田相衣"，亦称"福田衣"。

⑨应无所住而生其心：为《金刚经》中之名句，与《心经》中"空即是色"义同。意即不论处于何境，此心皆能无所执著，而自然生起。心若有所执著，

犹如生根不动，则无法有效掌握一切。故不论于何处，心都不可存有丝毫执著，才能随时任运自在，而如实体悟真理。

⑩具足："具备满足"的略称。

⑪丈夫：又译作"士夫"，指成年男子，或诸根圆具的男子。人中之最胜者为丈夫，是勇进正道修行不退者。此处是"调御丈夫"的简称，"调御丈夫"是佛十大名号之一，意为佛能调御一切可度之丈夫，使入修道也。天人师：为如来十大名号之一。又作"天人教师"，谓佛陀为诸天与人类之教师，示导一切应作不应作、是善是不善，若能依教而行，不舍道法，能得解脱烦恼之报，故称"天人师"。

⑫顿教：指顿悟成佛的教法。以说法内容分，长时间修行而后到达悟的教法，称为"渐教"；迅即证得佛果、成就菩提之教法，称为"顿教"。衣钵：指"三衣"及"一钵"。三衣，指九条衣、七条衣、五条衣三种袈裟。钵，乃修行僧之正式食器，为出家众所有物中最重要者。受戒时，"三衣一钵"为必不可少之物，亦为袈裟、铁钵之总称。禅宗之传法即传其衣钵于弟子，称为"传衣钵"，因此亦引申为师者将佛法大意传授于后继者。

⑬有情：旧译为"众生"，即生存者之意。关于"有情"与"众生"，有说"有情"系指人类、诸天、饿鬼、畜生、阿修罗等有情识的生物。而草木金石、山河大地等为非情、无情之物。"众生"包括"有

情"及"无情"二者。另一说则认为"有情"即是"众生"之异名,二者乃一体而异名,皆包括有情之生物及无情之草木等。

⑭达磨:指菩提达磨(?—535),为我国禅宗初祖,西天第二十八祖。梁武帝普通元年(520)泛海至广州番禺,武帝遣使迎至建业,然而与武帝语不相契,遂渡江至魏,于嵩山少林寺面壁坐禅,传法给弟子慧可,授袈裟及《楞伽经》四卷。入寂后葬于熊耳山上林寺。梁武帝尊称师为"圣胄大师";唐代宗赐"圆觉大师"之谥号。

⑮怀:指怀集县,今天的广西梧州。会:指四会县,今天的广东新会。

【译文】

惠能对张别驾说:"想要参习无上的菩提觉道,不应该轻视初学佛法的人。下下等的人中会有上上等的智慧,上上等的人中也有愚钝没智慧的。如果轻视别人,就犯下了不可估量的罪过。"

张别驾便说:"你就说你的偈吧,我为你写。你如果得了法,一定要先来度我,请千万别忘了这句话。"

惠能的偈说道:

菩提本无树,明镜亦非台。

本来无一物,何处惹尘埃。

张别驾把这首偈写完以后,弟子众人全部惊讶不已,没有一个不唏嘘感叹的,互相说道:"真是奇迹啊,人不应该以貌取人,什么时候他竟成了肉身菩萨。"

五祖看见大家惊讶嗔怪，唯恐有人要起心加害惠能，便用鞋将偈擦掉，说："这首偈也没有见得本心。"于是大家都认为是这样的。

　　第二天，五祖悄悄地来到碓坊，看见惠能弯腰拴着一块大石头正费力地舂米，说道："求佛道的人，为了佛法忘却自身，正应当像这样啊！"

　　便问道："米熟了没有？"

　　惠能说："米早就熟了，就差筛子筛一下了！"

　　五祖弘忍大师用柱杖在碓石上敲了三下走了，惠能立刻明白了五祖的心意。在当天晚上三更时分来到了五祖的房里。

　　五祖用自己的袈裟把门窗遮围起来，不让人看见。为惠能讲解《金刚经》，当讲到"应无所住而生其心"时，惠能当下开悟，明白了"一切万法不离自性"的道理。惠能于是禀告五祖说："想不到自我的本性原本是清净的；想不到自我的本性原本是不生不灭的；想不到自我的本性原本是自我具足的；想不到自我的本性原本是没有动摇的，想不到自我的本性是能解释产生一切万法的。"

　　五祖弘忍大师知道惠能已悟得了本性，便对惠能说："不能认识本心，学习佛法是没有用的。如果认识了自我本性，识见了自己的本心，这样的人就可称为大丈夫、天人师和佛。"

　　五祖弘忍三更时分传授惠能佛法，人们都不知道。于是五祖把禅宗顿悟法门和衣钵传给了惠能，说："你现在是第六代祖师，请善自珍重，好自护念，广度天下有情众生，将来广泛流布本门教法，不使它中断失传。听我的偈吧。"偈说：

有情来下种，因地果还生。
无情既无种，无性亦无生。

五祖弘忍大师又说："当年达磨大师刚刚由印度来中土传扬佛法的时候，人们都不相信他，所以传下这件袈裟作为信物，用来代代相传，以为表证。顿教法门则是以心传心，心心印证，都要自己求证得解脱。自古以来诸佛所传都是以真谛为根本，祖师代代相承也都是密付教法，识见本心。衣钵实在是争夺的祸端，到你这儿就不要再传了，如果再传这件袈裟，你的性命就如同系千钧于一发，时刻都有危险。你必须赶快离开，恐怕有人要加害于你。"

惠能问五祖弘忍大师："往哪里去呢？"

五祖说："遇到带'怀'字的地方就停下来，碰到带'会'字的地方就隐居起来。"

惠能于三更时分领受了衣钵，说道："惠能我原本是南方人，平日里不了解这里的山路，怎么能离开到江口去呢？"

五祖说："你不需要担忧，我会亲自送你的。"

祖相送直至九江驿①。祖令上船，五祖把橹自摇。惠能言："请和尚坐，弟子合摇橹②。"祖云："合是吾渡汝。"惠能云："迷时师度，悟了自度，度名虽一，用处不同。惠能生在边方，语音不正，蒙师传法，今已得悟，只合自性自度。"祖云："如是如是。以后佛法,由汝大行,汝去三年,吾方逝世。汝今好去,努力向南,不宜速说,佛法难起。"

惠能辞违祖已③,发足南行。两月中间,至大庾岭④,逐后数百人来,欲夺衣钵。

一僧俗姓陈,名惠明。先是四品将军,性行粗慥,极意参寻⑤,为众人先,趁及惠能。惠能掷下衣钵于石上,曰:"此衣表信,可力争耶。"

能隐草莽中,惠明至,提掇不动。乃唤云:"行者行者,我为法来,不为衣来!"

惠能遂出,盘坐石上。惠明作礼云:"望行者为我说法。"惠能云:"汝既为法而来,可屏息诸缘⑥,勿生一念,吾为汝说。"

明良久。惠能云:"不思善,不思恶,正与么时,那个是明上座本来面目⑦。"

惠明言下大悟。复问云:"上来密语密意外⑧,还更有密意否?"

【注释】

① 九江驿:今江西九江。一说,为湖北黄梅的一个驿站名。
② 合:应该,理应。
③ 辞违:辞别,告辞。
④ 大庾岭:在今江西大庾南、广东南雄北,是"五岭"之一。相传汉武帝时,有庾姓将军筑城于此,因名"大庾岭",又称"庾岭"。

⑤参寻：追踪寻找。

⑥屏息诸缘：指屏息凝神，排除一切杂念。诸缘，指人心所追求、迷恋的一切现象。

⑦本来面目：禅林用语。乃人人本具、不迷不悟之面目，即自己的自性，离开了一切的烦恼和染污，就是自己的本来面目。

⑧密语密意：指佛陀真实、秘密之言语与教示。密意，隐藏的旨意，即佛特殊的意趣。密意所说之语，称为"密语"。

【译文】

五祖一直把惠能送到九江驿。五祖让惠能上船，五祖抓起橹亲自摇起来。惠能说："师父请坐，应该弟子摇橹。"五祖说："应该是我度你到彼岸。"惠能说："我迷悟时师父度我，我开悟时应当自己度自己，同样是度，但师父度我和我度自我，用起来却不一样。惠能我生长在边远地方，连语言发音都不正确，承蒙师父传授教法，现在已经得悟，应该以自己本心自己度自己了。"五祖说："是这样！是这样！今后佛法要由你广为流布了。你离开后三年，我才会离开人世。你今天善自珍重，好生离去，奋力向南方走，不适宜过早讲说顿教法门，因为这些年内佛法很难兴盛起来。"

惠能辞别了五祖之后，拼命往南走。不到两个月，抵达了大庾岭。这时，后面跟随追踪而来的有几百人，都想来抢夺衣钵。

一个僧人俗姓陈，叫惠明，以前是四品将军，性格行为比较粗鲁急躁,正极力地追踪寻找,他跑到众人的前面,赶上了惠能。惠能将衣钵扔在石头上,说:"这件袈裟象征着佛法,难道是可以武力来争夺的吗?"

惠能于是隐藏在草丛中。惠明追来后,石头上的袈裟却怎么也拿不起来,袈裟纹丝不动,于是就大喊道:"行者,行者,我是为佛法来的,不是为袈裟来的!"

于是惠能便出来了,盘腿坐在石头上。惠明向他行礼并说:"恳望行者为我宣讲佛法。"惠能说:"你既然是为了佛法而来,可以去除止息心中一切想法,不要生一点杂念,我为你讲说佛法。"

惠明进行了长时间的静默。惠能说:"不要有意识地思量善,不要有意识地思量恶,在这种状态下,惠明上座你的本来面目是什么呢?"

惠明听了立刻大悟,又问:"除了刚才所说的密语密意之外,还有什么密意吗?"

惠能云:"与汝说者,即非密也。汝若返照,密在汝边。"

明曰:"惠明虽在黄梅,实未省自己面目。今蒙指示,如人饮水,冷暖自知。今行者即惠明师也。"

惠能曰:"汝若如是,吾与汝同师黄梅。善自护持。"

明又问:"惠明今后向甚处去?"

惠能曰:"逢袁则止,遇蒙则居①。"

明礼辞。

惠能后至曹溪②,又被恶人寻逐。乃于四会,避难猎人队中,凡经一十五载。时与猎人随宜说法③。猎人常令守网,每见生命,尽放之。每至饭时,以菜寄煮肉锅。或问,则对曰:但吃肉边菜。

一日思惟:时当弘法④,不可终遁。遂出至广州法性寺⑤,值印宗法师讲《涅槃经》⑥。时有风吹幡动⑦,一僧曰风动,一僧曰幡动,议论不已。

惠能进曰:"不是风动,不是幡动,仁者心动⑧。"

一众骇然。印宗延至上席,征诘奥义。见惠能言简理当,不由文字。宗云:"行者定非常人。久闻黄梅衣法南来,莫是行者否?"

惠能曰:"不敢。"

宗于是作礼,告请传来衣钵,出示大众。宗复问曰:"黄梅付嘱⑨,如何指授?"

惠能曰:"指授即无,惟论见性,不论禅定解脱⑩。"

宗曰:"何不论禅定解脱?"

能曰:"为是二法,不是佛法。佛法是不二之法⑪。"

宗又问:"如何是佛法不二之法?"

惠能曰:"法师讲《涅槃经》,明佛性是佛法不二之法。如高贵德王菩萨白佛言⑫:'犯四重禁⑬,作五逆罪⑭,及一阐提等⑮,当断善根佛性否?'佛言:'善根有二:一者常,二者无常。'佛性非常非无常,是故不断,名为不二;一者善,二者不善,佛性非善非不善,是名不二。蕴之与界⑯,凡夫见二,智者了达其性无二,无二之性即是佛性。"

【注释】

①逢袁则止,遇蒙则居:指示惠明遇到地名中有"袁"字的地方就可以停下来,遇到地名中有"蒙"字的地方则可以居住下来。袁指袁州,今天的江西宜春,蒙指袁州蒙山,惠明后来居住在这里。

②曹溪:位于韶州(今广东曲江东南)之河,发源于狗耳岭,西流与溱(zhēn)水合,以经曹侯冢故,又称"曹侯溪"。梁天监元年(502)天竺婆罗门三藏智药到曹溪口,饮其水而知此源为胜地,乃劝村人建寺,复因其地似西国之宝林山,故称"宝林寺"。智药预言,一百七十年后有肉身菩萨于此开演无上法门,得道者如林。六祖惠能在此弘法,故也称"曹溪大师",后来也成为禅宗南宗的代称。

③随宜说法:顺应众生不同能力、根器,顺应不同时间、地点各施以适当之教法,进行宣说佛法,以达完全效果称为"随宜所说""随宜说法"。说法,即宣说佛法,以化导利益众生。

④弘法:弘通正法。

⑤广州法性寺:又作"制旨寺""制止道场",今称为"光孝寺",位于广州西北部。东晋时,罽(jì)宾僧始造立寺宇,号"王园寺"。南朝时,真谛住此翻译经典,慧恺、僧宗等亦跟随来此,一时译经风

盛。唐贞观年间，称为"乾明法性寺"。唐高宗仪凤元年（676），六祖惠能至本寺，开"东山法门"。

⑥印宗法师（627—713）：唐代僧，吴郡人。于广州法性寺宣讲《涅槃经》，遇六祖惠能大师，始悟玄理，而以惠能为传法师，八十七岁示寂。《涅槃经》：全称《大般涅槃经》，为北凉昙无谶译，四十卷。《涅槃经》主要宣扬佛身常在和"一切众生，悉有佛性"的思想。

⑦幡：乃旌旗之总称。原为武人在战场上用以统领军旅、显扬军威之物，佛教则取之以显示佛菩萨降魔之威德，与"幢"同为佛菩萨之庄严供具。幡之形状，一般是由三角形的幡头、长方形的幡身、置于幡身左右的幡手，及幡身下方的幡足构成，有大有小。幡通常是布制，然亦有金铜制、杂玉制、纸制等类。

⑧仁者：乃对人之敬称，或单称"仁"。

⑨付嘱：原为付托、寄托之意。在佛经中，被引申为佛陀付托弘法布教的使命。禅宗常用以指嘱托袈裟等物，并转而表示师父以佛法的奥义授予弟子，故"付嘱"乃成禅宗的传统用语。

⑩禅定：禅，为梵语"禅那"之略，译曰"思惟修""静虑"。定，为梵语"三昧"之译，心定止一境而离散动之义。"禅"与"定"皆为令心专注于某一对象，而达于不散乱的状态。解脱：指由烦恼束缚中解放，而超脱迷苦之境地。以能超度迷妄之世

界,故又称"度脱";以得解脱,故称"得脱"。广义言之,摆脱世俗任何束缚,于宗教精神上感到自由,均可用以称之。佛教以"涅槃"与"解脱"表示实践道之终极境地。

⑪不二之法:独一无二之法门。不二,又作"无二""离两边",指对一切现象应无分别,或超越各种区别。

⑫高贵德王菩萨:具名"光明遍照高贵德王菩萨"。《涅槃经疏》十九曰:"光明遍照,论外化广。高贵德王,辨内行深。"

⑬四重禁:指比丘极严重之四种禁制,全称"四重禁戒",略作"四重",又作"四重罪""四波罗夷罪"。即:一、杀生;二、偷盗;三、邪淫;四、妄语。

⑭五逆罪:即五重罪,指罪大恶极,极逆于理者,有大乘五逆、小乘五逆之分。小乘五逆(单五逆)指:害母、害父、害阿罗汉、恶心出佛身血、破僧等五者。大乘五逆(复五逆)即:破坏塔寺,烧毁经像,夺取三宝之物,或教唆他人行此等事,而心生欢喜;毁谤声闻、缘觉以及大乘法;妨碍出家人修行,或杀害出家人;犯小乘五逆罪之一;主张所有皆无业报,而行十不善业或不畏后世果报,而教唆他人行十恶等。

⑮一阐提:是不信佛法之义,即指断绝一切善根、无成佛之性、无法成佛者。

⑯蕴之与界：即指"五蕴"与"十八界"。五蕴，即类聚一切有为法之五种类别。一、色蕴，即一切色法之类聚；二、受蕴，苦、乐、舍、眼触等所生之诸受；三、想蕴，眼触等所生之诸想；四、行蕴，除色、受、想、识外之一切有为法，亦即意志与行为之作用；五、识蕴，即眼识等诸识之各类聚。十八界，即十八种类自性各别不同，又作"十八持"。即眼、耳、鼻、舌、身、意等六根（能发生认识之功能），及其所对之色、声、香、味、触、法等六境（为认识之对象），以及感官（六根）缘对境（六境）所生之眼、耳、鼻、舌、身、意等六识，合为"十八种"，称为"十八界"。界为种类、种族之义。

【译文】

惠能说："和你说了的，就不是秘密。你如果能够凭借智慧返观本心，妙法就在你那一边。"

惠明说："惠明虽然一直在黄梅修行，其实从未醒悟认识自己本来面目。今天承蒙指示，就像人喝水一样，是凉是热只有自己知道。从今以后，你就是我惠明的师父了！"

惠能说："你如果是这么想，那我和你都共同以五祖弘忍为师吧，今后好好护念修持。"

惠明又问："惠明我今后应该往哪里去？"

惠能说："碰到带'袁'字的地方就可以停下来，遇到带'蒙'的地方就可以住下来。"

惠明于是行礼并辞行。

惠能后来来到了曹溪，又被恶人追赶。于是在四会这个地方，不得不混迹于猎人的队伍里，一晃就是十五年。这段时间里，他常常根据猎人们的不同情况，适时地给他们讲佛法。猎人们经常让他在捕兽的网边看守，每当看到有动物落入网中，惠能都将它们放生。每次到了吃饭的时候，惠能总是把蔬菜放在肉锅里煮熟了吃。有时被问到为什么这样做，惠能就回答：我只吃肉锅里的菜。

终于有一天，惠能思虑：该是弘法的时候了，不能一直这样隐遁下去。于是惠能离开四会来到广州法性寺，正好碰上印宗法师在讲《涅槃经》。这时一阵风吹着旌旗开始飘动，有一个僧人说这是风在动，一个僧人说这是旗在动，于是争论不休。

惠能这时进来说："不是风在动，也不是旗在动，是诸位的心在动。"

在场的僧人都惊讶不已。印宗法师于是将惠能请到上席就座，向他提问求证佛法深奥的大意。惠能所说的都简单明白，句句如理，不拘泥于文字。印宗说："行者一定不是寻常的人。我早就听说得传黄梅弘忍大师衣钵教法的人来到了南方，是不是就是你呢？"

惠能说："不敢当。"

印宗于是向惠能行礼，请求惠能将五祖弘忍大师所传的袈裟取出来展示给大家看。印宗又问："黄梅五祖弘忍大师所传付的衣钵教法究竟是如何说的？"

惠能说："并没有说什么，只是探究如何明心见性，而不提倡通过修禅习定得解脱。"

印宗问:"为什么不提倡修禅习定得解脱呢?"

惠能说:"因为修禅习定求解脱是有分别、有对待的法,不是佛法。佛法是不二之法。"

印宗又问:"什么是佛法的不二之法呢?"

惠能说:"法师你讲《涅槃经》,知道识见佛性是佛法的不二之法。比如光明普照高贵德王菩萨对佛说:'犯了杀生、盗窃、邪淫、撒谎的四种根本戒;犯了杀父、杀母、杀阿罗汉、分裂僧团和伤害佛身体的五逆罪;还有不信佛法,断绝一切善根,不解成佛的一阐提等等;应当是断绝佛性和善根了吧?'佛说:'善根有两种,一个是永恒不变的,另一个是转瞬易逝的。'佛性既不是永恒不变也不是转瞬即逝的,所以善根是不断灭的,这就是佛法的不二之法。五戒十善是善,五逆十恶是不善,而佛性是既不是善也不是不善,这就是佛法的不二之法。五蕴十八界,凡夫俗子看到的是差别,智慧之人了解通达它的本性是无差别的,这无差别的本性就是佛性。"

印宗闻说,欢喜合掌①,言:"某甲讲经②,犹如瓦砾;仁者论议,犹如真金。"于是为惠能剃发③,愿事为师。惠能遂于菩提树下,开东山法门④:

"惠能于东山得法,辛苦受尽,命似悬丝。今日得与使君、官僚、僧尼、道俗同此一会,莫非累劫之缘⑤,亦是过去生中供养诸佛,同种善根,方始得闻如上顿教、得法之因。教是先圣所传,不是惠能自智。愿闻先圣教者,各令净心,闻了各自除疑,如先代圣人无别。"

一众闻法,欢喜作礼而退。

【注释】

①合掌:又作"合十",即合并两掌,集中心思,而恭敬礼拜之意。本为印度自古所行之礼法,佛教沿用之。

②某甲:可以指他人也可以指自己。这里指自己。讲经:讲说经典。即公开宣讲、演说佛典之义理、内涵。有时,亦称有关佛法之专题演讲为讲经。举行讲经的场所,称为"讲席""讲筵""讲肆""讲座"等,讲说者称为"讲师""讲主""讲士""讲匠"。

③剃发:又作"薙(tì)发""削发""祝发""落剃""落饰""落发""净发""庄发",即出家皈依佛门时,剃除发、髭(zī)而成为僧、尼。此系佛弟子为去骄慢,且别于外道,或避免世俗之虚饰,而行剃发。

④东山法门:指五祖的法门,因五祖弘忍禅师住在蕲州黄梅之黄梅山,其山在县之东部,因而叫做"东山"。禅宗四祖道信、五祖弘忍,都住在黄梅东山,引接学人。

⑤累劫之缘:指积累许多劫所结下的缘分。累劫,指累叠众多的劫量。

【译文】

印宗听了这些讲说之后,心中欢喜,恭敬地合掌礼拜,说:"我对佛教经典的讲解就像砖瓦土块一样毫无价值;而仁者您谈论佛法大义,就如同纯金一样令人珍惜。"于是为惠能削发剃度,并希望拜惠能为师。惠能于是就在菩提树下,开讲五祖弘忍传授下来的佛教教法:

"惠能自从在弘忍大师那里得传教法,受尽了辛苦,生命总是危在旦夕。今天能够和韦刺史、各位官员、诸位僧尼道俗在这里相聚于法会,是许多劫以来积下的缘分成就的,也是过去世中供养礼敬佛菩萨,一同种下了善根,才有了今天听闻佛门无上的顿教法门和我获得这些教法的因由。此顿教法门都是历代佛祖所传授下来的,并不是我惠能个人的智慧。如果希望倾听先圣教谕的,都各自让自己内心清净,听了教谕之后,各自去除心中痴疑惑障,那样就和先圣前贤们没什么区别了。"

所有人听了教法,内心欢喜,礼拜之后退了出去。

般若品第二

本品讲述应韦刺史的请益，惠能大师为众人开示"摩诃般若波罗蜜多"即"大智慧度"的意思，"摩诃"为"大"，"般若"即"智慧"，"波罗蜜"为"到彼岸"，从而阐述了般若智慧的本意。还进一步指出"凡夫即佛，烦恼即菩提""前念迷即凡夫，后念悟即佛""前念著境即烦恼，后念离境即菩提"的宗趣，即不开悟，佛是众生，一念开悟，众生是佛，一切佛法都在人自心之中，要在自心之中当下顿见真如本性。

次日，韦使君请益①，师升座，告大众曰："总净心念'摩诃般若波罗蜜多②'。"复云："善知识！菩提般若之智，世人本自有之，只缘心迷，不能自悟，须假大善知识，示导见性。当知愚人智人，佛性本无差别，只缘迷悟不同，所以有愚有智。吾今为说摩诃般若波罗蜜法，使汝等各得智慧，志心谛听，吾为汝说。

"善知识！世人终日口念般若，不识自性般若，犹如说食不饱。口但说空，万劫不得见性③，终无有益。

"善知识！摩诃般若波罗蜜是梵语④，此言大智慧到彼岸。此须心行⑤，不在口念。口念心不行，如幻、如化、如露、如电。口念心行，则心口相应。本性是佛，离性无别佛。何名摩诃？摩诃是大，心量广大，犹如虚空⑥，无有边畔，亦无方圆大小，亦非青黄赤白，亦无上下长短，亦无嗔无喜，无是无非，无善无恶，无有头尾。诸佛刹土⑦，尽同虚空。世人妙性本空，无有一法可得。自性真空⑧，亦复如是。

"善知识！莫闻吾说空，便即著空。第一莫著空；若空心静坐，即著无记空⑨。

"善知识！世界虚空，能含万物色像，日月星宿，山河大地，泉源溪涧，草木丛林，恶人善人，恶法善法，天堂地狱，一切大海，须弥诸山⑩，总在空中。世人性空，亦复如是。

"善知识！自性能含万法是大，万法在诸人性中。若见一切人恶之与善，尽皆不取不舍，亦不染著，心如虚空，名之为大，故曰'摩诃'。

【注释】

① 请益：本为《礼记》《论语》中的用语，即学人请示老师教诲的意思。佛教中指高僧大德对弟子讲法，先有所予，弟子复有所请教，称之为"请益"。
② 摩诃般若波罗蜜多：梵语。摩诃，是"大"的意思。般若，指智慧之意。波罗蜜，即"到彼岸"。全译为"大智慧度"，意谓乘此大智慧则能由生死苦海渡到涅槃彼岸。
③ 万劫：指经历世界之成坏一万次，即言时间极长。劫，是指分别世界成坏之时的量名，为古印度表示

时间的最大单位。

④梵语：又称"天竺语"，古印度之标准语。古印度人认为自己所说的语言，乃是禀承大梵天王所说而来的，故称"梵语"。相对于一般民间所用之俗语，梵语又称"雅语"。

⑤心行：心内之作用、活动、状态、变化，如自心之喜爱、喜好，心之对象，心之作用所及范围，心之志向、心愿、性向、决心等，于心所起之分别意识、妄想、计较等。

⑥虚空："虚"与"空"都是"无"的别名。虚无形质，空无障碍，故名"虚空"。佛教中往往以虚空譬喻广大无边，譬喻无变易的常性以及无碍、无分别、容受之义。

⑦刹土：指国土。刹，即梵语"差多罗"，意译为"土田"。

⑧真空：真如之理体，远离一切迷情所见之相，杜绝"有""空"之相对，故称"真空"。以其非假，故称"真"；以其离相，故称"空"。

⑨无记空：于善不善皆不可记别的空。

⑩须弥诸山：指须弥山及其外围的八个山。须弥山意译作"妙高山"，此山是由金、银、琉璃、水晶四宝所成，所以称"妙"，诸山不能与之比高，所以称"高"。又高有八万四千由旬，阔有八万四千由旬，为诸山之王，故得名"妙高"。此山为一小世界的中心，周围有八山、八海环绕，其外围的八个

山就是持双、持轴、檐木、善见、马耳、象鼻、持边、铁围,而形成一世界,即须弥世界。

【译文】

第二天,韦刺史请惠能大师继续讲法,大师于讲坛上就座,对大家说:"大家都清净自心,念诵'摩诃般若波罗蜜多'。"又说:"善知识!菩提般若智慧,世上的人本来都有,只是由于自性蒙昧迷惑,而不能自我开悟,必须借助于极富有智慧的大善知识的开示引导,才能见到自己的本性。我们应该知道愚人和智人,他们的佛性都是没有差别的,只是由于迷惑和开悟的状态不同,所以才有了愚智之分。我今天为你们说摩诃般若波罗蜜法,使你们各自都得到智慧,用心仔细倾听,我来为你们讲。

"善知识!世上的人们整天嘴里念诵般若,寻找智慧,却没有认识到自我本性中存在的般若智慧,这就好比嘴里说各种食物是不能使人肚子饱的。寻求般若智慧如果只是嘴上空说,虽历经万劫,也是永远不能明心见性,终究对学法是没有增益的。

"善知识!摩诃般若波罗蜜是梵语,意思是大智慧到彼岸。这必须要内心体认,而不是口头上说。嘴上说而内心不体认,一切将如同梦幻泡影,如露如电,转瞬即逝全都是空。口中念诵,内心体认,才能心口一致,相互契合。人的清净本性就是佛,离开自性没有别的成佛的可能。什么叫摩诃呢?摩诃是大的意思,人心广大无限,就像虚空一样,没有形质,没有障碍,没有边际,不是方形圆形,没有大小,没有青黄赤白之色,也没有上下长短,没有嗔怒欢喜，没有善恶对错，没有开端和尽头等。佛性境界，都等同于虚空。世上之人的本性其体本空，含一切万法，不舍一切法。所谓自我本性为真空妙有，也是这个道理。

"善知识！不要听我谈论空，便立刻又执著于对空的追求。首先是不要执著于空；如果一味什么也不想地坐在那里，虽无善恶分别，但又落入虚妄的无记空了！

"善知识！世界虚空，却能包含万事万物，各种现象：日月星辰，山河大地，泉源溪涧，草木丛林，恶人善人，恶法善法，天堂地狱，所有的大海，须弥山及其周围的山，都全部含纳于虚空之中。世人的自性真空，也是这样的。

"善知识！自性能含藏一切万法，这就是大。万法存在个人的自性本心之中。如果看到一切人的善和恶，都能够不生取舍之心，也不被沾染，不起执著，心如同虚空一样，这样就称之为大，所以称为'摩诃'。

"善知识！迷人口说，智者心行。又有迷人，空心静坐，百无所思，自称为大。此一辈人，不可与语，为邪见故①。

"善知识！心量广大，遍周法界②。用即了了分明，应用便知一切。一切即一，一即一切，去来自由，心体无滞，即是般若。

"善知识！一切般若智，皆从自性而生，不从外入，莫错用意，名为真性自用。一真一切真。心量大事③，不行小道。口莫终日说空，心中不修此行。恰似凡人自称国王，终不可得，非吾弟子。

"善知识！何名般若？般若者，唐言智慧也④。一切处所，一切时中，念念不愚，常行智慧，即是般若行。一念愚即般若绝，一念智即般若生。世人愚迷，不见般若。口说般若，心中常愚。常自言我修般若，念念说空，不识真空。般若无形相，智慧心即是，若作如是解，即名般若智。

"何名波罗蜜？此是西国语，唐言到彼岸，解义离生灭。著境生灭起⑤，如水有波浪，即名为此岸；离境无生灭，如水常通流，即名为彼岸，故号波罗蜜。

"善知识！迷人口念，当念之时，有妄有非。念念若行，是名真性⑥。悟此法者，是般若法，修此行者，是般若行。不修即凡，一念修行，自身等佛。

"善知识！凡夫即佛⑦，烦恼即菩提⑧。前念迷即凡夫，后念悟即佛。前念著境即烦恼，后念离境即菩提。

【注释】

① 邪见：指不正之执见。凡是不合正法的外道之见都可叫做"邪见"。
② 法界：为"十八界"之一。广义泛指有为、无为之一切诸法，称为"法界"。法界又称"法性""实相"。法界之义有多种，以二义释之：一就事，一约理。就事而言，法者诸法也，界者分界也。诸法

各有自体，而分界不同故名"法界"。约理而言，法相华严之释意，指真如之理性而谓之法界。或谓之真如法性、实相、实际，其体一也。

③心量大事：指开发真如心量，是转迷开悟的大事。心量，指心起妄想，对外境起种种度量。大事，指转迷开悟之事。

④唐言：就是指汉语。

⑤著境生灭起：指由于人们追求一切外在的现象，产生了行为、语言、思想方面的"错误"行动，继而引起生死轮回。境，指人的感觉和思维器官所感知和认识的对象，泛指一切认知对象。

⑥真性：不妄不变之真实本性，乃人本具之心体。佛教主张人所具之真性与佛菩萨之真性本无二致。不妄叫"真"，不变叫"性"。

⑦凡夫：略称"凡"，指凡庸之人，迷惑事理和流转生死的平常人。就修行阶位而言，则未见四谛之理而凡庸浅识者，均称"凡夫"。

⑧烦恼：又作"惑"。烦是扰义，恼是乱义，扰乱有情故名"烦恼"，使有情之身心发生恼、乱、烦、惑、污等精神作用之总称。一般以"贪、嗔、痴"三惑为一切烦恼之根源。

【译文】

"善知识！执迷不悟的人终日口头空说，智慧开悟的人用心体认。还有一种愚迷蒙昧的人，绝弃思考，死心静坐，什么一切都不思考，自己妄称这就是大。这一种人，不能与他谈法，因为他持不正的执见。

"善知识！自性本心广博浩大，含藏遍布一切对象和常物。其功用便是能使一切清楚明白，运用它便能体认一切。一切都在本心，本心含藏一切，去来自由，无所滞碍，这就是般若之智。

"善知识！一切般若知识，都是从自性中生发出来的，而不是从外在附加进去的。千万不能体会错了用心和含意，才能称为体用真正的自我本性。以此本性真实不虚，则观一切万法皆是真实不虚。转迷开悟的大事，不能用空心静坐这些小道来获得。嘴上不要整天说空而心中不修行体认。就好比平头百姓称自己为王，但他终究成不了王，这种人不属于我的弟子。

"善知识！什么叫作般若？般若，汉语就是智慧的意思。在在处处，时时刻刻，心心念念都不痴迷愚昧，而能常起用智慧观照，这就是修行般若。任何一个念头转入迷愚，般若智慧便立刻灭绝，一个念头开悟，般若智慧又立刻生起。世上的人愚迷不悟，都无法体认般若智慧。嘴上谈论着般若，心中却时时愚迷不悟。常常自己称自己在修行般若，但时时都说空且执著于空，而不能识见真空。般若智慧没有形态相状，人的智慧之心就是般若，如果作这样的理解，就是般若智慧。

"什么是波罗蜜？这是印度语，汉语意思是到彼岸，解释它的意思就是离生死。执著于外境一切事物现象，就会产生生灭的心念，如同水生起了波浪，这种情形称为此岸；不执著于外境一切事物现象，就无生灭，如同通流无碍的水一样自然,这称为彼岸,所以叫波罗蜜。

"善知识!愚迷不悟的人口中念诵的时候,就产生了妄念和是非之心。如果时时刻刻能够心行,就称为不妄不变的真性。悟到的这个法就是般若法,修这个法的就是般若行。不修就是凡夫俗子,一念修行,自身就与佛等同无异。

"善知识!凡夫俗子就是佛,烦恼就是菩提,二者本无差别。前一念痴迷愚昧则就是凡夫,后一念转迷得悟则当下就是佛。前一念执著于外境则就是烦恼,后一念超离外境则当下是佛。

"善知识!摩诃般若波罗蜜,最尊最上最第一,无住无往亦无来①,三世诸佛从中出②。当用大智慧,打破五蕴烦恼尘劳③,如此修行,定成佛道,变三毒为戒定慧④。

"善知识!我此法门⑤,从一般若生八万四千智慧。何以故?为世人有八万四千尘劳。若无尘劳,智慧常现,不离自性。悟此法者,即是无念⑥。无忆无著,不起诳妄,用自真如性⑦,以智慧观照,于一切法,不取不舍,即是见性成佛道。

"善知识!若欲入甚深法界及般若三昧者⑧,须修般若行,持诵《金刚般若经》,即得见性。

【注释】

①无住:指无固定之实体;或指心不执著于一定对象,不失其自由无碍之作用者,又称"不住"。法无自

性，无自性故，无所住著，随缘而生。住，意为住著之所。

②三世诸佛：三世为过去世、现在世、未来世，三世诸佛即过去、现在、未来等三世之众多诸佛，统称"全宇宙中之诸佛"。又作"一切诸佛""十方佛""三世佛"。在佛教成立的当时，释迦牟尼佛称为"现在佛"，在释迦牟尼佛以前的一切佛称为"过去佛"，在释迦牟尼佛以后成佛的称为"未来佛"。

③尘劳：为"烦恼"的异称。贪嗔等烦恼，能染污心，犹如尘垢能使身心劳惫，谓为"尘劳"。

④三毒：指"贪、嗔、痴"三种烦恼。贪是贪爱五欲，嗔是嗔恚无忍，痴是愚痴无明，一切烦恼本通称为"毒"，然此三种烦恼，系毒害众生出世善心中之最甚者，故特称"三毒"。为根本烦恼之首。贪毒引取无厌之心，嗔毒引起恚忿之心，痴毒引起迷暗之心。

⑤法门：即佛法、教法。佛所说，而作为世间之准则者，称为"法"；此法既为众圣入道的通处，又为如来圣者游履之处，故称为"门"。

⑥无念：即无妄念之意，"正念"的异名，指意识没有存有世俗的忆想分别，而符合真如之念。

⑦真如：真实而永远不变者，故称之为"真如"。真，真实不虚妄之意。如，不变其性之意，即指遍布于宇宙中真实的本体，为一切万有之根源。又作"如如""如实""法界""法性""实际""实相""如来

藏""法身""佛性""自性清净心""一心""不思议界"。

⑧般若三昧：得到智慧的正定功夫。

【译文】

"善知识！摩诃般若波罗蜜，最尊贵，最至上，最第一位，它随缘而起，无来无往。过去世、现在世、未来世，三世诸佛，都是从这里产生的。应当运用这个大智慧，破斥消除人的烦恼，这样来修行，一定能成就佛道，将贪、嗔、痴三毒转化为戒、定、慧三学。

"善知识！我这个法门，能由这个无上般若智慧生出八万四千智慧。这是什么原因呢？由于世上的人原本有八万四千烦恼。如果没有烦恼，智慧时常显现，就不离自我本性。悟到了这个法门，就是正念。不迷恋，不执著，不产生狂妄之心，运用自己本具佛性，以智慧审视观察，对于一切事物现象，不执著不舍弃，就是明心见性，成就佛道。

"善知识！如果要想深入研究佛法和般若三昧，必须修行般若，奉持念诵《金刚般若波罗蜜经》，就能明白本心，体见本性。

"当知此经功德①，无量无边。经中分明赞叹，莫能具说。此法门是最上乘，为大智人说，为上根人说。小根小智人闻，心生不信。何以故？譬如天龙下雨于阎浮提②，城邑聚落，悉皆漂流，如漂枣叶。若雨大海，不增不减。若大乘人，若最上乘人，闻说《金刚经》，心开悟解。故知本性自有般若之智，自用智慧，常观照故，不假文字。譬如雨水，不从天有，元是龙能兴致，令一切众生、一切草木、有情无情，悉皆蒙润。百川众流，却入大海，合为一体。众生本性般若之智，亦复如是。

"善知识！小根之人，闻此顿教，犹如草木根性小者，若被大雨，悉皆自倒，不能增长。小根之人，亦复如是。元有般若之智，与大智人更无差别，因何闻法不自开悟？缘邪见障重③，烦恼根深，犹如大云覆盖于日，不得风吹，日光不现。般若之智亦无大小，为一切众生自心迷悟不同。迷心外见，修行觅佛，未悟自性，即是小根；若开悟顿教，不执外修，但于自心常起正见，烦恼尘劳，常不能染，即是见性。

"善知识！内外不住，去来自由，能除执心，通达无碍。能修此行，与般若经本无差别④。

"善知识！一切修多罗及诸文字⑤，大小二乘⑥，十二部经⑦，皆因人置，因智慧性，方能建立。若无世人，一切万法本自不有。故知万法本自人兴，一切经书，因人说有。缘其人中有愚有智，愚为小人，智为大人。愚者问于智人，智者与愚人说法，愚人忽然悟解心开，即与智人无别。

【注释】

①功德：意指功能福德，亦谓行善所获的果报。德，

得也。

②阎浮提：原本系指印度之地，后则泛指人间世界，就是我们现在所住的娑婆世界。阎浮，是树的名称。提，是洲的意思。

③障：又作"碍"，全称"障碍""覆蔽"的意思，指障害涅槃、菩提，遮害出离的烦恼，是"烦恼"的异名。

④般若经：说般若波罗蜜之理的经典总名。旧译"般若波罗蜜经"，新译为"般若波罗蜜多经"，有数十部。

⑤修多罗：指佛教经典。

⑥大小二乘：一曰大乘，二曰小乘。大乘是菩萨的法门，以救世利他为宗旨；小乘是声闻、缘觉的法门，以修身自利为宗旨。若从经藏里的经典分之，四阿含等罗汉系经典为小乘，般若、法华华严等菩萨系经典为大乘。

⑦十二部经：乃佛陀所说法，依其叙述形式与内容分成之十二种类，又作"十二分教""十二分圣教""十二分经"，乃指佛经体例上的十二种类别。在中国佛教中，十二部经泛指一切佛典。

【译文】

"要知道这部经的功德，是无量无边的。经中有对此赞叹的内容，说得明明白白，这里不再一一细说。这个法门是最上乘的，是为有大智慧的人说的，是为上等根器的人说的。小根器禀性、小智慧的人听了，心中反会生出不信。这是什么缘故呢？比如天龙降大雨在我们居住的这个世界，城池村落，全部会被雨水冲垮，如同枣叶一般随波漂流。如果大雨是落在大海之中，则大海不会有丝毫增减损益。像大乘根器的人，像最上乘根器的人，听到《金刚经》就会开悟。所以我们知道本性中原本就含有般若智慧，自己运用智慧，时常审视观察，遍照明了一切，不需要借助任何文字。好比雨水，并不是天上本有才下落于世，而是龙能兴云致雨，使一切众生，一切草木，有情和无情，都蒙受润泽。一切河流，都归大海，合为一个整体。众生本性的般若智慧，也是这样。

"善知识！小根器禀性的人，听说了顿教教法，如同根浅枝弱的草木，一旦被大雨冲刷，全部自己倒伏在地，不能再生长了。小根器的人也是如此。原本具有般若智慧，与大根器大智慧的人，别无二样，为什么听说佛法却不能自己开悟呢？只因为错误的见解障碍深重，烦恼根植于心中太深，好像浓重的乌云遮蔽了太阳，又得不到风的吹动，阳光无法显现出来。般若智慧也是没有大小之分的，只是因为一切众生自己心中迷障和开悟的程度不一样。愚迷的人只见心外，向外求法，苦觅佛道，没有悟得自我本性，这就是小根器小禀性的人。如果顿悟法门，不用心外修行，只要自我本心中时常升起正确见地，一切烦恼不能浸染，这就是认识自我本性。

"善知识！对内境和外境都不执著，来去自由，能够去除执著之心，就能通达而无阻碍。能够如此修行，所达到的境界就和《般若经》所说的无差别。

"善知识！一切经典和文字，大乘小乘经典，十二部经,都是因为人而设置的,因为人本自具有智慧之性,所以佛法能够建立。如果没有世人,一切事物和现象原本也都不能呈现。由此可知一切事物现象原本是由人所兴现的,一切经文佛典,因人讲说而存在,为人而设的。由于世界上的人中有愚迷的,也有智慧的,愚迷的是小根器的人,智慧的是大根器的人。愚迷的人向智慧的人请教,智慧的人给愚迷的人说法,愚迷的人忽然开解得悟,随即他的境界就与智慧的人没有差别了。

"善知识!不悟即佛是众生;一念悟时,众生是佛。故知万法尽在自心,何不从自心中,顿见真如本性?

"《菩萨戒经》云①:'我本元自性清净,若识自心见性,皆成佛道。'《净名经》云②:'即时豁然,还得本心。'

"善知识!我于忍和尚处,一闻言下便悟,顿见真如本性。是以将此教法流行,令学道者顿悟菩提,各自观心,自见本性。若自不悟,须觅大善知识,解最上乘法者③,直示正路。是善知识有大因缘④,所谓化导令得见性。一切善法⑤,因善知识能发起故。三世诸佛,十二部经,在人性中本自具有,不能自悟,须求善知识,指示方见;若自悟者,不假外求。若一向执谓须他善知识方得解脱者,无有是处。何以故?自心内有知识自悟。若起邪迷,妄念颠倒⑥,外善知识虽有教授,救不可得。

若起正真般若观照,一刹那间,妄念俱灭。若识自性,一悟即至佛地⑦。

"善知识!智慧观照,内外明彻,识自本心。若识本心,即本解脱。若得解脱,即是般若三昧,即是无念。何名无念?若见一切法,心不染著,是为无念。用即遍一切处,亦不著一切处。但净本心,使六识出六门⑧,于六尘中无染无杂⑨,来去自由,通用无滞,即是般若三昧,自在解脱,名无念行。若百物不思,当令念绝,即是法缚,即名边见⑩。

【注释】

①《菩萨戒经》:佛教戒律书。鸠摩罗什译《梵网经·菩萨心地戒品》,此经主要讲述大乘佛教的"十重戒"和"四十八轻戒"。

②《净名经》:《维摩诘经》的通称和异名。玄奘将《维摩诘经》译为《无垢称经》,玄奘以后则皆以《净名经》称之。

③解最上乘法者:指懂得禅宗教义的人。

④因缘:为"因"与"缘"之并称。因,指引生结果之直接内在原因。缘,指由外来相助之间接原因。凡一事一物之生,本身的因素叫做"因",旁助的因素叫做"缘"。例如稻谷,种子为因,泥土、雨露、空气、阳光、肥料等为缘,由此种种因缘和合而谷子得以生长。

⑤善法:为"恶法"之对称,指合乎于善的一切道理,

即指五戒、十善、三学、六度。

⑥妄念：指虚妄的心念，即无明或迷妄的执念。因凡夫之迷心不知一切法的真实义，遍计构画颠倒而产生错误的思考。据《大乘起信论》载，妄念能搅动平等之真如海，而现出万象差别之波浪，若能远离，则得入觉悟之境界。

⑦佛地：通教十地之第十位。谓第九地之菩萨最后顿断烦恼所知二障之习气而成道之位也，即达到成佛的地位。

⑧六识：指眼、耳、鼻、舌、身、意等六种认识作用，即以眼、耳、鼻、舌、身、意等六根为依，对色、声、香、味、触、法等六境，产生见、闻、嗅、味、触、知等了别作用的眼识、耳识、鼻识、舌识、身识、意识等。识、境、根三者必须同时存在。六门：眼、耳、鼻、舌、身、意六根也叫"六门"。

⑨六尘：指色尘、声尘、香尘、味尘、触尘、法尘等六境，又作"外尘""六贼"。众生以"六识"缘"六境"而遍污"六根"，能昏昧真性，故称为"尘"。此六尘在心之外，故称"外尘"。此六尘犹如盗贼，能劫夺一切善法，故称"六贼"。

⑩边见："五见"之一。偏于一边、不合中道、执断执常的见解名为"边见"。

【译文】

"善知识！不得开悟时，佛就是众生；一念得悟时，众生都是佛。由此可知，一切都存在于自我本心之中，为什么不从自我本心中当下得悟识见真如本心呢？

"《菩萨戒经》中说：'自己的本性原来就是清净的，如果识见本心，明见心性，都能成就佛道。'《净名经》说：'当下豁然开悟，就能够得以识见本心。'

"善知识！我在弘忍大和尚那里，一听到佛法便开悟，顿悟识见真如本性。故而我将这顿教教法流布行化，让学道的人都开悟顿见佛法的无上智慧，各自观照本心，识见本性。如果自己不能开悟，必须找寻大的善知识，找寻能理解最上乘佛法的人，直接指示正确的开悟之路。作为善知识，他们都与佛法有很大的因缘，通过所谓的教化和引导，令人得见自我本性。一切正确的道理，都是由于善知识们发起流布的。过去、现在和未来的一切佛，十二部经，在人的本性中是本来具备的，如果不能自我开悟，必须求助于善知识，通过他们的指导开示识见本心；如果能够自我开悟，是不需求助于外力的。如果总是执著，声称必须依赖别的善知识，才能得到解脱，这样一点不正确。这是什么缘故？是因为自己心中原本具足一切智慧。如果自我生起邪见愚迷，被虚妄心念颠倒，外在的善知识尽管有所教导指授，也不可能救得了你。如果生起真正的般若智慧进行观照，瞬间刹那，虚妄心念全部寂灭。如果识见自我本性，一下开悟便达到佛的境地。

"善知识！运用智慧观察映照，心内心外通明透彻，识见自我本心。如果识见自我本心，就是根本解脱。如果得到解脱，就是般若三昧，就是无念。什么叫做无念？如果识见一切事物现象，本心不执著、不被染污，就叫做无念。运用时能遍及一切地方处所，又不执著于任何一处。只要使本心清净无染，使眼识、耳识、鼻识、舌识、身识、意识六识从眼、耳、鼻、舌、身、意六门中空去，在色、声、香、味、触、法六尘中不被浸染，不被扰杂，来去自由，运用通达无所滞碍，就是般若三昧，就是解脱得大自在，称之为无念修行。如果任何事物都不思虑，一任心念绝灭，又是执著于法，为法所缚了，这叫作偏于一边的恶见，落于片面了。

"善知识！悟无念法者，万法尽通；悟无念法者，见诸佛境界；悟无念法者，至佛地位。

"善知识！后代得吾法者，将此顿教法门，于同见同行，发愿受持①，如事佛故，终身而不退者，定入圣位②。然须传授从上以来默传分付③，不得匿其正法。若不同见同行，在别法中，不得传付，损彼前人，究竟无益。恐愚人不解，谤此法门，百劫千生，断佛种性④。

"善知识！吾有一无相颂⑤，各须诵取。在家出家，但依此修。若不自修，惟记吾言，亦无有益。听吾颂。"曰：

说通及心通，如日处虚空；
唯传见性法，出世破邪宗。
法即无顿渐，迷悟有迟疾；
只此见性门，愚人不可悉。

说即虽万般,合理还归一;
烦恼暗宅中,常须生慧日。
邪来烦恼至,正来烦恼除;
邪正俱不用,清净至无余。
菩提本自性,起心即是妄;
净心在妄中,但正无三障⑥。
世人若修道,一切尽不妨;
常自见己过,与道即相当。
色类自有道⑦,各不相妨恼;
离道别觅道,终身不见道。
波波度一生,到头还自懊;
欲得见真道,行正即是道。
自若无道心,暗行不见道;
若真修道人,不见世间过。
若见他人非,自非却是左;
他非我不非,我非自有过。
但自却非心,打除烦恼破;
憎爱不关心,长伸两脚卧。
欲拟化他人,自须有方便;
勿令彼有疑,即是自性现。
佛法在世间,不离世间觉;
离世觅菩提,恰如求兔角。
正见名出世,邪见是世间;
邪正尽打却,菩提性宛然。
此颂是顿教,亦名大法船;

迷闻经累劫，悟则刹那间。

师复曰："今于大梵寺说此顿教，普愿法界众生言下见性成佛。"时韦使君与官僚、道俗闻师所说，无不省悟。一时作礼，皆叹："善哉！何期岭南有佛出世！"

【注释】
①发愿：又作"发大愿""发愿心""发志愿""发无上愿"，发起誓愿的意思。受持：指受者以信力领受于心，持者以念力忆而不忘。
②圣位：三乘人证得菩提之果位，指断尽见惑之初果圣者。
③默传：即"默传心印"。于禅宗，师家教导弟子不以言语或文字直言明示，而以心传心，令其自悟佛法奥义，见性成佛。默，指知解，并非是"绝无一言"。
④断佛种性：断绝佛性，永远不能成佛。
⑤无相：为"有相"的对称，即无形相的意思。于一切相，离一切相，即是无相。因为涅槃超离一切虚妄之相，所以"无相"也是"涅槃"的别名。
⑥三障：三种障碍，又作"三重障"，指障碍圣道之烦恼障、业障、报障。
⑦色类：有各种物质形体的众生，一般指世间的一切人。

【译文】
"善知识！领悟了无念法门的人，就通达了一切法；领悟了无念法门的人，就识见佛的境界；领悟了无念法门的人，就达到了佛的果位。

"善知识！后代得到我所授法门的人，需要将这顿教法门，和与他见地相同、立志同修的人，一起发起誓愿领受护持，如同奉礼敬佛一样，一生不消退信力，因这个缘故，必定能达到佛的圣位。然而必须传付指授从佛祖以来的以心传心的默传教法，不得隐匿宗门正法。如果不与见地相同、行法相同的人一起同修，在信奉外教的人之中，不可传法付嘱，这样对先圣前贤有损，终究是没有好处的。因为愚昧痴妄的人不能理解，反会毁谤这个法门，这样的人就会百劫千生永远断了佛性的种子，不能成佛了。

"善知识！我有一个无相颂，大家各自都要念诵记取。无论在家居士还是出家僧人，须依照这个颂去修行。如果自己不依此修行，仅仅是记住我的话，也是没有用处的。诸位听我的颂。"颂词说：

　　说通及心通，如日处虚空；
　　唯传见性法，出世破邪宗。
　　法即无顿渐，迷悟有迟疾；
　　只此见性门，愚人不可悉。
　　说即虽万般，合理还归一；
　　烦恼暗宅中，常须生慧日。
　　邪来烦恼至，正来烦恼除；
　　邪正俱不用，清净至无余。
　　菩提本自性，起心即是妄；
　　净心在妄中，但正无三障。

世人若修道，一切尽不妨；
常自见己过，与道即相当。
色类自有道，各不相妨恼；
离道别觅道，终身不见道。
波波度一生，到头还自懊；
欲得见真道，行正即是道。
自若无道心，暗行不见道；
若真修道人，不见世间过。
若见他人非，自非却是左；
他非我不非，我非自有过。
但自却非心，打除烦恼破；
憎爱不关心，长伸两脚卧。
欲拟化他人，自须有方便；
勿令破有疑，即是自性现。
佛法在世间，不离世间觉；
离世觅菩提，恰如求兔角。
正见名出世，邪见是世间；
邪正尽打却，菩提性宛然。
此颂是顿教，亦名大法船；
迷闻经累劫，悟则刹那间。

大师又说："今天在大梵寺所说的这个顿教教法，衷心愿望普天下的众生听闻之后能明心见性，成就佛道。"当时韦刺史与官员们、僧人和在家俗众听了大师所讲，没有不觉悟明白的。当时都向惠能大师行礼致敬，都感叹道："太好了！谁料想岭南这个地方有真佛出现了！"

疑问品第三

本品通过韦刺史的疑问,阐述了何为"功德","见性是功,平等是德""内心谦下是功,外行于礼是德""不离自性是功,应用无染是德"等,指明了怀有世俗功利目的的行为和举措,即使规模再大,也非解脱层面的真功德,而是一种执著攀缘的求福行为。"功德须自性内见,不是布施供养之所求也"。针对韦刺史对于念佛往生西方极乐世界的疑问,惠能大师反问其"东方人造罪,念佛求生西方;西方人造罪,念佛求生何国"?强调心中自有净土,心净则佛土净。接着通过譬喻和进一步的解说使得众生体悟到佛向性中作,莫向身外求,成佛的唯一方法就是见性,念念见性则西方就在眼前。

一日,韦刺史为师设大会斋①。斋讫,刺史请师升座,同官僚士庶肃容再拜②,问曰:"弟子闻和尚说法,实不可思议。今有少疑,愿大慈悲,特为解说。"

师曰:"有疑即问,吾当为说。"

韦公曰:"和尚所说,可不是达磨大师宗旨乎?"

师曰:"是。"

公曰:"弟子闻达磨初化梁武帝③,帝问云:'朕一生造寺度僧,布施设斋④,有何功德?'达磨言:'实无功德。'弟子未达此理,愿和尚为说。"

师曰:"实无功德,勿疑先圣之言。武帝心邪,不知正法。造寺度僧，布施设斋，名为求福，不可将福便为功德。功德在法身中，不在修福。"

师又曰："见性是功，平等是德。念念无滞，常见本性，真实妙用，名为功德。内心谦下是功，外行于礼是德。自性建立万法是功，心体离念是德。不离自性是功，应用无染是德。若觅功德法身，但依此作，是真功德。若修功德之人，心即不轻，常行普敬。心常轻人，吾我不断，即自无功。自性虚妄不实，即自无德。为吾我自大，常轻一切故。善知识！念念无间是功，心行平直是德。自修性是功，自修身是德。善知识！功德须自性内见，不是布施供养之所求也，是以福德与功德别。武帝不识真理，非我祖师有过。"

【注释】

① 大会斋：在大法会中兼用斋饭。
② 士庶：士族和庶族。这里指广大信众。
③ 梁武帝（464—549）：南朝兰陵人，姓萧名衍，字叔达。在位期间，笃信佛教，有"皇帝菩萨"之称。天监十八年（519）从钟山草堂寺慧约受菩萨戒；当时名僧僧伽婆罗、法宠、僧迁、僧旻、法云、慧超、明彻等，皆受其礼敬，并在首都建康建了大寺七百余所，僧尼讲众常聚万人。武帝一生精研佛教教理，固持戒律，四次舍身同泰寺，自讲涅槃、般若、三慧等经；著有《涅槃经》《大品经》《净名

经》《三慧经》等之义记数百卷。后因侯景起兵反叛，攻陷建康，于太清三年（549）饿死于台城。在位四十八年，世寿八十六。

④布施：即以慈悲心而施福利于人的意思。为"六波罗蜜"之一，再加上法施、无畏施二者，扩大布施之意义。亦即指施予他人以财物、体力、智慧等，为他人造福成智而求得累积功德，以致解脱的一种修行方法。

【译文】

一天，韦刺史为惠能大师举行大法会兼施斋饭。斋饭完毕后，刺史请大师登上讲坛开讲，自己同其他官员及广大信众，整肃仪容，两次庄重行礼致敬，问道："弟子听大师说法，实在微妙，令人无法心思口议。现在还有一点疑问，希望大师慈悲为怀，特地为我解说开示。"

惠能大师说："有疑惑就问吧，我自会给你解说。"

韦刺史说："请问大师您所说的是达磨大师的宗旨吗？"

惠能大师回答："是的。"

韦刺史说："弟子听说，达磨大师最初度化梁武帝，武帝问：'我一生中建造寺庙，敕度僧人，布施舍予，广设斋会，这有什么样的功德？'达磨说：'实在是没什么功德。'弟子我不能理解这个道理，希望大师为我解说。"

惠能大师说："实在是没什么功德的，请不要怀疑先圣前贤的话。梁武帝心中生起邪见，不能理解正法。建造寺庙，敕度僧人，布施舍予，广设斋会，这个叫作求获福报，却不可以把求福认为是功德。人之功德自然存在于本具的法身，而不在于行善求获福报。"

惠能大师又说："明心见性就是功，平等无二就是德。每一刹那都无所滞碍，时常照见本心自性，真实不虚，发挥妙用，这就是功德。内心谦虚处下就是功，外行合乎于理就是德。自我本性合藏万法就是功，自心本体超离俗念妄想就是德。不离开自心本性是功，运用自心本性而无所浸染是德。如果寻求功德的本性，只要依照这些来做，就是真正的功德。如果是修功德的人，心中就不会产生轻视，而始终奉行广泛的敬心。心中时常轻视他人，自我的执见不能断灭，就自然是没有功的。自我心性如果虚妄不真实，就自然是没有德的。是因为一贯以自我为大，我执太重，时常轻视一切的缘故。善知识！时时刻刻，念念之间无有中断就是功，依平常心顺直而行就是德。自我修行本性是功，自我修行身行是德。善知识！功德必须在自心本性中识见，而不是通过布施舍予，供养奉侍来求得的，所以福德与功德是有区别的。梁武帝正是不能认识到这个真理，这并非是达磨祖师回答有错误。"

刺史又问曰："弟子常见僧俗，念阿弥陀佛①，愿生西方②。请和尚说，得生彼否？愿为破疑！"

师言："使君善听，惠能与说。世尊在舍卫城中，说西方引化，经文分明，去此不远。若论相说里数，有十万八千，即身中十恶八邪③，便是说远。说远为其下根，说近为其上智。

"人有两种，法无两般，迷悟有殊，见有迟疾。

迷人念佛求生于彼；悟人自净其心。所以佛言：'随其心净即佛土净④。'

"使君东方人，但心净即无罪。虽西方人，心不净亦有愆⑤。东方人造罪，念佛求生西方；西方人造罪，念佛求生何国？

"凡愚不了自性，不识身中净土，愿东愿西；悟人在处一般。所以佛言：随所住处恒安乐。使君心地但无不善，西方去此不遥。若怀不善之心，念佛往生难到⑥。今劝善知识，先除十恶，即行十万；后除八邪，乃过八千。念念见性，常行平直，到如弹指，便睹弥陀⑦。"

【注释】

① 阿弥陀佛：意译"无量"。为西方极乐世界的教主。此佛光明无量、寿命无量，故称"阿弥陀佛"。

② 西方：又称"西方极乐净土"，略称"西方"，即阿弥陀佛之极乐净土，指西方极乐世界。

③ 十恶：即一、杀生；二、偷盗；三、邪淫；四、妄语；五、两舌，即说离间语、破语；六、恶口，即恶语、恶骂；七、绮语，即杂秽语、非应语、散语、无义语，乃从染心所发者；八、贪欲，即贪爱、贪取、悭贪；九、嗔恚；十、愚痴。八邪：即反于"八正道"者。一邪见、二邪思惟、三邪语、四邪业、五邪命、六邪方便、七邪念、八邪定。

④ 随其心净即佛土净：出自《维摩诘经·佛国品》，只

要心地清净便是佛国净土。

⑤愆：罪过。

⑥往生：往弥陀如来的极乐净土，谓之"往"，化生于彼土莲花中，谓之"生"。谓命终时生于他方世界。通常又以"往生"为"死"之代用词。

⑦便睹弥陀：是往生西方极乐世界的象征。

【译文】

韦刺史又问："弟子常常看到出家人和在家人，口中念诵阿弥陀佛名号，希望往生西方。请大师讲讲，能够往生到那里吗？希望大师为我们破斥疑惑。"

大师说："韦刺史好好听着，惠能我向你解说。释迦牟尼当年在舍卫城里，说到接引度化到西方极乐世界时，经文中说得清楚明白，西方极乐世界离现世并不遥远。但如果论相状来说里数，则有十万八千里之远，若从自性上说，就是身心中有十恶八邪的障碍，所以说遥远不可及。说它远是针对根器下等的人而言，说近则针对的是具有上等智慧的人。

"人固然有这两种之分，但佛法却没有这样的两种分别，只是因为愚迷和开悟的不同，所以识见本心就有快慢之别。愚迷的人称名念佛，祈求往生西方极乐；开悟的人则自我清净本心。所以佛说：'自我本心清净，也就是佛土清净。'

"韦刺史你是东方人，只要自心清净便没有罪业。尽管是西方人，若自心不清净也是有罪业的。东方人造罪业，还可以称名念佛祈求往生西方；西方人若造罪业，称名念佛又求往哪一方呢？

"凡夫愚迷不能了达自我本性，不能识见自身中存有净土，希望往生东方、往生西方；而了悟的人，在哪里都一样，别无二致。所以佛说：依随你所在的地方而保持恒久安乐。韦刺史心中只要没有不善之念，西方极乐世界就离此并不遥远。如果心中怀有不善之念，即使称名念佛也无法往生西方极乐。现在我奉劝诸位善知识，先消除十恶，那么你就已经行了十万里；再除去八邪，你就又过了八千里。时时刻刻明见本性，如常直了修行，到西方极乐世界便容易得有如弹指一挥间，便能够亲见阿弥陀佛。"

"使君但行十善①，何须更愿往生？不断十恶之心，何佛即来迎请？若悟无生顿法，见西方只在刹那；不悟念佛求生，路遥如何得达？惠能与诸人移西方于刹那间，目前便见，各愿见否？"

众皆顶礼云②："若此处见，何须更愿往生？愿和尚慈悲，便现西方，普令得见。"

师言："大众！世人自色身是城③，眼耳鼻舌是门。外有五门，内有意门。心是地，性是王。王居心地上，性在王在，性去王无。性在身心存，性去身心坏。佛向性中作，莫向身外求。

"自性迷即是众生，自性觉即是佛。慈悲即是观音，喜舍名为势至。能净即释迦，平直即弥陀。

"人我是须弥④，邪心是海水，烦恼是波浪，毒害是恶龙，虚妄是鬼神，尘劳是鱼鳖，贪嗔是地狱⑤，愚痴是畜生。

"善知识！常行十善，天堂便至⑥；除人我，须弥倒；去邪心，海水竭；烦恼无，波浪灭；毒害除，鱼龙绝。自心地上觉性，如来放大光明，外照六门清净，能破六欲诸天⑦。自性内照，三毒即除，地狱等罪，一时销灭，内外明彻，不异西方。不作此修，如何到彼？"

大众闻说，了然见性。悉皆礼拜，俱叹善哉！唱言："普愿法界众生，闻者一时悟解。"

【注释】

① 十善：即"十善业"，即不杀生、不偷盗、不邪淫、不妄语、不两舌、不恶口、不绮语、不贪欲、不瞋恚、不邪见，乃身口意三业中所行之十种善行为。反之，身口意所行之十种恶行为，称为"十恶"；远离十恶，不犯十恶，则谓之"十善"。

② 顶礼：即两膝、两肘及头着地，以头顶敬礼，承接所礼者双足。向佛像行礼，舒二掌过额、承空，以示接佛足。又叫作"头顶礼敬""头面礼足""头面礼"。其义同于"五体投地""接足礼"。印度最上之敬礼，以我所高者为顶，彼所卑者为足；以我所尊，敬彼所卑者。

③ 色身：由四大等色法所组成的肉身。反之，无形者称为"法身"，或"智身"。

④ 人我是须弥：佛教认为世人由于自我的"我执""法

执"造下了须弥山一般高的罪业,"人我是须弥"就是人我之执犹如高山障碍正道。

⑤地狱:译为"不乐""可厌""苦具""苦器""无有"等,"六道"中最苦的地方。其依处在地下,因谓之地狱。凡所处的地方,只有苦受而没有喜乐的环境,皆可比喻为地狱。

⑥天堂:又作"天宫",与"地狱"对称。指天众所住的天上宫殿,即善人死后,依其善业所至受福乐的处所。凡所处的地方,能有随心享乐的环境,皆可比喻为天堂。

⑦六欲诸天:欲界有六重天,谓之"六欲天":一、四王天(有持国、广目、增长、多闻四王,故名"四王天");二、忉利天;三、夜摩天;四、兜率天;五、乐变化天;六、他化自在天。

【译文】

惠能大师继续说道:"韦刺史只要奉行十善,又何必要再去往生西方极乐世界呢?如果不断灭十恶之心,又有什么佛来迎请接引你往生西方呢?如果悟了没有生灭的顿教教法,亲见西方极乐世界,只不过是瞬间就能达到的;不能开悟而称名念佛,但求往生,路有十万八千里之远,又如何能达到呢?惠能我能给诸位在一瞬之间搬来西方极乐世界,眼下便能看到。各位是否希望看到?"

众人都向大师行大礼,说:"如果在这里能见,哪还需要再发愿往生西方呢?希望大师慈悲为怀,立刻就显现出西方来,让大家都得以看到。"

惠能大师说:"各位,世上的人的肉身就如同一座城池,眼睛耳朵鼻子舌头等好像是城门。外面有五个门,里面还有一个意念门。自心好比土地,自性好比帝王。帝王居于自心这块土地上,自性在,帝王在,自性无,帝王无。自性存在,身心存在;自性缺失,身心大坏。作佛要向自性中去求得,切不要向身外去求索。

"自我本性愚迷时,佛也是众生;自我本性觉悟时,众生就是佛。能以慈悲为怀,当下就成观音;能乐于施舍,现在就是大势至菩萨。能自性清净就是释迦牟尼,能平等直了就是阿弥陀佛。

"有人我二执时,障碍升起如同须弥山,邪见心念如同无尽大海,烦恼生起就如同波浪涌动,歹毒害人之心像凶猛的恶龙,虚假妄念如同鬼魅,在尘劳中奔波如同鱼鳖,心存贪欲嗔怒就是身陷地狱,愚昧无知就堕入了畜生道。

"善知识!时常奉行十善,天堂便在眼前;拔除人我之执,须弥障碍轰然倒塌;去除贪心,欲念之海顿然枯竭;烦恼不生如同波浪不兴;心中毒害之心消除如同恶龙鱼鳖尽绝。自性心地上觉悟如来佛性,放大光明,生大智慧,将外在的眼、耳、鼻、舌、身、意六门照耀清净,把欲界的六重天全部照破。自我本性向内映照,贪、嗔、痴三毒当即灭除,应该堕入地狱受苦的罪业也顷刻除尽,内外通明透彻,就与西方极乐世界没有差别。不这样修行,怎么能到达彼岸的西方极乐世界?"

大家听了惠能大师所说,立刻识见本性。向大师礼敬致拜,都感叹、称赞,高声唱诵道:"但愿普天下听到此法的众生，立刻都能开悟。"

师言："善知识！若欲修行，在家亦得，不由在寺。在家能行，如东方人心善；在寺不修，如西方人心恶。但心清净，即是自性西方。"

韦公又问："在家如何修行？愿为教授！"

师言："吾与大众说《无相颂》，但依此修，常与吾同处无别。若不依此修，剃发出家，于道何益？"颂曰：

  心平何劳持戒①？行直何用修禅？
  恩则孝养父母，义则上下相怜。
  让则尊卑和睦，忍则众恶无喧。
  若能钻木出火，淤泥定生红莲。
  苦口的是良药，逆耳必是忠言。
  改过必生智慧，护短心内非贤。
  日用常行饶益②，成道非由施钱。
  菩提只向心觅，何劳向外求玄。
  听说依此修行，西方只在目前。

师复曰："善知识！总须依偈修行，见取自性，直成佛道。时不相待，众人且散，吾归曹溪。众若有疑，却来相问。"

时，刺史、官僚、在会善男信女，各得开悟，信受奉行。

【注释】

①持戒："六度"之一，即护持戒法的意思，与"破戒"

相对称。

②饶益：予人富裕、丰足法益的意思。

【译文】

惠能大师说："善知识！如果想修行，在家中也是可以的，不一定必须到寺庙里。如果在家中也能坚持修行，恰如身处东方的人却能心存善行；即使身在寺中却不奉行修行，那就如同身在西方极乐却心存恶念。只要内心清净，就是在自性中得见西方极乐世界。"

韦刺史又问："在家又怎样修行呢？希望能给我们教化指授。"

大师说："我给大家说一个《无相颂》，只要依照这个颂修行，就是经常和我在一起。如果不依照这个颂修行，即使剃度出家为僧，其对于修道又有什么用处呢？"颂词说：

> 心平何劳持戒？行直何用修禅？
> 恩则孝养父母，义则上下相怜。
> 让则尊卑和睦，忍则众恶无喧。
> 若能钻木出火，淤泥定生红莲。
> 苦口的是良药，逆耳必是忠言。
> 改过必生智慧，护短心内非贤。
> 日用常行饶益，成道非由施钱。
> 菩提只向心觅，何劳向外求玄。
> 听说依此修行，西方只在目前。

大师又说："善知识！大家都必须依照偈颂修行，各自识见获取本性，直接成就佛道。佛法修行不可拖延。大家就这样先散了吧,我这就回曹溪山了。大家如果有疑问,就来问我好了。"

当时,韦刺史与官员们,大法会上的善男信女们,都有所开悟,对惠能大师的教法深信不疑,遵守奉行。

定慧品第四

　　本品讲述了惠能大师认为南宗禅法之法门,是以"定、慧"为本,并用灯与光之关系喻示定慧一体、体用一如,"定是慧体,慧是定用","即慧之时定在慧,即定之时慧在定"。主张修行之时不可定慧两分,偏执一端。接着指出本宗法门以"无念为宗、无相为体、无住为本",外离一切相叫做无相,对所有外境均不沾染叫做无念,对于一切时间善恶好坏、不思酬爱、视为空幻的人之本性即是无住。力倡"于一切行住坐卧,常行一直心",教人自识本心、自见本性。

　　师示众云:"善知识!我此法门,以定慧为本。大众勿迷,言定慧别,定慧一体,不是二。定是慧体,慧是定用,即慧之时定在慧,即定之时慧在定。若识此义,即是定慧等学。诸学道人,莫言先定发慧、先慧发定各别。作此见者,法有二相。口说善语,心中不善,空有定慧,定慧不等。若心口俱善,内外一如,定慧即等。自悟修行,不在于诤;若诤先后,即同迷人。不断胜负,却增我法,不离四相[①]。

　　"善知识!定慧犹如何等?犹如灯光。有灯即光,无灯即暗,灯是光之体,光是灯之用。名虽有二,体本同一。此定慧法,亦复如是。"

　　师示众云:"善知识!一行三昧者[②],于一切处行住坐卧,常行一直心是也。《净名经》云:直心是道场③,直心是净土④。莫心行谄曲⑤,口但说直,口说一行三昧,不行直心。但行直心,于一切法勿有执著。迷人著法相⑥,执一行三昧,直言常坐不动,妄不起心,即是一行三昧。作此解者,即同无情,却是障道因缘。

"善知识!道须通流,何以却滞?心不住法,道即通流。心若住法,名为自缚。若言常坐不动是,只如舍利弗宴坐林中⑦,却被维摩诘诃⑧。

"善知识!又有人教坐,看心观静,不动不起,从此置功。迷人不会,便执成颠,如此者众。如是相教,故知大错。"

【注释】

①四相:我、人、众生、寿者。

②一行三昧:是一种实相念佛教法。修习这种禅定时,要以法界(即真如、实相)为观想对象,专心念佛,即可以见到佛,离开心没有别的佛。神秀北宗禅倡导这种禅定,强调静坐安心。惠能反对守心看净,并对"一行三昧"作了新的解释。三昧,又作"三摩地""三摩提""三摩帝",意译为"等持""定""正定""正受""定意""调直定""正心行处"等,即将心定于一处或一境的一种安定状态。又一般俗语形容妙处、极致、蕴奥、诀窍等之时,皆以"三昧"称之,即套用佛教用语而转意,当然

已与原义迥然有别。

③道场：一般所谓的道场，系指修习佛法的场所，故"道场"可作为"寺院"的别名。又作"菩提道场""菩提场"，专指中印度菩提伽耶的菩提树下之金刚座上佛陀成道之处。这里指的是禅宗所谓的成就菩提动机的发心、修行等。

④净土：全称"清净土""清净国土""清净佛刹"。又作"净刹""净界""净国""净方""净域""净世界""净妙土""妙土""佛刹""佛国"，指以菩提修成的清净处所为佛所居之所。对此而言，众生居住之所，有烦恼污秽，故称"秽土""秽国"。

⑤谄曲：谄媚不正。

⑥法相：与"法性"同义。诸法所具本质之相状，或指其意义内容。又指真如、实相。

⑦舍利弗：佛陀十大弟子之一。舍利弗归佛后，常随从佛陀，辅翼圣化，为诸弟子中之上首；复以聪明胜众，被誉为佛弟子中"智慧第一"。宴坐：坐禅或静坐的意思。

⑧维摩诘：菩萨名。略称"维摩"，为佛陀的在家弟子，乃中印度毗耶离城之长者。虽在俗尘，然精通大乘佛教教义，其修为高远，虽出家弟子犹有不能及者。

【译文】

惠能大师开示众人说："善知识！我所讲的法门，以定、慧为根本。大家不要迷误，认为定、慧二者有别，定和慧是一体的，不是二分的。禅定是智慧的本体，智慧是禅定的功用，就在智慧显现的时候，定存在于慧中，在入定的时候慧存在于定中。如果了解了这个道理，就是定、慧平等同体。各位学习佛道的人，不要说须先禅定再生发智慧，或先生发智慧才能禅定，认为二者有别。有这种观点的，就是认为佛法也有两种相状。嘴上说着善语，心中没有善意，徒有定慧的虚名，定慧却不是一体之学。如果心存善意，口出善言，心口相应，内外如一，定、慧即成一体。自我开悟依此修行，不在于争执名相，如果执著于争执定、慧孰先孰后，即与愚迷之人等同无异。不断绝胜负高下的心念计较，就会不断加重我执，无法超离对'我、人、众生、寿者'四相的执著。

"善知识！定、慧的关系好比什么呢？好比灯光。有灯就有光，没有灯即是黑暗，灯是光的本质，光是灯的功用。两者名称虽不同，本质却是同一的。定、慧关系之理，也是如此。"

大师开示众人说："善知识！一行三昧，就是无论何时何地，无论或行或住，或坐或卧，都直接依照本心修行。《净名经》说：直现本心就是佛的处所，直现本心就是西方极乐世界。不要心中进行谄媚邪曲，口中却说直心，口中宣称一行三昧，却不奉行直心。要奉行平直心念，对一切事物现象没有执著。愚迷的人执著于诸法的差别相，执著于正定念佛，直接宣称只要经常静坐不动，妄念不从心中起，这就是一行三昧。作这样解释的人，就和无情草木一样，是障碍修道的。

"善知识！道必须是通达流动的，为什么却是滞塞的呢？心中不执著于法，道便通达。心中若执著于法，这叫做为法所缚。如果说应该常常静坐而不动，那么只会像舍利弗当年在树林中长久静坐，却被维摩诘呵斥一样。

"善知识！有人教人静坐，守着心，观看静，身体不动，长久不起，根据这个来建立功德。愚迷的人不能体会定慧的道理，一再执迷，乃成颠倒虚妄，像这样的人有很多。像这样的教导，是大错特错的。"

师示众云："善知识！本来正教，无有顿渐，人性自有利钝。迷人渐修，悟人顿契，自识本心，自见本性，即无差别。所以立顿渐之假名。

"善知识！我此法门，从上以来，先立无念为宗，无相为体，无住为本。无相者，于相而离相；无念者，于念而无念；无住者，人之本性。于世间善恶好丑，乃至冤之与亲，言语触刺欺争之时，并将为空，不思酬害①，念念之中，不思前境。若前念今念后念，念念相续不断，名为系缚②。于诸法上，念念不住，即无缚也。此是以无住为本。

"善知识！外离一切相，名为无相。能离于相，即法体清净。此是以无相为体。

"善知识！于诸境上，心不染，曰无念。于自念上，常离诸境，不于境上生心；若只百物不思，念尽除却，一念绝即死，别处受生，是为大错，学道者思之！若不识法意，自错犹可，更误他人；自迷不见，又谤佛经。所以立无念为宗。

"善知识！云何立无念为宗？只缘口说见性迷人，于境上有念，念上便起邪见。一切尘劳妄想，从此而生。自性本无一法可得，若有所得，妄说祸福，即是尘劳邪见。故此法门立无念为宗。善知识！无者，无何事？念者，念何物？无者，无二相，无诸尘劳之心。念者，念真如本性，真如即是念之体，念即是真如之用。真如自性起念，非眼耳鼻舌能念。真如有性，所以起念。真如若无，眼耳色声当时即坏。

"善知识！真如自性起念，六根虽有见闻觉知，不染万境，而真性常自在。故经云：能善分别诸法相，于第一义而不动③。"

【注释】

① 酬害：报复。酬，报答。
② 系缚：又作"结缚"，拘束之意。指众生之身心为烦恼、妄想或外界事物所束缚而失去自由，长时间流转于生死之中。是"烦恼"的别名，因烦恼如绳子能系缚身心，使人不得自在。
③ 第一义：至高无上的真理。以名究竟之真理，是为最上，故云"第一"。

【译文】

惠能大师说："善知识！原本真正的教法，没有顿渐之分，人性本来有聪明和愚钝罢了。愚钝的人渐次修行，聪明的人顿时契悟，自我识见本心，自我识见本性，就没有顿悟渐悟的差别了。所以顿悟渐悟只是权且设立的假名而已。

"善知识！我所宣讲的法门，从佛祖以来，一直是首先立无念为宗旨，以无相为本体，以无住为本根。所谓无相，基于一切相状而超离一切相状；所谓无念，生起心念而不执著于心念；所谓无住，乃是人的本性。对于世间一切善恶好丑，甚至冤家对头，亲朋好友，在言语上发生攻击、刺伤、欺谎、论争的时候，一并将这些看成空幻，不去思索报复伤害，时时刻刻，不追思拘泥于以前。如果对于过去、现在、将来的心念，念念相续，思量不断，这叫作自我系缚。相反，对于一切法相，念念之间毫不执著，就是没有系缚，这就是以无住为本。

"善知识！超离一切外在形相，叫作无相。能超离于形相，就是自性法体清净。这就是以无相为本体。

"善知识！在世间万事万物中，心不被浸染，叫作无念。在自我心念上，时常超离一切事物现象，不在所遇到的事物现象上生执著心；假如只是什么都不思维，心念除去灭尽，一念断绝就是死，以为还可以到别的地方再去受生，这是极大的错误，参学佛道的人应该仔细思维！如果不能识见佛法大义，自己错误迷妄也就罢了，偏偏还要再去劝行他人；自己迷误不能识见本性，又毁谤了佛教经典。因此要立无念为宗旨。

"善知识！为什么说要立无念为宗旨呢？只因为口头上声称识见本性的愚迷之人，在事物上生执著心念，产生邪见。一切尘世错误妄想，从此而生。自我本性本来并不是可以通过某种具体方法能够获得的，如果有所得，就胡乱声称是祸福果报，这是世俗邪见。所以这个法门立无念为宗旨。善知识！无，无的是什么？念，念的又是什么？无是没有差别对立的二分之相，没有执迷尘世之心。念是心念与佛性相一的自我本性，真正的如来佛性是心念的本体，心念是真如佛性的效用。真如佛性由自我本性中升起心念，并非是眼睛、耳朵、鼻子、舌头等感觉器官能起心念。真如佛性是自我本具的自我之性，从中能够生起心念。如果真如佛性不是自我本具，那么眼睛、耳朵等六种感觉器官就应该是坏死的。

"善知识！自我真如本性生起心念，六种感觉器官虽然能看见、听到、觉察、了解，但不被外在一切事物现象所浸染，真如本性就是永恒自在的。所以佛经上说：真如佛性能够正确地了知各种事物和现象，在根本上是没有生灭，不会动摇的。"

坐禅品第五

本品记载惠能大师对何为"坐禅"所作的解释:"外于一切善恶境界,心念不起,名为坐;内见自性不动,名为禅"。阐述了南宗禅对"禅定"的定义:"外离相为禅,内不乱即定","外禅内定,是为禅定"。认为坐禅并不是守心看净,一味枯坐,而是要对外不执著,对内止散乱,禅定与般若智慧是内外一体的。最后还强调了要明心见性,自修自行,自成佛道的道理。

师示众云:"此门坐禅①,元不著心②,亦不著净,亦不是不动。若言著心,心元是妄,知心如幻,故无所著也。若言著净,人性本净;由妄念故,盖覆真如,但无妄想,性自清净。起心著净,却生净妄,妄无处所,著者是妄。净无形相,却立净相,言是工夫,作此见者,障自本性,却被净缚③。

"善知识!若修不动者,但见一切人时,不见人之是非善恶过患,即是自性不动④。

"善知识!迷人身虽不动,开口便说他人是非长短好恶,与道违背。若著心著净,即障道也。"

师示众云:"善知识!何名坐禅?此法门中,无障无碍,外于一切善恶境界,心念不起,名为坐;内见自性不动,名为禅。善知识!何名禅定?外离相为禅⑤,内不乱为定。外若著相,内心即乱。外若离相,心即不乱。本性自净自定,只为见境思境即乱。若见诸境心不乱者，是真定也。

"善知识！外离相即禅，内不乱即定。外禅内定，是为禅定。《菩萨戒经》云：我本元自性清净。善知识！于念念中，自见本性清净，自修、自行，自成佛道。"

【注释】

① 坐禅：结跏趺坐，不起思虑分别，系心于某一对象，称为"坐禅"。
② 元：通"原"。
③ 净缚：指被所要观想的"净相"所束缚。
④ 自性不动：指自体之本性。诸法各自有不变不改之性，是名"自性"。这里指不从主观上分辨和计较是非曲直。
⑤ 外离相：指自心对外在事物和现象都不执著。

【译文】

惠能大师开示众人说："我这个法门所讲的坐禅，原本不是执著于固守本心，也不是执著于一味看净，更不是枯坐不动。如果说执著心念，心念原本也是虚妄，了解了心念的虚妄，所以也就没有什么可执迷固守的。如果说执著于追求本性清净，那么人的本性原本就是清净的；由于虚妄心念的缘故，掩盖遮蔽了自我真如本性，一旦没有了虚妄邪见，本性就又自我清净了。生起执心追求所谓的清净，却又生起对清净本身执著的妄念，这种妄念本来是无处着落和无所适从的，一旦清净产生执著之心时，它便有了生起的处所。清净本来是没有形相的，却给清净设定一个形相，硬说符合这一形相的才是修行的功夫，持这样见解的人，障碍迷惑了自我的本性，其实是被所谓的清净执迷束缚了。

"善知识！如果修'不动'行，心不生起，那么看任何人的时候，都对他的是非善恶能视而不见，心念不随之扰动，这就是自我本性真正寂然不动。

"善知识！愚迷的人身体虽然在那里纹丝不动，但一开口就是议论别人的是非长短和好坏，这与修道是正好相违背的。这与执著于守心看净一样，也是障碍修道的。"

惠能大师开示众人说："善知识！什么叫坐禅？我这个法门中，没有阻碍，遍达自在，对于一切外在的善恶境界，不起心动念，这叫作坐；能识见内在自我本性寂然不动，这叫作禅。善知识！什么叫禅定？超离外境外相就是禅，内心不散乱叫作定。如果执著于外境外相，内心必定散乱。如果超离外境外相，内心就不散乱。人的本性原是本自清净，本自安定的，只是因为遇见外境因而思虑执著于外境，所以内心就散乱了。如果能见到一切外境而内心不散乱的，这才是真正的定。

"善知识！超离外境外相就是禅，内心不散乱就是定。外禅内定就是禅定。《菩萨戒经》说：自我本性原本清净。善知识！时时刻刻识见自我本性清净，自我修持，自我心行，自然成就佛道。"

忏悔品第六

本品记述惠能为来山听法的四方士庶讲授"自性五分法身香""无相忏悔""自心四弘誓愿""无相三归依戒"以及"一体三身自性佛"等法。自性五分法身香分为戒香、定香、慧香、解脱香、解脱知见香,倡导修行之人自心戒定慧,自心解除攀缘系缚,求得解脱。接着传授无相忏悔,界定了"忏悔"的定义,忏即说出前罪,悔即断除后过。讲说了"自心众生无边誓愿度,自心烦恼无边誓愿断,自性法门无尽誓愿学,自性无上佛道誓愿成"的自心四弘誓愿。授"无相三归依戒",变以往的归依佛、法、僧三宝而为归依觉、归依正、归依净,力倡归依自性,而非外力,所谓"自性不归,无归依处"。最后为大众讲说何为"清净法身佛"、何为"圆满报身佛"、何为"千百亿化身佛"的一体三身自性佛法门,三身佛都在自性,不在身外,从自性生,不从外得,佛性本具,即心即佛。

时,大师见广韶洎四方士庶①,骈集山中听法②,于是升座告众曰:"来,诸善知识!此事须从自性中起③。于一切时,念念自净其心,自修自行,见自己法身,见自心佛,自度自戒,始得不假到此。既从远来,一会于此,皆共有缘。今可各各胡跪④,先为传自性五分法身香⑤,次授无相忏悔⑥。"

众胡跪。师曰:"一戒香,即自心中,无非、无恶、无嫉妒、无贪瞋、无劫害,名戒香。二定香,即睹诸善恶境相，自心不乱，名定香。三慧香，自心无碍，常以智慧观照自性，不造诸恶。虽修众善，心不执著，敬上念下，矜恤孤贫，名慧香。四解脱香，即自心无所攀缘⑦，不思善，不思恶，自在无碍，名解脱香。五解脱知见香，自心既无所攀缘善恶，不可沉空守寂，即须广学多闻，识自本心，达诸佛理，和光接物，无我无人，直至菩提，真性不易，名解脱知见香。

"善知识！此香各自内熏⑧，莫向外觅。

"今与汝等授无相忏悔，灭三世罪⑨，令得三业清净⑩。

【注释】

①广韶：广州和韶州。

②骈集：汇聚，集聚。

③此事：这里指明心见性的顿悟解脱。

④胡跪：又作"胡跽"。古时印度、西域地方总称为"胡"，胡跪乃指一般胡人跪拜的敬仪。

⑤五分法身香：指戒香、定香、慧香、解脱香、解脱知见香。这五分香，皆从自性上说，皆从功德上修，也就是从自证自性法身来成如如佛。香，是以智慧火烧那抽象无价真香。

⑥无相忏悔：忏，乃"忍"的意思，即请求他人忍罪。悔，追悔，悔过，即追悔过去之罪。禅宗主张不注重忏悔的形式和仪式，强调个人的心性明净，称之

为"无相忏悔"。

⑦攀缘：攀取缘虑、心随外境而转的意思，指心执著于某一对象的作用。如老人攀杖而起，谓之"攀缘"。又如猿攀木枝，忽而在彼，忽而在此，谓之"攀缘"。

⑧内熏："外熏"的对称。众生心中，皆有本觉之真如，此本觉之真如熏习无明，使妄心厌恶生死的痛苦，而祈求涅槃之快乐，此情形谓之"内熏"。至于佛菩萨的一切教法，以及行者自身的修行，都叫做"外熏"。

⑨三世：乃过去世、现在世与未来世的总称。现在世与未来世合称为"现当二世"。

⑩三业：身口意三处之所作的身业、口业、意业。身业即身之所作，如杀生、偷盗、邪淫、酗酒等事；口业即口之所语，如恶口、两舌、绮语、妄语等言语；意业即意之所思，如贪、嗔、痴等动念。

【译文】

当时，惠能大师看到广州和韶州及来自各地的士庶百姓，都汇集在曹溪山听讲佛法，于是便开坛讲法，向众人说道："来，各位善知识！修行佛道这等大事必须从自我本性上着手。在任何时候，时刻自我清净本心，自我修持，自我心行，识见自己的智慧法身，识见自心的佛性，自我度脱，自我持戒，到此才不算虚度。既然从大老远赶来，一齐会聚在这里，都是有缘的。现在大家各自可以胡跪，我先给你们传授自性五分法身香，再传授无相忏悔。"

大家都胡跪着。惠能大师说："第一是戒香，就是自我本心中没有是非，没有善恶，没有嫉妒心，没有贪欲嗔怒，没有劫心毒害，这叫做戒香。第二是定香，就是看到一切善恶的外境外相，自心不散乱，这叫做定香。第三是慧香，自心通达没有障碍，时常用智慧观照自性，不造作一切恶业。虽然修行一切善业，自心却不生执著，敬重长辈，体念晚辈，怜悯抚恤孤苦贫困，这叫做慧香。第四是解脱香，就是自心没有对外物生追求攀依之心，不思量善，不思量恶，自由自在，无所挂碍，这叫做解脱香。第五是解脱知见香，自心既没有对善恶生攀缘之心，也不能陷入虚空，固守枯寂，就是说需要广泛学习，多多听取教诲，识见自我本心，通达一切佛教真理，待人接物和光同尘，没有人我之执，直接达到无上觉悟，真我本性没有改变，这叫做解脱知见香。

"善知识！这种五分法身香大家各自在自我内心中点燃熏习，千万不要向外寻求。

"现在我给你们传授无相忏悔，以除灭过去、现在、未来三世的罪业，使大家获得身业、口业、意业三业的清净。

"善知识！各随我语，一时道：弟子等，从前念、今念及后念，念念不被愚迷染。从前所有恶业、愚迷等罪，悉皆忏悔，愿一时销灭，永不复起。

"弟子等，从前念、今念及后念，念念不被骄诳染。从前所有恶业、骄诳等罪，悉皆忏悔，愿一时销灭，永不复起。

"弟子等,从前念、今念及后念,念念不被嫉妒染,从前所有恶业、嫉妒等罪,悉皆忏悔,愿一时销灭,永不复起。善知识!已上是为无相忏悔。

"云何名忏?云何名悔?忏者,忏其前愆。从前所有恶业:愚迷骄诳嫉妒等罪,悉皆尽忏,永不复起,是名为忏。悔者,悔其后过。从今以后,所有恶业,愚迷骄诳嫉妒等罪,今已觉悟,悉皆永断,更不复作,是名为悔,故称忏悔。凡夫愚迷,只知忏其前愆,不知悔其后过。以不悔故,前愆不灭,后过又生;前愆既不灭,后过复又生,何名忏悔?

"善知识!既忏悔已,与善知识发四弘誓愿①,各须用心正听:自心众生无边誓愿度,自心烦恼无边誓愿断,自性法门无尽誓愿学,自性无上佛道誓愿成。

"善知识!大家岂不道众生无边誓愿度,恁么道②,且不是惠能度。

"善知识!心中众生,所谓邪迷心、诳妄心、不善心、嫉妒心、恶毒心,如是等心,尽是众生,各须自性自度,是名真度。

"何名自性自度?即自心中邪见烦恼愚痴众生,将正见度③。既有正见,使般若智打破愚痴迷妄众生,各各自度。邪来正度,迷来悟度,愚来智度,恶来善度。如是度者,名为真度!

【注释】

① 四弘誓愿：一切菩萨初发心时，必发此四种广大之愿，故又称"总愿"。又作"四弘愿""四弘行愿""四弘愿行""四弘誓""四弘"。有关"四弘愿"的内容与解释，散见于诸经论，然而各经所举颇有出入。中国佛教一般采用《六祖坛经》之说，即：一、众生无边誓愿度，谓菩萨誓愿救度一切众生。二、烦恼无边誓愿断，谓菩萨誓愿断除一切烦恼。三、法门无尽誓愿学，谓菩萨誓愿学知一切佛法。四、无上佛道誓愿成，谓菩萨誓愿证得最高菩提。此"四弘誓愿"可配于苦、集、灭、道四谛。

② 恁么道：这样说。

③ 正见：系"八正道"之一，"十善"之一。为"邪见"之对称，即远离或有或无的邪见，而采取持平正中的见解。

【译文】

"善知识！大家都各自跟随我念诵，立即说：弟子们以前、现在、将来的每一个念头，都不被愚昧迷惑所沾染，以前所有造作的恶业、愚昧、迷惑等等罪过，全部都忏悔，希望立即销毁灭断，永远不再重新生起。

"弟子们，以前、现在、将来的每一个念头，都不被骄傲狂妄沾染，以前所造作的恶业、骄狂傲妄等罪过，全部都忏悔，希望立刻销毁灭断，永远不再重新生起。

"弟子们，以前、现在、将来的每一个念头，都不被嫉妒沾染。以前所造作恶业、嫉妒等罪过，全部都忏悔，希望立刻销毁灭断,永远不再重新生起。善知识!以上就是无相忏悔。

"什么叫做忏?什么叫做悔?所谓忏,就是坦白承认自己以前所造下的罪业。以前所有的恶业:愚昧迷惑、骄傲狂妄、嫉妒等等罪过,全部都坦白承认,永远都不再重犯,这叫做忏。所谓悔,反思改悔以断除今后会造的罪业。从今以后,所有恶业、愚昧迷惑、骄狂傲妄、嫉妒等等罪过,现在都已觉知开悟,全部都将永远断绝,更不会再次造作,这就叫做悔,所以称为忏悔。凡夫俗子愚昧迷惑,只知道忏说坦白他以前所造罪业,而不知道反思改悔以绝除他今后会造罪业。由于不懂得悔改的缘故,前面的罪业还未灭尽,后面的罪过又新生起;前面的罪业既然不能灭尽,后面的罪过已然重又生起,这叫什么忏悔呢?

"善知识!既然忏悔已经传授完毕,现在再和你们发四弘愿,大家各自需要正心诚意,用心听取:自心众生无边誓愿度,自心烦恼无边誓愿断,自性法门无尽誓愿学,自性无上佛道誓愿成。

"善知识!大家不是都说'众生无边誓愿度'吗?这样说,并不是我惠能来度。

"善知识!心中的众生,就是我们所说的邪迷之心、诳妄之心、不善之心、嫉妒之心、恶毒之心等等,像这样的心,都是众生,大家必须各自运用本性自我度脱,这就叫真度。

"什么叫自性自度?就是自我本心中邪迷妄见、烦恼愚痴等众生,都用正确的知见将它们度脱。有了正见,让般若智慧打破愚痴迷妄众生，各各自性自度。以正见度脱邪见生起，以觉悟度脱迷妄疑惑，以智慧度脱愚迷障碍，以善良心念度脱邪恶心念。这样的度，叫做真度！

"又烦恼无边誓愿断。将自性般若智除却虚妄思想心是也。又法门无尽誓愿学，须自见性，常行正法，是名真学。又无上佛道誓愿成，既常能下心，行于真正，离迷离觉，常生般若，除真除妄，即见佛性；即言下佛道成。常念修行是愿力法①。

"善知识！今发四弘愿了，更与善知识授无相三皈依戒②。善知识！皈依觉，两足尊③；皈依正，离欲尊；皈依净，众中尊！从今日去，称觉为师，更不皈依邪魔外道，以自性三宝常自证明。劝善知识，皈依自性三宝。佛者，觉也；法者，正也；僧者，净也。自心皈依觉，邪迷不生，少欲知足，能离财色，名两足尊。自心皈依正，念念无邪见，以无邪见故，即无人我贡高④，贪爱执著，名离欲尊。自心皈依净，一切尘劳爱欲境界，自性皆不染著，名众中尊。

"若修此行，是自皈依。凡夫不会，从日至夜，受三归戒；若言皈依佛，佛在何处？若不见佛，凭何所归？言却成妄。

"善知识！各自观察，莫错用心，经文分明言自皈依佛，不言皈依他佛。自佛不归，无所依处。

"今既自悟，各须皈依自心三宝⑤。内调心性，外敬他人，是自皈依也。

"善知识！既皈依自三宝竟，各各志心。吾与说一体三身自性佛⑥，令汝等见三身，了然自悟自性。总随我道：于自色身，皈依清净法身佛⑦；于自色身，皈依圆满报身佛⑧；于自色身，皈依千百亿化身佛⑨。善知识！色身是舍宅，不可言归。向者三身佛，在自性中，世人总有。为自心迷，不见内性，外觅三身如来，不见自身中有三身佛。汝等听说，令汝等于自身中，见自性有三身佛。此三身佛，从自性生，不从外得。

【注释】

①愿力：又作"本愿力""大愿业力""宿愿力""誓愿之力""本愿之力"，指菩萨在"因位"所发本愿之力用至果位而显其功。

②无相三皈依戒：指自心的皈依，并不皈依和信奉外在的崇拜对象。三皈依，又作"三归""三自归""三归戒""趣三皈依"，即归投、依靠"三宝"，并请求救护，以解脱一切苦厄，即指皈依佛、皈依法、皈依僧。"皈依"一词，含有救护、趣向的意思。

③两足尊：又作"无上两足尊""二足尊"，是佛的尊号。因佛具足"三十二相""八十种好"，成就尽智、无生智等无漏之无学法，及"十力""四无畏"等诸不共法，故此尊号有二义，即于天、人之中，所有两足生类中之最尊贵者。又以两足言喻"戒、

定、慧"等功德，佛即具足此两足，而游行法界，无所障碍。

④贡高：傲慢自大，自认为高人一等。

⑤三宝：又作"三尊"，系指为佛教徒所尊敬供养之佛宝、法宝、僧宝等"三宝"。一切之佛，即佛宝；佛所说之法，即法宝；奉行佛所说之法的人，即僧宝。佛者觉知之义，法者法轨之义，僧者和合之义。

⑥一体三身自性佛：指皈依自己色身内，自性具足之法身、报身、化身等三身佛。

⑦法身佛：法性之体名法身，法性有觉知之德，故名"佛"。

⑧报身：指佛的果报身，"三身"之一。亦即菩萨初发心修习，至十地之行满足，酬报此等愿行之果身，称为"报身"。如阿弥陀佛、药师如来、卢舍那佛等，皆为报身佛。

⑨化身："三身"之一，与报身、法身合称"三身"，又名"应化身""变化身"，为众生变化种种形的佛身。

【译文】

"另外，烦恼无边誓愿断，就是运用自性般若智慧除去虚妄思想之心。法门无尽誓愿学，必须自我识见本性，时常心行正确的教法，这叫做真正的佛法修行。无上佛道誓愿成，就是要经常深入到心中，在心中按真正的佛法修心，不执著于愚迷也不执著于觉悟，常常生起般若智慧，不落于真实也不落于虚妄，就可识见佛性；就是立刻成就佛道。

常常心念修行四弘愿，这就是发挥愿力的方法。

"善知识！现在我们发过四大弘愿了，再给大家讲授无相三皈依戒。善知识！皈依正确的觉悟，就会有福报和智慧二者都圆满具足的尊严；皈依了正确的知见，就会有超离恶欲的尊严；皈依了清净，就会有在众生中受到敬重的尊严！从今日开始，以觉悟为师父，而不要归附邪魔外道，以自我本性中的佛、法、僧三宝时常印证明悟自我。奉劝诸位善知识，皈依自我本性中的三宝。佛就是觉悟；法就是正见；僧就是清净。自我本心皈依正确觉悟，邪见迷障不再生起，减少欲望，能知满足，能超离财富和美色，这叫做两足尊。自我本心皈依正见，时时刻刻没有邪恶愚见，由于没有邪见的原故，就没有人我之执，妄自尊大和贪爱执著，这叫做离欲尊。自我本心皈依清净，一切尘世烦恼，爱憎欲望境界，自我本性都不沾染执著，这叫做众中尊。

"如果以此修行，就是自我皈依奉持。凡夫俗子不懂这个道理，从白天到黑夜，受所谓的三归戒；如果说皈依佛，那么佛在哪里？如果说见不到佛，那又依据什么皈依？这样说法成了妄语。

"善知识！各各自己观察，不要错用了心，佛经上明明白白地讲到'自皈依佛'，没有讲到'皈依他佛'。自我本心的佛不去皈依，就没有可以皈依的地方了。

"今天既然自我开悟，各自须要皈依自我本心中的三宝。对内调适心性，对外尊重他人，这就是自我皈依了。

"善知识！既然皈依自我三宝完毕，各自专心。我给你们说一体三身自性佛，让你们能识见自性三身，全然明了自我开悟自我本性。请全部跟随我念诵：于自色身，皈依清净法身佛；于自色身，皈依圆满报身佛；于自色身，皈依千百亿化身佛。善知识！肉体色身只是住宅房屋，不能说是最终皈依处所；从来法身、报身、化身这三身佛都是在自我本性中的，世上的人均都本自具有。只是因为自我本心迷误，不能识见内在本性，向外寻求三身佛，而不能识见自我身中有三身佛。你们听我讲说，会让你们在自身中识见自我本性中自有的三身佛。这个三身佛从自我本性中生发，而不是从外面寻得的。

"何名清净法身佛？世人性本清净，万法从自性生。思量一切恶事，即生恶行；思量一切善事，即生善行。如是诸法在自性中，如天常清，日月常明，为浮云盖覆，上明下暗。忽遇风吹云散，上下俱明，万象皆现。世人性常浮游，如彼天云。

"善知识！智如日，慧如月，智慧常明。于外著境，被妄念浮云盖覆自性，不得明朗。若遇善知识，闻真正法，自除迷妄，内外明彻，于自性中万法皆现。见性之人，亦复如是；此名清净法身佛。

"善知识！自心皈依自性，是皈依真佛。自皈依者，除却自性中不善心、嫉妒心、谄曲心、吾我心、诳妄心、轻人心、慢他心、邪见心、贡高心，及一切时中不善之行；常自见己过，不说他人好恶，是自皈依。常须下心，普行恭敬，即是见性通达，更无滞碍，是自皈依。

"何名圆满报身？譬如一灯能除千年暗，一智能灭万年愚。莫思向前，已过不可得，常思于后，念念圆明，自见本性，善恶虽殊，本性无二。无二之性，名为实性，于实性中，不染善恶，此名圆满报身佛。

"自性起一念恶，灭万劫善因①。自性起一念善，得恒沙恶尽②。直至无上菩提，念念自见，不失本念，名为报身。

"何名千百亿化身？若不思万法，性本如空。一念思量，名为变化。思量恶事，化为地狱，思量善事，化为天堂；毒害化为龙蛇，慈悲化为菩萨；智慧化为上界③，愚痴化为下方④。自性变化甚多，迷人不能省觉。念念起恶，常行恶道；回一念善，智慧即生。此名自性化身佛。

"善知识！法身本具，念念自性自见，即是报身佛；从报身思量，即是化身佛；自悟自修自性功德，是真皈依。皮肉是色身，色身是舍宅，不言皈依也。但悟自性三身，即识自性佛。

"吾有一无相颂，若能诵持，言下令汝积劫迷罪，一时销灭。"颂曰：

  迷人修福不修道，只言修福便是道。
  布施供养福无边，心中三恶元来造⑤。
  拟将修福欲灭罪，后世得福罪还在。
  但向心中除罪缘，名自性中真忏悔。
  忽悟大乘真忏悔，除邪行正即无罪。

学道常于自性观，即与诸佛同一类。
吾祖惟传此顿法，普愿见性同一体。
若欲当来觅法身，离诸法相心中洗。
努力自见莫悠悠，后念忽绝一世休。
若悟大乘得见性，虔恭合掌至心求。

师言："善知识！总须诵取，依此修行。言下见性，虽去吾千里，如常在吾边。于此言下不悟，即对面千里，何勤远来？珍重好去！"一众闻法，靡不开悟，欢喜奉行。

【注释】
① 善因：即招感善果的业因。
② 恒沙：即恒河之沙。恒河是印度大河，两岸多细沙，恒河沙粒至细，其量无法计算。诸经中凡形容无法计算之数，多以"恒河沙"一词为喻。
③ 上界：与"下界"对称，又称"天上界"，"六道"之一，即包括无色界、色界、欲界等诸天。位于诸天中，上方之位者称"上界"。如色界天为欲界天的上界。
④ 下方：指三涂，即地狱、饿鬼、畜生之"三恶道"。
⑤ 三恶：指人之贪、嗔、痴三种恶心。人有此三恶，难以教化。也指地狱、饿鬼、畜生等"三恶道"之略称。

【译文】
"什么是清净法身佛呢？世上的人们自性本来清净，一切万法都从自我本性中生起。思虑一切邪恶之事，就生出邪恶行为；心中思虑一切善好之事，就会生起善好的行为。像这样的一切法都存在于自我本性中，如同天空永远清湛，日月永远光明，而被浮云覆盖后，上面虽明亮，下面世间却顿入黑暗。忽然遇到风起吹动，浮云驱散，则上下全部通明透彻，一切景象全部显现。世上人们的自我本性常呈浮动飘游的状态，就好像在天空中时常盖覆的浮云。

"善知识！智就像太阳，慧就像月亮，智慧就像日月永放光明。执著于外境，就被妄念一般的浮云遮盖罩覆了自我本性，不能得到通明朗照。如果遇到善知识，听闻了真正的佛法，自我除却愚迷痴妄，内外通明透彻，在自我本性中世间万法全部显现。能识见本性的人，就是这样；这叫做清净法身佛。

"善知识！自我本心归于自我本性，就是皈依了真正的佛。自我皈依的人，除去自我本性中的不善之心、嫉妒之心、谄曲之心、吾我心、诳妄心、轻人心、慢他心、邪见心、贡高心，以及时时刻刻的不善的行为；常常自我识见自己的罪过，不议论他人的好坏善恶，就是自我皈依。常常立下决心，一切都奉行恭敬，就是识见本性，通达无碍，更无滞塞，就是自我皈依。

"什么叫做圆满报身？比如一盏灯除却千年的黑暗，一个智慧灭尽了万年的愚迷。不要总是思虑以前，过往的过错已不能得以重新更正，应该时常思虑今后，时时刻刻保持圆融明彻，自我识见本性，善与恶虽然不同，但它们本性没有差别。没有差别的本性，叫做实性，在实性中，不沾染执著善恶分别，这叫做圆满报身佛。

"自我本性中生起一恶念，就能断灭万劫所修善因。自我本性中生起一善念，就能使得恒河沙一样多的恶业消失灭尽。直接成就无上菩提，时时刻刻自见本心，不失见性本念，叫做报身。

"什么叫做千百亿化身？如果不去思虑一切事物现象，本性原来就如同虚空。思虑一个念头，这就是变化。思虑恶的事，自我本性变成地狱，思虑善的事，自我本性变为天堂；起毒害心时变成龙蛇，生慈悲心时变成菩萨；生智慧时达到上界诸天的境界，犯痴愚时沦为下方恶道的境地。自我本性变化是非常多的，愚迷之人不能够内省觉悟。时时生起恶念，常常践行恶道；当一个善念回转，智慧则又立刻生起。这叫做自性化身佛。

"善知识！法身佛本来具足在自我本性中，时时自己识见自我本性，就是报身佛；从报身佛去思量变化，就是化身佛；自我觉悟、自我修行自我本性功德，这是真正的皈依。人的皮肉是色身，色身如同房屋宅舍，不能说是皈依色身这个处所。只要能悟到自我本性中存在三身佛，就是识见了自我本性的佛。

"我有一个无相颂，如果能念诵奉持，立刻能让你累世所积累的恶劫迷罪，一刹那之间消失灭尽。"颂是：

　　迷人修福不修道，只言修福便是道。
　　布施供养福无边，心中三恶元来造。
　　拟将修福欲灭罪，后世得福罪还在。
　　但向心中除罪缘，名自性中真忏悔。

忽悟大乘真忏悔，除邪行正即无罪。
学道常于自性观，即与诸佛同一类。
吾祖惟传此顿法，普愿见性同一体。
若欲当来觅法身，离诸法相心中洗。
努力自见莫悠悠，后念忽绝一世休。
若悟大乘得见性，虔恭合掌至心求。

惠能大师说："善知识！全部都要念诵记取，依照这个颂去修行。当下识见本性，你们即使离我有千里之遥，也好像时时都未离开我身边。如果当下不能开悟，即使我们面对面，也好似远隔千里，更何苦辛勤远道而来呢？好好自我珍重都回去吧！"大家听闻了佛法，没有不开悟的，内心欢喜，信奉修行。

机缘品第七

本品记叙了六祖惠能大师听到比丘尼无尽藏诵《大涅槃经》后为之解说,并提出"诸佛妙理,非关文字",表明了南宗禅"不立文字"的思想。接着记叙了惠能得法后,各方学者前往请益的事由,通过惠能大师对僧法海、僧法达、僧智通、僧智常、僧志道以及行思禅师、怀让禅师、永嘉玄觉禅师、智隍禅者和僧方辩等一系列弟子的机缘对话、教化开示,侧面阐扬了南宗禅的诸多思想旨趣:如"成一切相即心,离一切相即佛","于相离相,于空离空","说似一物即不中"等。

师自黄梅得法,回至韶州曹侯村,人无知者。有儒士刘志略,礼遇甚厚。志略有姑为尼,名无尽藏,常诵《大涅槃经》。师暂听,即知妙义,遂为解说。尼乃执卷问字。

师曰:"字即不识,义即请问。"

尼曰:"字尚不识,焉能会义?"

师曰:"诸佛妙理,非关文字。"

尼惊异之。遍告里中耆德云[①]:"此是有道之士,宜请供养。"

有魏武侯玄孙曹叔良及居民,竞来瞻礼。时,宝林古寺自隋末兵火,已废。遂于故基重建梵宇[②],延师居之,俄成宝坊[③]。

师住九月余日,又为恶党寻逐,师乃遁于前

山,被其纵火焚草木,师隐身挨入石中得免。石今有师趺坐膝痕,及衣布之纹,因名"避难石"。师忆五祖怀会止藏之嘱,遂行隐于二邑焉。

【注释】

①耆德:年高德重者。
②梵宇:佛寺的别称,即佛寺。
③宝坊:寺院的美称。

【译文】

惠能大师从黄梅五祖弘忍大师那里得受衣法之后,来到韶州曹侯村,没有人知道他的事。当时有个儒士叫刘志略,礼敬待遇惠能大师非常殷勤。刘志略有个姑姑出家做比丘尼,法名无尽藏,经常念诵《大涅槃经》。惠能大师稍微一听就知道经中所说的玄妙义理,就给无尽藏解说经义。无尽藏于是手拿经卷请教惠能经中的文字。

惠能大师说:"说到字我是不认识的,如果有义理方面的疑问尽可以问。"

尼姑无尽藏说:"字尚且不认识,怎么能体会经文要义呢?"

惠能大师说:"一切佛法的微言大义,都是与文字无关的。"

尼姑无尽藏听后十分惊讶。告诉了乡里全部的年高德重的长者,说:"这是个有道行的人,应该请来好好供养。"

有魏武侯的玄孙曹叔良和附近的居民,争相涌来瞻仰礼敬惠能大师。当时,有一个古老的宝林寺,自从隋朝末年遭遇兵火战乱,已经毁废很久了。于是便在旧地址上重新建盖寺庙,请惠能大师居寺住持,顷刻之间,那里便成了佛法圣地。

惠能大师住了九个多月,又被恶党们寻找追踪,惠能大师于是就隐藏在前山,又遭遇恶党们放火烧山加害,大师将身体隐藏在石头中间才幸免于难。今天石头上还有惠能大师结跏趺坐时膝盖的印痕和衣服上的布纹,因此给石头命名为"避难石"。大师想起五祖"逢怀则止,遇会则藏"的叮嘱,便到怀集、四会两个县的境内隐藏了起来。

僧法海,韶州曲江人也。初参祖师。

问曰:"即心即佛,愿垂指谕。"

师曰:"前念不生即心①,后念不灭即佛;成一切相即心②,离一切相即佛③。吾若具说,穷劫不尽。听吾偈。"曰:

即心名慧,即佛乃定;
定慧等持,意中清净。
悟此法门,由汝习性④;
用本无生,双修是正。

法海言下大悟,以偈赞曰:

即心元是佛,不悟而自屈;
我知定慧因,双修离诸物。

僧法达,洪州人,七岁出家,常诵《法华经》。来礼祖师,头不至地。

师诃曰:"礼不投地,何如不礼?汝心中必有一物,蕴习何事耶?"

曰:"念《法华经》已及三千部⑤。"

师曰:"汝若念至万部,得其经意,不以为胜,则与吾偕行。汝今负此事业,都不知过。听吾偈。"曰:

礼本折慢幢⑥,头奚不至地;

有我罪即生,亡功福无比。

师又曰:"汝名什么?"

曰:"法达。"

师曰:"汝名法达,何曾达法?"复说偈曰:

汝今名法达,勤诵未休歇;

空诵但循声,明心号菩萨。

汝今有缘故,吾今为汝说;

但信佛无言,莲华从口发。

达闻偈,悔谢曰:"而今而后,当谦恭一切。弟子诵《法华经》,未解经义,心常有疑。和尚智慧广大,愿略说经中义理。"

师曰:"法达!法即甚达,汝心不达。经本无疑,汝心自疑。汝念此经,以何为宗?"

达曰:"学人根性暗钝,从来但依文诵念,岂知宗趣!"

【注释】

①前念不生:念,指意念,又指刹那的时间。过去者称"前念",相续者称"后念"。前念、后念指心在瞬间的变化。前念不生即指前一个念头已经过去,

不要再留恋它的再生，对自己的思维活动不要执著。下文的"后念不灭"，指将要出现的念头任其出现，不必故意限制压抑自己的认识活动。

②成一切相即心：就是说外在一切事物和现象都是心的派生物。相，形相或状态的意思；相对于性质、本体等而言，即指诸法之形象状态。

③离一切相即佛：自心不为外在的一切事物和现象所干扰就达到了觉悟。

④习性：又名"习种性"，即经由后天之修行、熏习而得之种性。

⑤《法华经》：《妙法莲华经》的略称。《经中法·师品》曰："是法华经藏，深固幽远，无人能到。"《同安乐·行品》曰："此法华经，诸佛如来秘密之藏，于诸经中最在其上。"

⑥礼本折慢幢（chuáng）：指礼本来就是消除傲慢心理的。幢，又作"宝幢""天幢""法幢"，为旗之一种，用以庄严佛菩萨及道场。谓圆桶状者为"幢"，长片状者为"幡"。慢幢比喻骄傲高慢之心如说法时高耸之幢。

【译文】

僧人法海，是韶州曲江人氏。一开始他参礼六祖惠能大师。

问："即心即佛是什么意思，希望您能给予指示教谕。"

惠能大师说："对已生之念不留恋即是心，对将生之念任其显现就是佛；能成万法一切相的是心，能离万法一切相的是佛。我若是给你具体详细地说，可能穷尽无数劫的时间也说不完，你听我的偈吧。"偈说：

　　即心名慧，即佛乃定；
　　定慧等持，意中清净。
　　悟此法门，由汝习性；
　　用本无生，双修是正。

法海立刻大彻大悟，用一首偈来感慨赞叹：

　　即心元是佛，不悟而自屈；
　　我知定慧因，双修离诸物。

僧人法达，洪州人。七岁时出家为僧，常常念诵《法华经》。他来礼拜六祖惠能大师，行礼时头却不触到地面。

惠能大师斥责他说："行礼头不触地，还不如不行礼。你心中肯定执著着一个事物，平时都修行什么？"

法达说："我念诵《法华经》已经达到三千部了！"

六祖惠能大师说："你如果念到上万部，得悟经文的大义，却仍然不以为了不起，那么你可以和我一起修行。你现在以这个事业自负自傲，都还不知道自己的罪过。听我的偈吧。"偈说：

　　礼本折慢幢，头奚不至地；
　　有我罪即生，亡功福无比。

惠能大师又说："你叫什么名字？"

法达回答说："我叫法达。"

惠能大师说："你名字叫法达，你哪里通达佛法了？"又说一个偈道：

　　汝今名法达，勤诵未休歇；

空诵但循声,明心号菩萨。
汝今有缘故,吾今为汝说;
但信佛无言,莲华从口发。

法达听了偈后,后悔不已,向惠能大师谢罪说:"从今以后,我应该对一切保持谦恭的态度。弟子念诵《法华经》,并没有体解佛经大义,心中常常生起疑惑。大师具有无边广大的智慧,希望大致为我讲说经文义理。"

惠能大师说:"法达!佛法本是十分通达的,你的本心愚迷就不能达到了。佛经原本不存在疑惑,你的自心生起疑惑。你念这个佛经,认为什么是它的宗旨啊?"

法达说:" 我根器禀性晦暗愚钝,从来只知道依照文字念诵经文,我哪里还知道经文的宗旨和旨趣啊!"

师曰:"吾不识文字,汝试取经诵一遍,吾当为汝解说。"法达即高声念经,至《譬喻品》①。师曰:"止!此经元来以因缘出世为宗②。纵说多种譬喻,亦无越于此。何者因缘?经云:'诸佛世尊,唯以一大事因缘,出现于世。'一大事者,佛之知见也③。

"世人外迷著相,内迷著空。若能于相离相,于空离空,即是内外不迷。若悟此法,一念心开,是为开佛知见。

"佛,犹觉也。分为四门:开觉知见,示觉知见,悟觉知见,入觉知见。若闻开示,便能悟入,即觉知见,本来真性而得出现。

"汝慎勿错解经意:见他道开示悟入,自是佛之知见，我辈无分。若作此解，乃是谤经毁佛也。彼既是佛，已具知见，何用更开？汝今当信佛知见者，只汝自心，更无别佛。盖为一切众生，自蔽光明，贪爱尘境④，外缘内扰，甘受驱驰，便劳他世尊，从三昧起，种种苦口⑤，劝令寝息，莫向外求，与佛无二，故云开佛知见。吾亦劝一切人，于自心中，常开佛之知见。世人心邪，愚迷造罪，口善心恶，贪嗔嫉妒，谄佞我慢⑥，侵人害物，自开众生知见⑦。若能正心，常生智慧，观照自心，止恶行善，是自开佛之知见。

"汝须念念开佛知见，勿开众生知见，开佛知见，即是出世。开众生知见，即是世间。汝若但劳劳执念，以为功课者，何异牦牛爱尾⑧？"

【注释】

① 《譬喻品》：经名。《法华经》二十八品中之第三品，出于经的第二卷。
② 出世："出世间"的略称，即超越世俗、出离世尘的意思，指跳出世间不再受生死。一指诸佛出现于世间成佛，以教化众生。
③ 佛之知见：《法华经·方便品》曰："开佛知见。"即指佛的智慧。知见，指依自己的思虑分别而立的见解。与智慧有别，智慧是般若的无分别智，为离思虑分别之心识。
④ 尘境：指心的对象，为六尘之心所对者，即色、声、

香、味、触、法等六境。

⑤种种苦口：根据不同的情况，利用不同的方法来教化。

⑥我慢：视"我"为一己之中心，由此所执之"我"而形成骄慢心。

⑦众生知见：指会导致凡夫生起烦恼的见解。

⑧氂（lí）牛爱尾：出自《法华经·方便品》。人们不舍自己的欲望，正像氂牛爱自己的尾巴一样。

【译文】

惠能大师说："我不认识字，你先把佛经拿来念诵一遍，我会给你讲解的。"法达立刻大声念诵经文，念到《譬喻品》的时候，惠能大师说："停，这部经原本是以如来以何因缘出现于世间为宗旨的。纵然说了许多种比喻，也不超越这个宗旨。什么是因缘？佛经上说：'一切佛菩萨，都是为了一件大事的因缘才出现在世间的。'这件大事就是佛的真知正见。

"世上的人在外就执著于外境相状，对内又执著于虚妄空寂。如果能在一切相上又超离一切相，在一切空中又超离一切空，那就是对内对外都不执迷。如果悟到这个法门，一念之间，顿然开悟，这就是开悟佛的知见。

"佛，就是觉悟。分为四门：开启觉知之见，显示觉知之见，证悟觉知之见，契入觉知之见。如果听到开示，就能契悟证入，这就是觉知见，本来具有的真如佛性因而得以显现。

"你千万慎重不要错误理解了佛经的大义：听他讲开、示、悟、入四门觉知见，认为这本是佛的知见，与我们这样的人没有关系。如果作这样的理解，那就是诽谤经典毁誉佛祖。佛既然已经是佛了，已经具足知觉正见，还用再开悟做什么？你今天应该正信所谓佛知见，只是在你自己心中，更没有其他的佛。因为一切众生，自我遮蔽智慧光明，贪欲爱憎尘世俗境，外缘浸染，内妄滋扰，因而自甘为此一切尘劳驱策奔驰，更加劳烦我佛世尊，从禅定开始，苦口婆心，劝诫众生使之息心止念，不要向心外妄求，就能和佛没有分别，所以说是开悟佛的知见。我也劝告所有人，在自我本心中，常常开悟佛的知见。世上的人心易生邪念，愚昧执迷，造作业罪。嘴上说善，心中行恶，贪欲嗔怒、嫉妒、谄媚、虚妄、自我、傲慢、害人害物，这都是自己开悟众生世俗的知见。如果能端正本心，常常生起智慧，观察审照自我本心，止断恶念，奉行善心，就是自己开悟佛的知见了。

"你必须心心念念、时时刻刻开悟佛的知见，不要开众生的世俗知见，开悟佛的知见，就是超凡出世。开了众生的知见，就是堕入世间。你如果只是辛辛苦苦白白地执迷众生知见，却仍然以为是在修道立功德，这与犛牛爱护自己的长尾巴，执迷贪恋有什么区别呢？"

达曰："若然者，但得解义，不劳诵经耶？"

师曰："经有何过，岂障汝念！只为迷悟在人，损益由己。口诵心行，即是转经①；口诵心不行，即是被经转。听吾偈。"曰：

心迷法华转②，心悟转法华。

诵经久不明，与义作仇家。

无念念即正，有念念成邪。

有无俱不计，长御白牛车③。

达闻偈，不觉悲泣，言下大悟，而告师曰："法达从昔已来，实未曾转法华，乃被法华转。"再启曰："经云：诸大声闻乃至菩萨，皆尽思共度量，不能测佛智。今令凡夫但悟自心，便名佛之知见，自非上根，未免疑谤。又经说三车④，羊鹿牛车与白牛之车，如何区别？愿和尚再垂开示。"

师曰："经意分明，汝自迷背。诸三乘人⑤，不能测佛智者，患在度量也。饶伊尽思共推，转加悬远。佛本为凡夫说，不为佛说。此理若不肯信者，从他退席。殊不知坐却白牛车，更于门外觅三车。况经文明向汝道：唯一佛乘，无有余乘，若二若三，乃至无数方便，种种因缘、譬喻言词，是法皆为一佛乘故。汝何不省！三车是假，为昔时故；一乘是实，为今时故。只教汝去假归实，归实之后，实亦无名。应知所有珍财，尽属于汝，由汝受用；更不作父想⑥，亦不作子想⑦，亦无用想⑧，是名持《法华经》。从劫至劫，手不释卷，从昼至夜，无不念时也。"

达蒙启发，踊跃欢喜。以偈赞曰：

经诵三千部，曹溪一句亡。

未明出世旨，宁歇累生狂？

羊鹿牛权设，初中后善扬⑨。

谁知火宅内⑩,元是法中王⑪。

师曰:"汝今后方可名念经僧也。"

达从此领玄旨,亦不辍诵经。

【注释】

①转经:读诵经典。完整诵读一部经者,称"真读"。仅读诵其初、中、后之数行,或仅翻页拟作读经状,均称为"转经",又称"转读"。

②心迷法华转:心中不明白经义,只是口中念诵《法华经》,这就等于被《法华经》所"转",没有真正地诵念经文,所以没有"转经"。

③长御白牛车:《法华经》以"白牛车"比喻一佛乘,即获得了佛的智慧。《坛经》讲的"白牛车"和"一佛乘",实为借用这些名称来表达禅宗的教义。

④三车:羊车、鹿车、牛车,次第譬喻声闻乘、缘觉乘、大乘者。羊车是形容声闻乘只能自度,不能度他,好像一辆小小的羊车不能装载货物;鹿车是形容缘觉乘能自度兼度亲属,好像一辆鹿车能载少许的货物;牛车是形容菩萨乘不但自度且能普度众生,好像一辆大牛车能运载许多的货物。

⑤三乘人:声闻乘、缘觉乘、菩萨乘。"声闻乘"又名"小乘",可证阿罗汉果;"缘觉乘"又名"中乘",可证辟支佛果;"菩萨乘"又名"大乘",可证无上佛果。

⑥更不作父想:"父"指《法华经》中讲的"大宝长

者"，他曾把财物分给儿子们。这里的意思是所有的财宝（佛性）都是自己本有的，不要认为是大富长者（即代表佛）的。

⑦亦不作子想：子，指大富长者的儿子，这里指众生。这句话的大意是不要认为财富（佛性）是他人的。

⑧亦无用想：所要表达的是父想、子想、用想都不应作意，即连想也不要想。虽说禅宗的立场是不必到自身之外寻求佛性，但也进一步认为连向自心寻找佛的念头也应破除，因为这样将限制自己的认识活动，也是一种执著。

⑨初中后善：初善、中善、后善。初善，指羊车，譬喻声闻乘；中善，指鹿车，比喻缘觉乘；后善，即牛车，比喻为大乘者。

⑩火宅：比喻迷界众生所居住的三界，是法华七喻之一。语出《法华经·譬喻品》中的火宅喻。众生生存于三界中，受各种迷惑之苦，然犹不自知其置身苦中，譬如屋宅燃烧，而宅中稚儿仍不知身火宅，依然嬉乐自得。譬喻三界之生死，譬如火宅也。

⑪法中王：指经过长时间修梵行，并证得无上菩提的修行者。

【译文】

法达说："要是这样，只要能理解佛法大义，就不要念诵佛经了吗？"

惠能大师说："佛经有什么过错，难道妨碍你念诵了吗！只是由于愚迷和开悟在于你个人，损失和增益全由你

自己。口中念诵经文,内心奉行,这样才是运转起用佛经;口中念诵,心中不奉行,这是被佛经所牵引运转了。听我的偈。"偈说:

  心迷法华转,心悟转法华。
  诵经久不明,与义作仇家。
  无念念即正,有念念成邪。
  有无俱不计,长御白牛车。

  法达听了偈后,不觉地悲伤哭泣,立刻大悟,转而告诉惠能大师说:"法达从过去以来,实在是从没有转运起用过法华经义,而是被法华经文牵引运转着。"又禀告说:"佛经中说,一切大声闻乃至菩萨全部思索度量,也不能揣测佛的智慧。现在凡夫俗子们,只要开悟自我本心,便说是佛的知见,不是上等根器的人,难免会对此说法有疑惑和毁谤。另外佛经上说了三种车乘,羊车、鹿车、牛车,还有一种白牛车,如何区别这些呢?希望大师再给予开示。"

  惠能大师说:"佛经中的意思非常清楚明白,是你自己迷惑,背道而驰。那些三乘人,不能揣测佛的智慧,其错误就在于用思维去揣测度量。任凭他们费尽心思一起推测,反而离佛的智慧越来越远。佛本来是为凡夫俗子们宣讲教法的,不是为佛自己说的。如果不肯相信这个道理的人,任他退场出去,不要听了。竟然不知道自己坐上了白牛车,却还在门外找寻羊车、鹿车和牛车。况且经文明明白白地向你说了:只有唯一的佛乘,没有别的教乘,如果有第二个、第三个,甚至无数个方便法门,各种各样的因缘际会、譬喻比方、言语词句,这些方便法门都是为了说明这一佛乘。你怎么不省悟！所谓羊、鹿、牛车是假设，是为过去愚迷众生作的比喻；大白牛车是真实的，是为了当今人而设的。这只是要教导你去除假相回归真实，回归真实之后，真实本身也没有了，也不应该执著。你应该知道珍宝、财富，都是属于你的，由你享用。不要想这个财产是你父亲的，也不要想这个财产是你儿子的，也不要想这是财富，这样才是叫作奉持《法华经》。如果这样，就如同在前一劫到后一劫的漫长时间里，在任何时间，都手不释卷，从早到晚都在念诵心行《法华经》。"

法达受到启发，高兴得手舞足蹈，用一首偈来赞叹：
经诵三千部，曹溪一句亡。
未明出世旨，宁歇累生狂？
羊鹿牛权设，初中后善扬。
谁知火宅内，元是法中王。

惠能大师说："你从今以后才可以被称为念经僧人。"

法达从此领受了《法华经》玄深的教旨，同时也没有停止念诵佛经。

僧智通①，寿州安丰人，初看《楞伽经》，约千余遍，而不会三身四智②。礼师求解其义。

师曰："三身者，清净法身，汝之性也；圆满报身，汝之智也；千百亿化身，汝之行也。若离本性，别说三身，即名有身无智③。若悟三身无有自性④，即名四智菩提。听吾偈。"曰：
自性具三身，发明成四智。

不离见闻缘,超然登佛地。
吾今为汝说,谛信永无迷。
莫学驰求者,终日说菩提。

通再启曰:"四智之义,可得闻乎?"

师曰:"既会三身,便明四智,何更问耶?若离三身,别谈四智。此名有智无身,即此有智,还成无智。"复说偈曰:

大圆镜智性清净,平等性智心无病,
妙观察智见非功,成所作智同圆镜。
五八六七果因转⑤,但用名言无实性⑥,
若于转处不留情,繁兴永处那伽定⑦。

通顿悟性智⑧,遂呈偈曰:

三身元我体,四智本心明;
身智融无碍,应物任随形。
起修皆妄动,守住匪真精;
妙旨因师晓,终亡染污名。

【注释】

① 智通:唐代禅僧,生卒年不详。据《景德传灯录》卷十载,师参礼归宗智常求法,一夕突大呼:"我已大悟也。"次日,智常问之,答:"师姑天然是女人作。"智常许之。后居五台山法华寺,自称"大禅佛"。示寂前举偈云:"举手攀南斗,回身倚北辰,出头天外看,谁是我般人?"

② 四智:指四种智慧。法相宗所立如来的"四智"。

凡夫有八识，至如来转为"四智"。一大圆镜智，转第八识者；二平等性智，转第七识者；三妙观察智，转第六识者；四成所作智，转第五识者。

③有身无智：禅宗认为离开了人的自我本性，一切都是虚幻不真实的。因为"四智"不离本性，若离本性而说"三身"，所谈的就只能是不起智用的空洞名言概念，不是真正的"三身"。

④三身无有自性："三身"是从一个自我的本性而生的，并非说"三身"中各有一个自性。

⑤五八六七果因转：五，指八识中之前五识，眼、耳、鼻、舌、身对于色、声、香、味、触之"五尘"，能起五种识。八，指第八识，又名"阿赖耶识"。六，则指"八识"中之第六识，即意识。七，是"八识"中之第七识，即末那识。前五识及第八识，属于果。第六识、第七识，属于因。前五识和第八识必需到成就佛果时才能转为所作智和大圆镜智，所以叫做"果上转"。第六识和第七识却能在未成就佛果前就能转为"妙观察智"和"平等性智"，因而叫做"因中转"。

⑥实性："真如"的异名。

⑦那伽定：意译为"龙"，有"定"的意思。龙定止于深渊曰"那伽定"。

⑧通顿悟性智：即认识、理解了关于从自性上谈"三身"和"四智"的理论。

【译文】

僧人智通,寿州安丰人氏,最初看《楞伽经》,大约看了一千多遍,却还不领会三身四智的意思。前来礼敬惠能大师请求开解大义。

惠能大师说:"三身,即清净的法身,这是你的本性;圆满的报身,这是你的智慧;千百亿的化身,这是你的行为。如果说脱离了自性,另外讲三身,这叫作有身无智。如果悟到了三身却没有自性,这叫做四智菩提。听我的偈。"偈说:

> 自性具三身,发明成四智。
> 不离见闻缘,超然登佛地。
> 吾今为汝说,谛信永无迷。
> 莫学驰求者,终日说菩提。

智通又问:"四智的道理,可以听您讲讲吗?"

惠能大师说:"既然领会了三身之意,就明了四智的意义,何必再问呢?如果脱离了三身,再谈什么四智,这叫做有智无身,就是本身具有这个智慧,表现出来的却是没有智慧。"又说偈:

> 大圆镜智性清净,平等性智心无病,
> 妙观察智见非功,成所作智同圆镜。
> 五八六七果因转,但用名言无实性,
> 若于转处不留情,繁兴永处那伽定。

智通立刻顿悟了在自性上谈三身四智的道理,便呈上自作的偈:

> 三身元我体,四智本心明;

身智融无碍，应物任随形。
起修皆妄动，守住匪真精；
妙旨因师晓，终亡染污名。

僧智常，信州贵溪人①。髫年出家，志求见性。一日参礼。

师问曰："汝从何来，欲求何事？"

曰："学人近往洪州白峰山礼大通和尚②，蒙示见性成佛之义，未决狐疑。远来投礼，伏望和尚慈悲指示。"

师曰："彼有何言句，汝试举看？"

曰："智常到彼，凡经三月，未蒙示诲。为法切故，一夕独入丈室③，请问如何是某甲本心本性。大通乃曰：'汝见虚空否？'对曰：'见！'彼曰：'汝见虚空有相貌否？'对曰：'虚空无形，有何相貌？'彼曰：'汝之本性，犹如虚空，了无一物可见，是名正见；无一物可知，是名真知。无有青黄长短，但见本源清净，觉体圆明，即名见性成佛，亦名如来知见。'学人虽闻此说，犹未决了，乞和尚开示。"

师曰："彼师所说，犹存见知，故令汝未了。吾今示汝一偈。"曰：
不见一法存无见④，大似浮云遮日面。
不知一法守空知⑤，还如太虚生闪电。
此之知见瞥然兴，错认何曾解方便⑥。
汝当一念自知非，自己灵光常显现。

常闻偈已,心意豁然,乃述偈曰:

无端起知见,著相求菩提⑦,
情存一念悟,宁越昔时迷⑧。
自性觉源体,随照枉迁流,
不入祖师室,茫然趣两头。

智常一日问师曰:"佛说三乘法⑨,又言最上乘,弟子未解,愿为教授。"

师曰:"汝观自本心,莫著外法相。法无四乘⑩,人心自有等差。见闻转诵是小乘,悟法解义是中乘,依法修行是大乘。万法尽通,万法俱备,一切不染,离诸法相,一无所得,名最上乘⑪。乘是行义,不在口争,汝须自修,莫问吾也。一切时中,自性自如。"

常礼谢执侍,终师之世。

【注释】

① 信州:今江西上饶。贵溪:今江西贵溪。
② 大通和尚:五祖弘忍大师弟子神秀上座的谥号。
③ 丈室:即禅寺中住持之居室或客殿,今转为禅林住持或对师父的尊称。俗称"方丈"或"方丈和尚"。
④ 不见一法存无见:不见一法,指上文大通和尚讲的"了无一物可见"。这里指连"无见"都不应该存在心中,这样将有碍于明心见性。
⑤ 不知一法守空知:不知一法,指上文大通和尚讲的"了无一物可知","守空知"就是一种执著,认为真

有"无一物可知"。
⑥错认何曾解方便：错以无知无见为真实。追求"无见""空知"也是一种对外在一切现象的执著。
⑦著相：执著于相状。这里指对"存无见"和"守空知"的执著。
⑧情存一念悟，宁越昔时迷："悟"本是修行所追求的境界，但如果内心存在一个"无"的念头，或自以为悟了，正好说明没有觉悟，反而是处在"迷"的情况。
⑨三乘：指声闻、缘觉和菩萨三乘。
⑩四乘：三乘加上一乘（佛乘）就是四乘。
⑪最上乘：指大白牛车，比喻得佛乘者。《金刚经》说如来为发大乘者，为发最上乘者。

【译文】

僧人智常，信州贵溪人。幼年时就出家为僧了，立志求得识见本性。一天他来参拜礼敬惠能大师。

惠能大师问："你从哪里来，想求做什么？"

智常说："弟子我不久前到洪州白峰山礼敬大通和尚，承蒙开示识见本性、成就佛道的教义，但是还没有解决我心中的狐疑。大老远地跑来礼敬大师，乞望大师慈悲指授开示我。"

惠能大师说："你在大通和尚那里参礼，有些什么对话，你先列举一些我来给你看看。"

智常说："智常我到大通和尚那里，大约住了三个月，仍没有受到开示和教诲。因为求法心切的缘故，一天傍晚我一个人来到方丈室，向大通和尚请教什么是我的本心本性。大通和尚说：'你看到虚空吗？'我回答说：'看到了。'大通和尚问：'你看到虚空有相貌吗？'我回答说：'虚空没有相状，怎么会有相状形貌呢？'大通和尚说：'你的自我本性，就如同虚空，没有一个事物可以识见，这叫做正见；没有一个事物可以认知，这叫做真知。没有青黄长短，只见本源清净，智慧本体圆明，就叫做识见本性成就佛道，也叫做如来知见。'我虽然听到这种说法，但仍然并未了解，恳请大师开示。"

惠能大师说："那位大师所说的，仍然存在着知见，所以让你没有了达，我现在给你一个偈吧。"偈说：

不见一法存无见，大似浮云遮日面。
不知一法守空知，还如太虚生闪电。
此之知见瞥然兴，错认何曾解方便。
汝当一念自知非，自己灵光常显现。

智常听了偈后，心意豁然领悟，便叙述了自作的偈：

无端起知见，著相求菩提，
情存一念悟，宁越昔时迷。
自性觉源体，随照枉迁流，
不入祖师室，茫然趣两头。

智常有一天问惠能大师："佛说有声闻、缘觉和菩萨三乘教法，却又说了最上乘的成佛方法，对于这一点弟子还没有开解，希望您为我指授教化。"

惠能大师说："你观照自心，不要执著外境外相。佛法本来是没有四乘之分的，是因为人自己心中有等差。能够听讲佛经并转而念诵的是小乘法，解说佛法义理的是中乘法,依照佛法修行的是大乘法。一切教法都能通达,一切教法都自具备,一切都不被沾染,超离一切法相,且一无所得,这叫作最上乘。乘是修行的意思,不在于口头上争论,你需要自己修行,不要问我了。时时刻刻,自我本性如如不动。"

智常礼拜致谢并从此侍奉惠能大师,直至大师去世。

僧志道,广州南海人也①。请益曰:"学人自出家,览《涅槃经》十载有余,未明大意,愿和尚垂诲。"

师曰:"汝何处未明?"

曰:"'诸行无常②,是生灭法;生灭灭已,寂灭为乐③。'于此疑惑。"

师曰:"汝作么生疑?"

曰:"一切众生皆有二身,谓色身法身也④。色身无常,有生有灭;法身有常,无知无觉。经云:生灭灭已,寂灭为乐者,不审何身寂灭?何身受乐?若色身者,色身灭时,四大分散⑤,全然是苦,苦不可言乐。若法身寂灭,即同草木瓦石,谁当受乐?又法性是生灭之体,五蕴是生灭之用;一体五用,生灭是常。生则从体起用,灭则摄用归体。若听更生,即有情之类,不断不灭。若不听更生,则永归寂灭,同于无情之物。如是,则一切诸法被涅槃之所禁伏⑥,尚不得生,何乐之有?"

师曰:"汝是释子,何习外道断常邪见⑦,而议最上乘法?据汝所说,即色身外别有法身,离生灭求于寂灭。又推涅槃常乐，言有身受用。斯乃执吝生死，耽著世乐。汝今当知佛为一切迷人，认五蕴和合为自体相⑧，分别一切法为外尘相，好生恶死，念念迁流，不知梦幻虚假，枉受轮回⑨，以常乐涅槃，翻为苦相，终日驰求。佛愍此故，乃示涅槃真乐，刹那无有生相，刹那无有灭相，更无生灭可灭，是则寂灭现前。当现前时，亦无现前之量，乃谓常乐。此乐无有受者，亦无不受者，岂有一体五用之名？何况更言涅槃禁伏诸法，令永不生，斯乃谤佛毁法。听吾偈。"曰：

无上大涅槃，圆明常寂照。
凡愚谓之死，外道执为断；
诸求二乘人，目以为无作；
尽属情所计，六十二见本⑩。
妄立虚假名，何为真实义？
惟有过量人，通达无取舍。
以知五蕴法，及以蕴中我，
外现众色象，一一音声相，
平等如梦幻，不起凡圣见；
不作涅槃解，二边三际断⑪。
常应诸根用，而不起用想；
分别一切法，不起分别想。
劫火烧海底，风鼓山相击，
真常寂灭乐，涅槃相如是。
吾今强言说，令汝舍邪见，

汝勿随言解，许汝知少分。

志道闻偈大悟，踊跃作礼而退。

【注释】

①广州南海：即今天的广东佛山。

②诸行无常：世间一切现象与万物经常转变不息。这是佛法之根本大纲。与诸法无我、涅槃寂静，同为"三法印"之一。

③寂灭为乐：远离迷惑世界之境地。此境地对处于生死流转不安的迷界众生而言，含有快乐之意，故称"寂灭为乐"。寂灭，是"涅槃"的语译。

④色身：指有色有形之身，广指肉身而言。但佛典中多用以指佛、菩萨的相好身，即相对于无色无形的法身，称有色有形的身相为"色身"。法身：又名"自性身"，或"法性身"，即指佛所说的正法、佛所得之无漏法，及诸佛所证的真如法性之身。

⑤四大分散：人们的肉身，就是由地、水、火、风之坚、湿、暖、动等性所构成的。此四大种性如果不调和，肉身就会散坏，即人的肉体将生病或死亡。

⑥涅槃：又译作"泥日""泥洹""涅槃那"等。意译为"灭""灭度""寂灭""安乐""无为""不生""解脱""圆寂"等。涅槃的字义，有消散的意思，即苦痛的消除而得自在。也就是灭生死之因果，渡生死之瀑流，达到智悟的菩提境界。

⑦断常：即断见和常见。断有灭绝之意，持此见者坚

持人死之后身心断灭不复再生的邪见；常即永恒存在，持此见者坚持身心常住永恒不灭的邪见。

⑧五蕴：指构成一切有为法的五种要素，即色蕴、受蕴、想蕴、行蕴、识蕴。蕴，意指积集，旧译作"阴""众""聚"，故"五蕴"又称"五阴""五众""五聚"。

⑨轮回：又作"流转""死""生死轮回""生死相续""轮回转生""轮回""轮转"等。谓众生由惑业之因（贪、嗔、痴三毒）而招感"三界""六道"之生死轮转，恰如车轮之回转，永无止尽，故称"轮回"。印度婆罗门教、耆那教等都采用这种理论作为它们的根本教义之一。佛教沿用了这个原则并作了进一步的发展，注入自己的教义。

⑩六十二见：指外道的六十二种错误的见解。这里泛指一切错误的观点。

⑪二边三际："二边"是指有、无二边；"三际"指过去、现在、未来三时，或指外、内、中间三处。

【译文】

僧人志道，广州南海人。向惠能大师请教："弟子自从出家以来，阅读《涅槃经》已经有十多年了，都没有明白经文大意，希望大师给予教诲。"

惠能大师问："你是哪里不明白？"

志道说："经中有这一句，'诸行无常，是生灭法；生灭灭已，寂灭为乐'。我对这一句疑惑不解。"

惠能大师说："你有什么疑惑？"

志道说:"一切众生都有色身法身这二身。色身是变化的,有生也有死;法身是永恒的,无知也无觉。佛经上说:生灭灭已,寂灭为乐,我不知道是哪一个身寂灭?哪一个身受乐?如果是色身,那么色身坏灭的时候,由地、水、火、风四大和合组成的色身全部分散了,这是苦,既然苦就不可以说是乐。如果法身寂灭,就如同草木瓦石一样,谁来承当受乐呢?另外,法性是生灭的本体,五蕴是生灭的功用;一个主体五种功用,生灭应该是永恒不变的。生就是从本体中生起作用,灭就是摄这五种用而归还法。如果听任其再生,那么所有有情,不会断灭。如果不任其再生,那就永远归于寂灭,等同于草木瓦石等无情之物。这样,那么一切法都被涅槃禁伏,尚且不能得再生,又有什么乐处呢?"

惠能大师说:"你是佛门弟子,怎么学习外道断灭和永恒的那类偏见,并以此来议论最上乘佛法?根据你所说的,就是说色身之外还有法身,超离生灭,求得寂灭。又说涅槃常乐,都是说有一个身在受用。你这乃是执著于生死,沉迷于世间享乐。你现在应该知道,一切执迷的人,都把五蕴和合作为自体的实相,区分一切法为外在现象,贪求生存,厌恶死亡,不知道世间一切都是梦幻虚假,徒劳无益,空受轮回,反而把永恒极乐的涅槃认作为苦相,整天追逐寻求世俗欲念。佛正是由于怜悯他们的原故,才显示涅槃的真正极乐,瞬间没有了生的相状,瞬间没有了灭的相状,更没有生灭这个相状可以灭,则真正的寂灭出现在眼前。即便当它出现眼前时,也没有'出现'这个量显现,这叫作常乐。这个乐没有承受者，也没有不承受者，哪里有所谓的一个本体五种功用的说法？何况还说涅槃禁伏住了一切万法，使这些一切永远不得再生，这实在是诽谤佛，毁谤佛法。听我的偈吧。"偈说：

  无上大涅槃，圆明常寂照。
  凡愚谓之死，外道执为断；
  诸求二乘人，目以为无作；
  尽属情所计，六十二见本。
  妄立虚假名，何为真实义？
  惟有过量人，通达无取舍。
  以知五蕴法，及以蕴中我，
  外现众色象，一一音声相，
  平等如梦幻，不起凡圣见；
  不作涅槃解，二边三际断。
  常应诸根用，而不起用想；
  分别一切法，不起分别想。
  劫火烧海底，风鼓山相击，
  真常寂灭乐，涅槃相如是。
  吾今强言说，令汝舍邪见，
  汝勿随言解，许汝知少分。

志道听了偈后大彻大悟，欢喜踊跃，行礼退下了。

  行思禅师①，生吉州安城刘氏，闻曹溪法席盛化，径来参礼。
  遂问曰："当何所务，即不落阶级？"

师曰:"汝曾作什么来?"

曰:"圣谛亦不为②。"

师曰:"落何阶级?"

曰:"圣谛尚不为,何阶级之有?"

师深器之,令思首众。一日,师谓曰:"汝当分化一方,无令断绝。"

思既得法,遂回吉州青原山,弘法绍化。谥弘济禅师。

怀让禅师③,金州杜氏子也。初谒嵩山安国师④,安发之曹溪参扣。让至礼拜。

师曰:"甚处来?"

曰:"嵩山。"

师曰:"什么物,恁么来?"

曰:"说似一物即不中⑤。"

师曰:"还可修证否?"

曰:"修证即不无⑥,污染即不得。"

师曰:"只此不污染,诸佛之所护念。汝既如是,吾亦如是。西天般若多罗谶⑦:'汝足下出一马驹,踏杀天下人⑧。'应在汝心,不须速说!"

让豁然契会,遂执侍左右一十五载,日臻玄奥。后往南岳,大阐禅宗。

【注释】

①行思禅师(?—740):吉州安城人,俗姓刘。幼年出家,从六祖惠能学法。与南岳怀让并称二大弟

子，同嗣六祖法脉。后住吉州青原山静居寺，故号"青原行思"。门徒云集，禅风大振。其后又自此法系衍出云门、曹洞、法眼等三系。

②圣谛：即指圣者所见的真理，乃佛教之根本大义，所以又称"第一义""真谛"。谛，即真实不虚的道理。

③怀让禅师（677—744）：金州安康人。惠能圆寂后，得嗣其法并于南岳般若寺观音台弘教传禅。到他的弟子马祖道一时，怀让一系禅宗兴盛起来，被称为"南岳一系"。其后又自此法系衍出沩仰和临济两系。

④安国师：弘忍的弟子之一，曾常住于嵩山。

⑤说似一物即不中：禅宗认为，人的本心和本性是离言绝相的，明心见性的禅境体验不能以言语来确切描述。不中，即不行，不可以。

⑥修证：即指修行与证悟。

⑦西天：指天竺。般若多罗：又称"璎珞童子"。是禅宗所立西天二十八祖中之第二十七祖。东天竺人，婆罗门种。约二十岁遇二十六祖不如蜜多，受付嘱而成为西天第二十七祖。谶（chèn）：指预言。

⑧"汝足下"两句：指怀让门下出现马祖道一之后，禅宗将更加的兴盛。

【译文】

行思禅师，生于吉州安城刘氏家中，听说曹溪惠能大师流布佛法，影响广大，就直接来参拜惠能大师。

行思禅师便问："应当怎么做，就不会落入有阶级的渐修？"

惠能大师说："你曾经做什么呢？"

行思禅师说："我连圣谛也不修。"

惠能大师说："那落到哪个阶级了？"

行思禅师说："连圣谛都不修，哪还会有什么阶级存在？"

惠能大师十分器重他，让行思做了首座。一天，惠能大师说："你应当单独教化一方，不要让佛法断绝。"

行思领受了教法，就回到吉州青原山，弘传佛法，广为教化。谥弘济禅师。

怀让禅师，金州杜氏的儿子。最初拜嵩山慧安国师，慧安国师让他到曹溪山来参拜惠能大师。怀让禅师来到曹溪山并礼拜惠能大师。

惠能大师说："从哪里来？"

怀让禅师说："嵩山。"

惠能大师说："是什么东西，怎么来的？"

怀让禅师说："说像一个东西就不是了。"

惠能大师说："还可以修行证悟吗？"

怀让禅师说："修行证悟就不是无，受到浸染就不可得了。"

惠能大师说："具有不受污染这一点，是所有佛所共同护念的。你就是这样，我也是这样。西天竺的般若多罗法师曾经预言：'在你的门下将要出现一匹小马驹，他的智慧可以征服天下人。'这个预言将应证在你身上，等待时机，不必过早地说出来。"

怀让豁然契悟，便侍奉惠能大师身边十五年，越来越修证到玄妙深奥的境界。后来去了南岳衡山,大力阐扬禅宗。

永嘉玄觉禅师①,温州戴氏子,少习经论,精天台止观法门②。因看《维摩经》,发明心地。偶师弟子玄策相访,与其剧谈,出言暗合诸祖。

策云:"仁者得法师谁?"

曰:"我听方等经论,各有师承。后于《维摩经》,悟佛心宗,未有证明者。"

策云:"威音王已前即得③,威音王已后,无师自悟,尽是天然外道。"

曰:"愿仁者为我证据。"

策云:"我言轻,曹溪有六祖大师,四方云集,并是受法者。若去,则与偕行。"

觉遂同策来参。绕师三匝,振锡而立。

师曰:"夫沙门者④,具三千威仪,八万细行⑤。大德自何方而来⑥,生大我慢?"

觉曰:"生死事大,无常迅速。"

师曰:"何不体取无生,了无速乎?"

曰:"体即无生,了本无速。"

师曰:"如是!如是!"

玄觉方具威仪礼拜,须臾告辞。

师曰:"返太速乎?"

曰:"本自非动,岂有速耶?"

师曰:"谁知非动?"

曰:"仁者自生分别。"

师曰:"汝甚得无生之意。"

曰:"无生岂有意耶?"

师曰:"无意谁当分别?"

曰:"分别亦非意。"

师曰:"善哉!少留一宿。"

时谓"一宿觉"。后著《证道歌》,盛行于世。

【注释】

①永嘉玄觉禅师:即《永嘉证道歌》的作者,温州永嘉人,俗姓戴,字明道,号永嘉玄觉。八岁出家,博探三藏,尤通天台止观。后于温州龙兴寺侧岩下自构禅庵,独居研学,常修禅观。偶因左溪玄朗之激励,遂起游方之志,与东阳玄策共访寻道。至韶阳时,谒曹溪惠能,与惠能相问答而得其印可,惠能留之一宿,翌日即归龙兴寺,时人称之"一宿觉"。其后,学者辐凑,号真觉大师。玄朗赠书招之山栖,师复书辞退。后跌坐入寂,世寿四十九。法嗣有惠操、惠特、等持、玄寂等人。著作有《禅宗永嘉集》十卷(庆州刺史魏靖辑)、《证道歌》一首、《禅宗悟修圆旨》一卷等。

②天台止观法门:天台,即天台宗,乃中国佛教宗派之一。因注重《法华经》,所以也称"法华宗"。天台宗主张"定"(止)、"慧"(观)为修行的主要内容,所以用"止观法门"概括天台宗的理论和实践。

③威音王：又作"寂趣音王佛"。乃过去庄严劫最初之佛名。"威音王已前"为禅宗僧人常用语，用以指点学人自己本来面目之语句，意同"父母未生以前""天地未开以前"等语。盖威音王佛乃过去庄严劫最初的佛名，故以之表示无量无边的久远之前。

④沙门：意译为"勤息""勤劳""功劳""勤恳""静志""息止""息心""息恶""修道""乏道""贫道"等，即勤修佛道和息诸烦恼的意思，为出家修道者的通称，即指剃除须发，止息诸恶不善，调御身心，勤修诸善，以期证得涅槃境界。

⑤三千威仪，八万细行：为佛弟子持守日常威仪的做法。僧人的动作有威德有仪则，称为"威仪"；戒律之外的各种微细的仪则规定，称为"细行"。"三千""八万"喻数量之多，并非实数。综合而言，"三千威仪，八万细行"指有关比丘行、住、坐、卧"四威仪"中，所应注意的细行。

⑥大德：印度对佛菩萨或高僧的敬称。比丘中之长老，也称"大德"。中国，不以"大德"一词称佛菩萨，而作为对高僧的敬称。

【译文】

永嘉玄觉禅师，温州戴氏的儿子，小时候学习经论，精通天台宗的止观教义。因为看了《维摩经》，认识了自心本性。偶然，惠能大师的弟子玄策来访，和他大谈佛理，永嘉玄觉所说的话都与佛祖的真义隐隐相合。

玄策说："你师从何人而得法？"

永嘉玄觉说:"我听大乘经典,都各有师承关系。后来在读《维摩经》时,开悟佛心宗,还没有得到人印证我的见解。"

玄策说:"在威音王佛以前,无师自通是可以的,在威音王佛之后,没有师承传授而自我开悟,自然全部是外道。"

永嘉玄觉说:"希望你能为我印证。"

玄策说:"我人微言轻,不足以为你印证。曹溪山有六祖惠能大师,四面八方的人都云集在他那里,并且都是受得正法的。你如果想去,我就和你同行。"

永嘉玄觉便随同玄策来参礼六祖惠能大师。玄觉绕着惠能走了三圈,举着锡杖一振,站在那里不动。

惠能大师说:"出家人,应该具有三千威仪、八万细行等种种戒律仪轨。大德你是从哪里来,对我生起如此大的傲慢和不敬?"

玄觉说:"人的生死才是大事,且无常交替迅速,变化很快。"

惠能大师说:"为什么不体悟领受无生无死,明了这无常迅速的道理呢?"

玄觉说:"体悟的就是无生无死,明了的就是无常迅速。"

惠能说:"是这样!是这样!"

玄觉这才整肃仪容向惠能大师礼敬参拜,一会儿便向大师告辞欲走。

惠能大师说:"你这就返回,太快了吧?"

玄觉说:"本来就没有动与不动,哪里有快和不快?"

惠能大师说："谁能知道不是动呢？"
玄觉说："这是您自己生起了分别之心。"
惠能大师说："你已经十分了解无生无死的道理了。"
玄觉说："无生无死难道还有意义吗？"
惠能大师说："没有意义谁能分别它呢？"
玄觉说："分别本身也没有意义。"
惠能大师说："好啊！小住一晚吧。"

当时称之为"一宿觉"。后来永嘉玄觉作了《证道歌》，流传盛行于世间。

禅者智隍，初参五祖，自谓已得正受①。庵居长坐②，积二十年。师弟子玄策，游方至河朔，闻隍之名，造庵问云："汝在此作什么？"

隍曰："入定③。"

策云："汝云入定，为有心入耶，无心入耶？若无心入者，一切无情草木瓦石，应合得定；若有心入者，一切有情含识之流，亦应得定。"

隍曰："我正入定时，不见有有无之心。"

策云："不见有有无之心，即是常定，何有出入？若有出入，即非大定④！"

隍无对。良久，问曰："师嗣谁耶？"

策云："我师曹溪六祖。"

隍云："六祖以何为禅定？"

策云："我师所说，妙湛圆寂，体用如如⑤，五阴本空⑥，六尘非有⑦。不出不入，不定不乱。禅性无住,离住禅寂。禅性无生,离生禅想。心如虚空,亦无虚空之量。"

隍闻是说,径来谒师。

师问云:"仁者何来?"

隍具述前缘。

师云:"诚如所言,汝但心如虚空,不著空见,应用无碍,动静无心,凡圣情忘,能所俱泯⑧,性相如如⑨,无不定时也。"

隍于是大悟,二十年所得心,都无影响。其夜河北士庶闻空中有声云:"隍禅师今日得道!"隍后礼辞,复归河北,开化四众⑩。

【注释】

① 正受:是"禅定"的异名。正,即定心而离邪念。受,指无念无想而纳法在心。因此正受即远离邪想而领受所缘之境的状态。一说即入定时,以定力使身、心领受平等安和之相。

② 庵:以草木覆盖而成之简陋小屋。乃出家者、退隐者远离村落所居之房舍,以作为修行之处。

③ 入定:入于禅定的意思,即摄驰散之心,入安定不动之精神状态。有时得道者的示寂,也称为"入定"。这里指前者。

④ 大定:为佛的三德(大定、大智、大悲)之一,佛心澄明寂静叫做"大定"。以大定可断除一切妄惑,故又称"大定"为"断德"。这里可以被看成是禅

宗的禅定理论。

⑤体用：指诸法之体性与作用。

⑥五阴：与"五蕴"同。

⑦六尘：指色尘、声尘、香尘、味尘、触尘、法尘等六境，又作"外尘""六贼"。尘即染污的意思，以"六识"缘"六境"而遍污"六根"，能昏昧真性，故称为"尘"。此"六尘"在心之外，故称"外尘"。此"六尘"犹如盗贼，能劫夺一切之善法，故称"六贼"。

⑧能所：即"能"与"所"的并称。自动之法（主体）叫做"能"，被动之法（客体）叫做"所"。例如能见物的"眼"，称为"能见"；为眼所见的"物"，称为"所见"。又譬如"六根"对"六尘"，"六根"是"能缘"，"六尘"为"所缘"。总之，"能"与"所"具有相即不离与体用因果的关系，故称"能""所"一体。

⑨性相如如：指体性与相状。不变而绝对的真实本体，或事物的自体称为"性"；差别变化的现象和相状称为"相"。性与相其实无异，仅名称有别。说性即说相，说相即说性。如说火性即说热相，说热相即说火性。如如，是不动、寂默、平等不二、不起颠倒分别的自性境界。如理智所证得的真如叫作"如如"。

⑩四众：指构成佛教教团的四种弟子众，又称"四辈""四部众""四部弟子"。有两种含义：其一指出

家之四众,即比丘、比丘尼、沙弥、沙弥尼。其二指僧俗四众,即比丘、比丘尼、优婆塞、优婆夷。

【译文】

智隍禅师,最初参拜五祖弘忍,自己宣称已经得到了正宗传授。智隍居住在庵室里长期打坐,累计二十年了。惠能大师的弟子玄策,游历到河北一带,听说了智隍的名声,便造访智隍的庵室,问:"你在这里干什么?"

智隍回答说:"入定。"

玄策问:"你说入定,是有心念入定呢,还是无心念入定呢?如果是无心念入定的,一切的草木瓦石无情众生,应该都能达到入定;如果是有心念入定的,一切含有意识的有情众生之类,也应该能达到入定。"

智隍说:"当我真正入定时,看不到我有'有无'的心念。"

玄策说:"看不到'有无'的心念,就是常定,怎么又有出入之分呢?如果有出有入,那就不是真正的定了!"

智隍无言以对。过了很久,问玄策:"你师承的是谁啊?"

玄策说:"我的师父是曹溪山六祖惠能大师。"

智隍问:"六祖惠能大师认为什么是禅定?"

玄策说:"我师父说,法身圆融玄妙湛然常寂,性相体用一如,五蕴和合,本来是空,六尘也不是真实存在。既不出,也不入,不执于定,不生散乱心。禅的本性是不执无滞的,要住禅寂。禅性无生,要超离执著禅的念想。心如同虚空一样,不存在对虚空的度量。"

智隍听到这样说法,直接来拜谒六祖惠能大师。

惠能大师问:"你从哪里来?"

智隍把遇到玄策的因缘全部描述了一遍。

惠能大师说:"正像玄策说的那样,你只要心如虚空一般,又不执著于对空的妄见,自如应用,没有滞碍,对于动静,不生其心,世俗和圣境全部两忘,主观和客观对象能够一齐泯绝,性相如一,就无时无刻不在禅定之中,没有不禅定的时刻了。"

智隍于是大彻大悟,二十年修行所得的执著之心,刹那间都没有留下影响。那天夜里黄河以北的官吏和百姓都听到空中有声音说:"智隍禅师今天得成佛道了!"智隍后来礼敬告辞,又回到了黄河以北,开示教化大众。

一僧问师云:"黄梅意旨①,甚么人得?"

师云:"会佛法人得。"

僧云:"和尚还得否?"

师云:"我不会佛法②。"

师一日欲濯所授之衣,而无美泉。因至寺后五里许,见山林郁茂,瑞气盘旋,师振锡卓地,泉应手而出。积以为池,乃跪膝浣衣石上。忽有一僧来礼拜,云:"方辩是西蜀人。昨于南天竺国,见达磨大师,嘱方辩速往唐土:吾传大迦叶正法眼藏③,及僧伽梨④,见传六代,于韶州曹溪,汝去瞻礼。方辩远来,愿见我师传来衣钵。"

师乃出示。次问:"上人攻何事业?"

曰:"善塑。"

师正色曰:"汝试塑看。"

辩罔措。过数日,塑就真相,可高七寸,曲尽其妙。

师笑曰:"汝只解塑性,不解佛性。"

师舒手摩方辩顶。曰:"永为人天福田。"

有僧举卧轮禅师偈曰⑤:

> 卧轮有伎俩,能断百思想。
> 对境心不起,菩提日日长。

师闻之,曰:"此偈未明心地。若依而行之,是加系缚。"

因示一偈曰:

> 惠能没伎俩,不断百思想;
> 对境心数起,菩提作么长?

【注释】

① 黄梅意旨:这里指五祖弘忍的教法。
② 我不会佛法:这一句话强调禅宗自证自悟,主张徒弟不能从老师那里获得什么现成的东西。
③ 大迦叶:是"摩诃迦叶波"的简称,佛十大弟子之一,有"头陀第一""上行第一"等称号。大迦叶是王舍城摩诃娑陀罗村人,大富婆罗门尼拘卢陀羯波之子。以诞生于毕钵罗树下,故取名"毕钵罗耶那";又因出自大迦叶种,而称"大迦叶"。出家不久后,遇见佛陀,蒙受教化。八日后,发正智,脱

却自身僧伽梨以奉佛，并穿着佛陀所授之粪扫衣，证得阿罗汉果。大迦叶在俗时，以富裕闻名，然于出家后，少欲知足，常行头陀行。又，古来以大迦叶为付法藏第一祖，尤以"拈花微笑"的故事，为禅家所传颂，并据此尊大迦叶为禅宗天竺初祖。正法眼藏：亦名"清净法眼"。"正法眼"指佛的心眼彻见正法；"藏"的意思为深广而万德含藏。禅宗用正法眼藏来称其教外别传的心印。

④僧伽梨：为"三衣"之一。即九条以上的衣服。因必须割截后才能制成，所以称为"重衣""复衣""重复衣"。又因其条数多，所以称为"杂碎衣"。一般是在外出及其他庄严仪式时穿，如入王宫、聚落、乞食，及升座说法、降伏外道等时候穿，故称"入王宫聚落衣"。又以其为诸衣中最大者，故称"大衣"。

⑤卧轮禅师：此禅师事迹不详。

【译文】

有一个僧人问惠能大师："黄梅五祖弘忍大师的衣钵，什么人得到了？"

惠能大师说："领会佛法的人得到了。"

僧人问："大师您得到了吗？"

惠能大师说："我不明白佛法。"

有一天，惠能大师想洗涤一下五祖弘忍大师所传的袈裟，可是周围没有上好的清泉。因此大师来到寺庙后面五里远的地方，看到这里山林葱郁茂密，有祥瑞之气笼罩盘旋,惠能大师举起锡杖在地上一戳。泉水立刻涌了出来。积成了一个水池,惠能大师便跪在石头上洗着袈裟。忽然有一个僧人来礼敬参拜,说:"我方辩是西蜀人。昨天在南天竺国,见到达磨大师,他嘱咐我赶快到唐国来,达磨大师说他所传大迦叶的真正教法及法衣,现在传到第六代祖,目前在韶州曹溪山,你去瞻仰礼拜他。方辩我远道而来,希望能得见达磨祖师所传之袈裟。"

惠能大师取出袈裟展示给他看。随后问:"你擅长什么事呢?"

方辩说:"擅长雕塑。"

惠能严肃地说:"你试着雕给我看看。"

方辩一时迷惘无措。过了几天,雕好了一尊佛像,高七寸,曲尽其妙,十分逼真。

惠能大师笑着说:"你只理解了雕塑之特性,不理解佛性。"

惠能大师用手抚摩方辩的头顶说:"希望你生生世世都成为人天种福之田。"

有一个僧人展示了卧轮禅师的一首偈:

> 卧轮有伎俩,能断百思想。
> 对境心不起,菩提日日长。

惠能大师听了说:"这个偈还没有明见自性。如果按照这个偈来修行,是更增加了束缚。"

因此开示了一个偈,说:

> 惠能没伎俩,不断百思想;
> 对境心数起,菩提作么长?

顿渐品第八

本品讲述了神秀、惠能两宗分别于曹溪、荆南盛化，世称为南能北秀，于是有了南北二宗顿渐之分。两位宗主虽然不分彼此，但弟子们却起了爱憎之心，北宗神秀与南宗惠能门下徒众生起分歧争议。北宗门徒志诚潜来听法，为惠能察觉，针对北宗"住心观净，长坐不卧"长期打坐的禅法，惠能批判了北宗禅的弊病，认为常坐拘身，于理无益，后向志诚开示南宗禅法，使之当下契悟，并教示戒定慧行相，认为戒定慧为自我本性先天具有。接着交代了北宗门人托志彻前来行刺六祖惠能，而为大师教化开悟一事。还有神会前来参礼，由开始的逞能自傲到后来对六祖礼拜悔谢的事由。

时，祖师居曹溪宝林，神秀大师在荆南玉泉寺①。于时两宗盛化，人皆称南能北秀，故有南北二宗顿渐之分。而学者莫知宗趣。师谓众曰："法本一宗，人有南北；法即一种，见有迟疾。何名顿渐？法无顿渐，人有利钝，故名顿渐。"

然秀之徒众，往往讥南宗祖师："不识一字，有何所长？"

秀曰："他得无师之智②，深悟上乘，吾不如也。且吾师五祖，亲传衣法，岂徒然哉？吾恨不能远去亲近，虚受国恩。汝等诸人毋滞于此，可往曹溪参决。"一日,命门人志诚曰③:"汝聪明多智,可为吾到曹溪听法。若有所闻,尽心记取,还为吾说。"

志诚禀命至曹溪,随众参请,不言来处。时祖师告众曰:"今有盗法之人,潜在此会。"志诚即出礼拜,具陈其事。师曰:"汝从玉泉来,应是细作④。"

对曰:"不是。"

师曰:"何得不是?"

对曰:"未说即是,说了不是。"

师曰:"汝师若为示众?"

对曰:"常指诲大众,住心观静,长坐不卧。"

师曰:"住心观静,是病非禅。长坐拘身,于理何益?听吾偈。"曰:

生来坐不卧,死去卧不坐;
一具臭骨头,何为立功课⑤?

【注释】

① 荆南玉泉寺:古本作"荆南当阳山玉泉寺"。《景德传灯录》作"荆州当阳山度门寺"。
② 无师之智:无师而独自觉悟的佛智,指非借他力,不待他人教而自然成就之智慧。如佛所证得之智慧,非由师教或外力而得;又如缘觉(独觉)圣者,观诸法因缘生灭,不待师教而证成觉智。
③ 志诚:即志诚禅师,吉州太和人。年少时于荆南当阳山玉泉寺事奉神秀禅师。
④ 细作:奸细,间谍。

⑤ "一具"两句：人应当明心见性、一觉悟即证得佛地，不需要在臭皮囊上强下功夫，而执著于禅坐形式，长时间不躺卧地约束身体坐禅而不卧。

【译文】

那时，惠能大师在曹溪山宝林寺，神秀大师在荆南玉泉寺。故而当时两大宗派兴盛教化，被人们称为"南能北秀"，有南宗北宗、顿教渐教的分别。然而学道修禅的人们并不知道他们的宗义和旨趣。惠能大师对众人说："佛法本是一种宗义，因为传法之人有南北，才有了南宗北宗的区分；佛法就是一种，只是识见悟性有快有慢，才有了顿悟渐悟的区分。什么叫顿悟渐悟？佛法本身没有顿悟渐悟之分，人的根器有敏锐和愚钝才有顿悟渐悟之分，所以称之为顿渐。"

然而神秀大师的弟子门人，往往讥讽南宗六祖惠能大师："不识一个字，能有什么过人之处呢？"

神秀大师说："惠能得到了不需要师父传授而自悟自通的智慧，深入见悟最上乘智慧，我比不上他。并且我师父五祖弘忍大师亲自传授衣钵和教法给他，难道是白费气力的吗？我只恨不能远道去与他多交流，在这里白白地受领国家对我的恩宠。你们不要总是滞留在我的身边，可以前往曹溪山参访学习。"神秀大师这天对弟子志诚说："你聪明而且智慧多多，可以为我去曹溪山听惠能大师的教法。如果听到什么，尽力地记住，回来再告诉我。"

志诚奉命来到曹溪山，跟随着大众向惠能大师参学请益，没有说明自己是从哪里来的。当时，惠能大师向大众宣告说:"今天有偷听教法的人,潜藏在这里。"志诚立刻出来礼敬参拜,全部陈述了来这里的因由。惠能大师说:"你从玉泉寺来,那就是奸细了。"

志诚说:"我不是。"

惠能大师说:"何以见得你不是?"

志诚说:"我没有说明来意可以说是奸细,表明来意就不能算是了。"

惠能大师说:"你师父神秀大师是如何开示大众的?"

志诚说:"师父常常指授教诲大众守住本心,观想清净,长期静坐,不要睡觉。"

惠能大师说:"住心观静,这是错误的,这不是修禅。常期静坐,拘束身体,对参悟佛法真意并没有什么帮助。听我的偈吧。"偈说:

生来坐不卧,死去卧不坐;

一具臭骨头,何为立功课?

志诚再拜曰:"弟子在秀大师处,学道九年,不得契悟①。今闻和尚一说,便契本心。弟子生死事大,和尚大慈,更为教示。"

师云:"吾闻汝师教示学人戒定慧法,未审汝师说戒定慧行相如何②?与吾说看。"

诚曰:"秀大师说:诸恶莫作名为戒,诸善奉行名为慧,自净其意名为定。彼说如此,未审和尚以何法诲人?"

师曰:"吾若言有法与人,即为诳汝。但且随方解缚,假名三昧。如汝师所说戒定慧,实不可思议;吾所见戒定慧又别。"

志诚曰:"戒定慧只合一种,如何更别?"

师曰:"汝师戒定慧接大乘人,吾戒定慧接最上乘人,悟解不同,见有迟疾。汝听吾说,与彼同否?吾所说法,不离自性。离体说法,名为相说③,自性常迷。须知一切万法,皆从自性起用,是真戒定慧法。听吾偈。"曰:

> 心地无非自性戒,
> 心地无痴自性慧,
> 心地无乱自性定,
> 不增不减自金刚,
> 身去身来本三昧。

诚闻偈,悔谢,乃呈一偈曰:

> 五蕴幻身,幻何究竟?
> 回趣真如,法还不净。

师然之。复语诚曰:"汝师戒定慧,劝小根智人;吾戒定慧,劝大根智人。若悟自性,亦不立菩提涅槃,亦不立解脱知见;无一法可得,方能建立万法。若解此意,亦名佛身,亦名菩提涅槃,亦名解脱知见。见性之人,立亦得,不立亦得。去来自由,无滞无碍。应用随作,应语随答,普见化身,不离自性,即得自在神通④,游戏三昧⑤,是名见性。"

志诚再启师曰:"如何是不立义?"

师曰:"自性无非、无痴、无乱,念念般若观照，常离法相，自由自在，纵横尽得，有何可立？自性自悟，顿悟顿修，亦无渐次，所以不立一切法。诸法寂灭，有何次第？"

志诚礼拜，愿为执侍，朝夕不懈。

【注释】

① 契悟：与本心契合而开悟，对本心的认识和体验。
② 戒定慧行相：行相原指行事的相状，即一切心在认识对象时的状态。这里可以简单地解释为"具体内容"，即戒定慧的具体内容。
③ 相说：即执著于虚幻不实的现象的讲说，不是具有真理性的讲说。是一种住相之谈。
④ 神通："神"为"不测"的意思，"通"为"无碍"的意思。不可测又无碍的力量，即所谓的"神通"或"通力"。一般讲神通有神足通、天眼通、天耳通、他心通、宿命通、漏尽通六种。
⑤ 游戏三昧：佛菩萨游于神通，化人以自娱乐，叫做"游戏"。"三昧"乃"三摩地"的意思，为"禅定"的异称，即将心专注于一境。"游戏三昧"者，犹如无心之游戏，心无牵挂，任运自如，得法自在。即言获得空无所得者，进退自由自在，毫无拘束。

【译文】

志诚两次礼拜惠能大师说："弟子我在神秀大师那里，参学已有九年，没有得到契证开悟。今天听大师您这么一说，就契合了本心。弟子认为解脱生死是件大事，希望大师慈悲为怀,再给我一些教化开示。"

惠能大师说:"我听说你师父教授开示弟子戒定慧法,不清楚你师父是如何说戒定慧的相状的?你给我说说看。"

志诚说:"神秀大师说,一切恶行不要造作叫做戒,一切善念全都奉行叫做慧,自己清净意念叫做定。神秀大师是那样说的,不清楚大师您用什么教法教诲大众?"

惠能大师说:"我如果说有教法给你,那就是骗你。只是根据不同情况,方便说法,解除束缚,借用修行三昧的假名。像你师父说的戒定慧,实在是不可思议;我所认识的戒定慧和他不同。"

志诚说:"戒定慧只应该有一种,怎么还有分别?"

惠能大师说:"你师父的戒定慧接引大乘根器的人,我的戒定慧接引上乘根器的人,领悟理解不尽相同,识见自我心性有快有慢。你听我说的和他说的相同吗?我所说的教法,不离开自我本性。离开自性本体说法,叫做执著相状上说法,自己的心念常常愚迷。要知道一切事物和现象,都从自性中生起运用,这是真正的戒定慧法。听我的偈吧。"偈所说:

心地无非自性戒,
心地无痴自性慧,
心地无乱自性定,
不增不减自金刚,
身去身来本三昧。

志诚听了偈以后悔悟拜谢,便呈上一个偈说道:

五蕴幻身,幻何究竟?

回趣真如，法还不净。

惠能大师称许肯定。又告诉志诚说："你师父所说的戒定慧，是劝诫小根器的人；我所说的戒定慧，是劝诫大根器的人。如果开悟了自我本性，也就不用再立菩提涅槃，也不用立对解脱的认识和见解；没有一个法可以得，才能建立一切法。如果理解了这个本意，就叫做佛，也叫做菩提涅槃，也叫做解脱知见。识见本性的人，立这些名也能得法，不立这些名也能得法。去来自由，没有滞留、没有妨碍。应用自如，随缘运作，根据语言随机答对，全部识见一切化身而又不离自我本性，这就得到随缘变化、自在无碍的神通，到达了游戏三昧的境界，叫做识见本性。"

志诚再次拜谢大师并禀告说："什么是不立之义？"

大师说："自我本性没有是非、没有愚痴、没有散乱，时时运用智慧观照，常常超离法相，自由自在，或纵或横全部都有所得，有什么佛法可以立呢？自己开悟自我本性，顿悟顿修，也没有渐次顺序，所以不需要立任何佛法。一切法都寂灭了，还有什么次第顺序呢？"

志诚礼拜惠能大师，愿意侍奉大师，早晚不停歇。

僧志彻，江西人，本姓张，名行昌，少任侠。自南北分化，二宗主虽亡彼我，而徒侣竞起爱憎。时北宗门人，自立秀师为第六祖，而忌祖师传衣为天下闻，乃嘱行昌来刺师。

师心通，预知其事，即置金十两于座间。时夜暮，行昌入祖室，将欲加害。师舒颈就之，行昌挥刃者三,悉无所损。

师曰:"正剑不邪,邪剑不正,只负汝金,不负汝命。"

行昌惊仆,久而方苏,求哀悔过,即愿出家。师遂与金,言:"汝且去,恐徒众翻害于汝。汝可他日易形而来,吾当摄受①。"行昌禀旨宵遁,后投僧出家,具戒精进②。

一日,忆师之言,远来礼觐。师曰:"吾久念汝,汝来何晚?"

曰:"昨蒙和尚舍罪,今虽出家苦行,终难报德,其惟传法度生乎!弟子常览《涅槃经》,未晓常无常义③,乞和尚慈悲,略为解说。"

师曰:"无常者,即佛性也;有常者,即一切善恶诸法分别心也。"

曰:"和尚所说,大违经文。"

师曰:"吾传佛心印,安敢违于佛经?"

曰:"经说佛性是常,和尚却言无常;善恶之法乃至菩提心,皆是无常,和尚却言是常,此即相违,令学人转加疑惑。"

师曰:"《涅槃经》,吾昔听尼无尽藏读诵一遍,便为讲说,无一字一义不合经文。乃至为汝,终无二说。"

曰:"学人识量浅昧,愿和尚委曲开示。"

师曰:"汝知否?佛性若常,更说什么善恶诸法、乃至穷劫无有一人发菩提心者?故吾说无常,正是佛说真常之道也。又，一切诸法若无常者，即物物皆有自性，容受生死，而真常性有不遍之处。故吾说常者，正是佛说真无常义。佛比为凡夫外道执于邪常，诸二乘人于常计无常，共成八倒④。故于涅槃了义教中⑤，破彼偏见，而显说真常真乐真我真净。汝今依言背义，以断灭无常，及确定死常，而错解佛之圆妙最后微言，纵览千遍，有何所益？"

行昌忽然大悟，说偈曰：

因守无常心，佛说有常性；
不知方便者，犹春池拾砾。
我今不施功，佛性而现前；
非师相授与，我亦无所得。

师曰："汝今彻也，宜名志彻。"

彻礼谢而退。

【注释】

①摄受：又叫做"摄取"，原指以慈悲心去摄取众生。这里是说愿意度化并接受志彻为徒。
②具戒：谓比丘、比丘尼之具足戒也，指比丘、比丘尼所应受持之戒律，比丘二百五十戒，比丘尼五百戒。因与沙弥、沙弥尼所受十戒相比，戒品具足，故称"具足戒"。依戒法规定，受持具足戒即正式取得比丘、比丘尼之资格。
③常无常：世间一切之法，生灭迁流，刹那不住，谓

之"无常";反之则谓之"常",即指永恒不变,真实不虚假。在此处的对话中,行昌所讲的是《涅槃经》的经文,而惠能则是依据禅宗教义对《涅槃经》重新解释。

④八倒:指凡夫所迷执的八种颠倒的错误见解。对生死的无常、无乐、无我、无净,执定为常、乐、我、净者,是凡夫的"四倒";对涅槃的常、乐、我、净,执定为无常、无乐、无我、无净,是二乘人的"四倒"。这两种"四倒"合起来就是"八倒"。

⑤了义教:"了义"指直接、完全显了述尽佛法道理,而"不了义"则指教法之未能如实诠显理趣之方便说。二者合称为"二义"。了义教,即指如实诠显全部理趣之教法,如诸大乘经说生死、涅槃无异者。

【译文】

僧人志彻,江西人,原来姓张,名字叫行昌,少年时候喜好行侠仗义。自从南宗北宗产生分化之后,两派宗主神秀大师和惠能大师虽然不分彼此、没有争胜,然而他们的弟子徒众却竞相生起爱憎之心。当时,北宗弟子们,自封神秀大师为禅宗第六代祖师,又忌讳天下人都知道的惠能大师得传衣钵之事,便嘱咐行昌来行刺惠能大师。

惠能大师事先预测到了这件事,便放了十两黄金在座位上。那天天黑了,行昌潜入惠能大师的房间,准备加害大师。大师伸出脖子给他砍,行昌砍了三刀,都一点没有损伤到惠能大师。

大师说:"正义之剑不会邪恶,邪恶之剑不能正义,我只该给你金钱，不欠你性命。"

行昌惊恐万状，扑倒在地，很久才苏醒过来，哀求能够悔过自新，当即愿意出家为僧。大师便给了他金钱，说："你暂时先去，我担心我的弟子们反过来要加害你。你可以在其他时间乔装打扮再来，我自当接受你为徒。"行昌领受大师旨意连夜离开。后来投奔僧人剃度出家，接受戒规，精进修行。

有一天，想起了惠能大师的话，远道而来拜见大师。大师说："我念叨你很久了，你为什么这么晚才来？"

行昌说："上次承蒙大师饶恕我的罪过。现在我虽然出家苦苦修行，终究难以报答大恩大德，唯有随您传法度众生。弟子我常常阅览《涅槃经》，不明白常、无常的教义。恳请大师慈悲，简单为我解说。"

大师说："无常，就是佛性；常，就是对一切善恶法的分别心。"

行昌说："大师，你说的与经文大相径庭。"

惠能大师说："我传授佛法心印，怎么敢违背佛经呢？"

行昌说："经文上说佛性是常，大师您却说佛性是无常；一切善恶事物，甚至无上觉悟，都是无常，大师您却说是常，这不是与经文相背吗？这使得我更加增添了疑惑。"

大师说："《涅槃经》，我曾经听尼姑无尽藏比丘尼念诵过，我给她讲说经文大义，没有一点不符合佛经的。刚才给你讲的，也是同样的道理，不会有别的说法。"

行昌说："我见识浅薄，希望师父开示。"

惠能大师说："你知道吗？如果佛性是常，为什么还要说善恶诸法，以至于还说从来没有人发菩提觉悟之心？所以我说无常，正是佛所说的真实常在之道。还有，如果说一切事物无常，是说万事万物都有自己的体性，用以承受生死，而真实存在的佛性也有不能遍及的地方。所以我说的常，正是佛说的无常。佛知道世俗人和外道将无常看作真实存在，而声闻和缘觉二乘人，把佛性看作无常。所以出现了常、乐、我、净、非常、非乐、非我、非净八种颠倒妄想见。《涅槃经》的教义是破斥这些断见，指出什么是真常、真乐、真我、真净四德。你依据经文文字却违背经文经义，以有断灭的现象为无常，而以确定僵死为常，错误地理解佛陀最后开示的妙谛。这样纵使念经千遍，又有何用？"

行昌豁然开悟，说了偈子：

因守无常心，佛说有常性；
不知方便者，犹春池拾砾。
我今不施功，佛性而现前；
非师相授与，我亦无所得。

惠能大师说："你现在彻底开悟了，你就改名叫志彻吧。"志彻行礼致谢后便退下。

有一童子，名神会①，襄阳高氏子。年十三，自玉泉来参礼。

师曰："知识远来艰辛，还将得本来否？若有本则合识主，试说看！"

会曰："以无住为本，见即是主。"

师曰："这沙弥争合取次语②！"

会乃问曰:"和尚坐禅,还见不见?"

师以柱杖打三下,云:"吾打汝痛不痛?"

对曰:"亦痛亦不痛。"

师曰:"吾亦见亦不见。"

神会问:"如何是亦见亦不见?"

师云:"吾之所见,常见自心过愆,不见他人是非好恶,是以亦见亦不见。汝言亦痛亦不痛如何?汝若不痛,同其木石;若痛,则同凡夫,即起恚恨。汝向前见、不见是二边,痛、不痛是生灭。汝自性且不见,敢尔弄人?"

神会礼拜悔谢。

师又曰:"汝若心迷不见,问善知识觅路。汝若心悟,即自见性,依法修行。汝自迷不见自心,却来问吾见与不见。吾见自知,岂代汝迷?汝若自见,亦不代吾迷。何不自知自见,乃问吾见与不见?"

神会再礼百余拜,求谢过愆,服勤给侍,不离左右。

一日,师告众曰:"吾有一物,无头无尾,无名无字,无背无面,诸人还识否?"

神会出曰:"是诸佛之本源,神会之佛性。"

师曰:"向汝道无名无字,汝便唤作本源佛性。汝向去有把茆盖头③,也只成个知解宗徒④。"

祖师灭后,会入京洛,大弘曹溪顿教,著《显宗记》⑤,盛行于世,是为荷泽禅师。

师见诸宗难问,咸起恶心,多集座下,愍而谓曰:"学道之人,一切善念恶念,应当尽除。无名可名,名于自性;无二之性,是名实性。于实性上建立一切教门,言下便须自见。"诸人闻说,总皆作礼,请事为师。

【注释】

① 神会:在早期禅宗史上,神会(668—760)是位举足轻重的人物,为荷泽宗之祖。襄阳人,俗姓高。年幼时学习五经、老庄、诸史,后来投国昌寺颢元出家。十三岁时,参谒六祖惠能。惠能示寂后,参访四方,跋涉千里。开元二十年(732)设无遮大会于河南滑台大云寺,与山东崇远论战。竭力攻击神秀一门,确立南宗惠能系之正统传承与宗旨。并于天宝四年(745)著《显宗记》,定南惠能为顿宗,北神秀为渐教,"南顿北渐"之名由是而起。神会示寂于上元元年(760),世寿九十三,敕谥"真宗大师"。

② 沙弥:指佛教僧团中,已受十戒,未受具足戒,年龄在七岁以上、未满二十岁之出家男子。意译为"息慈",即息恶和行慈的意思;又译作"勤策",即为大僧勤加策励的对象。沙弥有三类:七至十三岁,名"驱乌沙弥",谓其只能驱逐乌鸟。十四至十九岁,名"应法沙弥",谓正合沙弥的地位。二十至七十岁,名"名字沙弥",谓在此年龄内,本来应居比丘位,但以缘未及,故尚称"沙弥"的

名字。

③向去有把茆（máo）盖头：向去，即从偏位向于正位，而从正位向于偏位叫作却来。茆，即茅草，把茆盖头就是取茅草建草庵以作栖身处。

④知解宗徒：指通过文字来修行的人，即以学习和理解经典文字为修行的僧人。

⑤《显宗记》：全称《荷泽大师显宗记》，全一卷，唐代荷泽神会著，收于《景德传灯录》卷三十。据传本书是作者在天宝四年（745），于滑台为北宗禅者攻击时所著，主要叙述南宗顿悟之旨，并论述传衣在禅宗传承中的重要性。全篇只有六百六十字。内容大体以《金刚般若经》之"般若空智、应无所住而生其心"为立足点，并承继僧肇之《般若无知论》《涅槃无名论》，以及六祖惠能《法宝坛经》中《定慧品第四》之思想。

【译文】

有一个童子，名叫神会，襄阳高家的子弟。十三岁时，从神秀主持的玉泉寺来到曹溪山向惠能大师致礼。

惠能大师说："善知识远道而来，辛苦非常，还能识见事物的本来面目吗？如果认识事物的本来面目，就应该识见本体，你先说说看。"

神会说："事物的本来面目无所住，永远不会静止，认识本身就是主体。"

惠能大师说："这个小师父怎么说话如此轻率！"

神会说："大师你坐禅，识见佛性了吗？"

惠能大师用禅杖打了神会三下子,问:"我打你,痛还是不痛?"

神会说:"也痛也不痛。"

惠能大师说:"那我见了,也没有见。"

神会问:"什么叫做也见了,也没见?"

惠能大师说:"我说见是说常见自己的过错,不见他人的是非好恶,这是说见到了,也没见到。那你说也痛也不痛是什么意思?你如果不痛,你就是和草木瓦石一样没有知觉;你如果说痛,那你就和凡夫俗子一样,会生起怨恨之心。见与不见是两种偏见,痛和不痛是可以生灭的有为法。你还没识见本心,怎敢捉弄他人?"

神会礼拜表示悔过。

惠能大师又说:"如果心念愚迷,不能识见本性,就必须找善知识教示。如果心念开悟,识见自性,就依此修行。现在你自己迷误,不能认识真心,反来问我是否识见佛性。我是否识见佛性,我自己心知肚明,难道这能代替你不迷误?反之亦然,你如果能够识见自性也代替不了我的迷误。为何不去自我识见、自我认识,却在这里问我有没有识见佛性?"

神会再次向惠能大师致礼多达一百多次,请求饶恕,并勤勉地做杂务和服侍大师,不离大师身边。

有一天,惠能大师告诉大家:"我有一样东西,没头没尾,没名没字,没背面,没正面,大家知道是什么吗?"

神会起立说道:"是一切佛的本源,是神会的佛性。"

大师说:"对你说了没名没字,你却还要把他叫做本源佛性。你以后即便当了住持，也只能成为一个知解宗徒。"

惠能大师圆寂后，神会到了京师长安与洛阳，大力弘扬惠能大师的顿教法门，著有《显宗记》，盛行于世，这就是著名的荷泽禅师。

惠能大师看到各宗派之间互相为难指责，弟子们都生起邪恶之心，所以经常召集门人弟子，宽厚怜悯地对大家说："修行佛道的人，一切善念、恶念，都应该全部除掉。没有什么名相可以指称自我本性；独具无二、没有分别的自性叫做实性。在实性的基础上建立一切教派法门，都必须立刻就能自我识见。"所有人听了，全都行礼，请求惠能大师教化指授他们。

宣诏品第九

本品记叙了武则天、唐中宗派遣内侍薛简拟请六祖惠能大师至宫中供养，大师以老疾上表托辞的事由。其后，应薛简的请求，大师予以开示，为他辨析了北宗所一味强调的坐禅之弊病，认为"道由心悟，岂在坐也"，指明诸法空寂、无生无灭，获得佛法的真正途径还在于自性体悟，进而指出"烦恼即菩提"，表明即世间求解脱、不离生死证涅槃的思想主旨。昭示世人立足当下，肯定人生。这对后来近代"人间佛教"具有很深远的内在指导意义。最后交代了薛简表奏、朝廷奖谕的事宜。

神龙元年上元日①，则天中宗诏云②："朕请安秀二师③，宫中供养。万机之暇，每究一乘④。二师推让云：'南方有能禅师，密授忍大师衣法，传佛心印，可请彼问。'今遣内侍薛简，驰诏迎请，愿师慈念，速赴上京。"

师上表辞疾，愿终林麓。

【注释】

① 神龙元年上元日：神龙为唐中宗年号，正月十五日为上元。
② 则天中宗：指太后武则天和唐中宗李显。
③ 安秀二师："安"指慧安国师，是弘忍的弟子，曾受到武则天和唐中宗的重视。因常住嵩山，故又称

"嵩山慧安"。《景德传灯录》卷四有传。"秀"指北宗神秀大师。

④一乘：即指佛乘，又作"一佛乘""一乘教""一乘究竟教""一乘法""一道"等。乘为"交通工具"之意，此处指成佛之教法。佛教教义乃唯一之真理，以其能教化众生悉皆成佛，故称为"一乘"。

【译文】

唐中宗神龙元年正月十五日，太后武则天和唐中宗下诏说："我迎请嵩山慧安和荆南玉泉寺的神秀两位大师到宫里来，诚心供养。于日理万机之中，每有空暇，就向两位大师请教，研究佛法。两位大师十分谦让，都推举惠能大师。说：'南方有位惠能大师从五祖弘忍大师那里秘密得受了衣钵和教法，得传了佛法的心印，可以迎请他来宫中向他请教。'现在我派遣内侍薛简传达诏书来迎请大师，望大师慈悲为怀，立即赶赴京城。"

惠能大师上呈了表章，以身体有疾病为理由推辞了延请，并表示自己愿意永远生活于山林之中，直到终老。

薛简曰："京城禅德皆云：'欲得会道，必须坐禅习定；若不因禅定而得解脱者，未之有也。'未审师所说法如何？"

师曰："道由心悟，岂在坐也？经云：'若言如来若坐若卧，是行邪道。'何故？无所从来，亦无所去，无生无灭，是如来清净禅①；诸法空寂，是如来清净坐。究竟无证，岂况坐耶？"

简曰:"弟子回京,主上必问。愿师慈悲,指示心要,传奏两宫,及京城学道者。譬如一灯,然百千灯,冥者皆明,明明无尽。"

师云:"道无明暗,明暗是代谢之义。明明无尽,亦是有尽,相待立名。故《净名经》云:'法无有比,无相待故。'"

简曰:"明喻智慧,暗喻烦恼。修道之人,倘不以智慧照破烦恼,无始生死,凭何出离?"

师曰:"烦恼即是菩提,无二无别。若以智慧照破烦恼者,此是二乘见解,羊鹿等机②;上智大根,悉不如是。"

简曰:"如何是大乘见解?"

师曰:"明与无明③,凡夫见二;智者了达,其性无二。无二之性,即是实性。实性者,处凡愚而不减,在贤圣而不增;住烦恼而不乱,居禅定而不寂。不断不常,不来不去,不在中间,及其内外。不生不灭,性相如如,常住不迁,名之曰道。"

简曰:"师说不生不灭,何异外道?"

师曰:"外道所说不生不灭者,将灭止生,以生显灭,灭犹不灭,生说不生。我说不生不灭者,本自无生,今亦不灭,所以不同外道。汝若欲知心要,但一切善恶,都莫思量,自然得入清净心体,湛然常寂,妙用恒沙。"

简蒙指教,豁然大悟。礼辞归阙,表奏师语。

【注释】

① 如来清净禅：简称"如来禅"，《楞伽经》所说"四种禅"之一。由如来直传之禅或如来所得之禅定，即入于如来地，证得圣智三种乐，为利益众生而示现不思议之广大妙用者。另也是"五种禅"（五味禅）之一。宗密将禅分为五种，其中"最上乘禅"称为如来清净禅（略称"如来禅"），又称"一行三昧""真如三昧"。此禅之旨趣，系顿悟自心本来清净无有烦恼，具足无漏之智性，且此种清净心与佛无异，此心即佛。

② 二乘见解，羊鹿等机：二乘即指声闻乘与缘觉乘。羊、鹿指羊车和鹿车。这里指二乘发心度化的众生较少。详见第七品"三车"注。

③ 明与无明：明，是智慧、学识。因此，"无明"的语意就是无智。无明是烦恼之别称，即不如实知见，暗昧事物之意。

【译文】

薛简说："京城里的禅师大德都说：'想要领会佛道，必须要坐禅习定；如果不凭藉修禅习定而能够得到解脱，这样的人还没出现过。'不知道大师您所讲说的教法是什么样子的？"

惠能大师说："得成佛道要靠自心开悟，怎么会是在于长期打坐呢？佛经上说：'如果说佛似乎在坐或似乎在卧，那么就是在修行邪道。'这是什么原因呢？既没有所来之处，也没要去的地方，没有生成也没有毁灭，这是佛的清净禅；一切事物现象虚幻空寂，这是佛的清净坐。最终的究竟解脱是没有办法印证的，更何况长期打坐。"

薛简说："弟子我回到京城，太后皇上必然问起大师的教法心要，希望大师慈悲为怀，给我指点开示要旨心得，我好表奏太后皇上两宫，以及京城参学佛道的人士。这好比一盏灯点燃千百万盏灯，晦暗都得到光明。灯灯光明没有穷尽。"

惠能大师说："佛道没有光明黑暗的区分，光明和黑暗的意义是相互代谢，互为依存。说光明处处没有尽头，其实也终究是有尽头的。光明和黑暗二者是互为对立、互为条件一对概念范畴。所以《净名经》说：'佛法没有事物可与比拟，没有事物可以与之相对应的。'说的就是这个道理。"

薛简说："光明比喻智慧，黑暗比喻烦恼。修行佛道的人如果不用智慧观照破斥烦恼，无始以来的生死靠什么来超离呢？"

惠能大师说："烦恼就是菩提，不是两种东西，它们本质相同，没有分别。如果要用智慧观照破斥烦恼，那这就是声闻和缘觉二乘的见解，是《法华经》上说的乘坐羊车和鹿车的人的见解；有上智和大根器的人，都不是这样理解的。"

薛简说："什么是大乘的见解呢？"

惠能大师说："光明智慧和愚迷黑暗，凡夫俗子看到的是两种东西的不同性质；智慧了达的人则明白他们在本质上是没有区别的。这种没有区别、平等一致的本性就是真实佛性。真实佛性，处于凡俗愚迷境地时不会减少，处于贤明圣达的境地时不会增加；处于烦恼中而不散乱，处于禅定中而不寂灭。没有断绝没有永恒，没有来处没有去处，也不停留在中间状态，也不存在于内部和外部。没有生成和毁灭，本性和相状真实如一，永恒存在没有变化，叫做佛道。"

薛简说："大师所说的没有生成和毁灭，与外道有什么不同之处？"

惠能大师说："外道所讲的没有生成毁灭，是用毁灭来止断生成，用生成来显示毁灭，这种毁灭等于没有毁灭，生成也可以说没有生成。我说的没有生成没有毁灭，是本来就没有生成，现在也不存在毁灭，所以是与外道不同的。你如果想要知道心得要旨，只要一切善和恶都不去思维度量它，自然而然悟入清净本心，湛然明净，永恒静寂，其妙用之多，犹如恒河之沙。"

薛简受到了指点教化，豁然开悟。礼敬辞别惠能大师而回归宫中，上表报奏了惠能大师的教说。

其年九月三日，有诏奖谕师曰："师辞老疾，为朕修道，国之福田。师若净名，托疾毗耶①，阐扬大乘，传诸佛心，谈不二法。薛简传师指授如来知见，朕积善余庆，宿种善根，值师出世，顿悟上乘，感荷师恩，顶戴无已。并奉磨衲袈裟②，及水晶钵，敕韶州刺史修饰寺宇，赐师旧居为国恩寺。"

【注释】

①毗耶:即是毗耶离城,乃维摩诘居士之居处。

②磨衲袈裟:袈裟之一种。相传乃高丽所产,以极精致之织物制成。磨,即指紫磨,属于绫罗类。

【译文】

这一年的九月三日,朝廷下诏褒奖赞誉惠能大师,说:"大师以年老多病辞去召请,一心修行佛道,这是国家的福报啊。大师就如同维摩诘居士一样,推脱有病而居住于毗耶离城中,从而大力弘扬大乘佛法,传授一切佛的心印,宣讲佛性平等无二的教法。薛简已经上表奏明了大师所传授的佛智见解,往昔积累的善行使我有了今天的福报,是前世种下的善根,正逢大师出世行化,令我立刻顿悟佛法上乘。承受大师的恩泽,十分感激,致礼不已。同时奉送磨衲袈裟和水晶钵,命令韶州刺史维修整饰寺庙殿宇,赐名大师的旧居为国恩寺。"

付嘱品第十

本品主要记叙的是惠能临终说法的内容,是惠能对自己禅法的总结和概述。惠能先举出阴、界、入三科法门,即五阴、十二入、十八界,目的在于破除我执。接着以三十六对法阐明佛教中道观。经中强调了"出没即离两边""外于相离相,内于空离空""二道相因,生中道义"等禅宗宗旨。记载了惠能自知不久灭度,敦促建造墓塔,与徒众说"真假动静偈"。在回答弟子所询问衣钵传授之事时,指明今后世人当以《坛经》为正法,善自护持。还向众弟子讲解了一相三昧、一行三昧。预示了圆寂后会出现有人来盗取首级的劫难,开示了众人禅宗传授禅宗心印的法统及历代祖师的谱系。并再次强调了明心见性、自性真佛的宗旨。最后交代了一些惠能大师灭度后,弟子们处理善后的事情。

师一日唤门人法海、志诚、法达、神会、智常、智通、志彻、志道、法珍、法如等,曰:"汝等不同余人,吾灭度后①,各为一方师。吾今教汝说法,不失本宗。

"先须举三科法门②,动用三十六对,出没即离两边。说一切法,莫离自性。忽有人问汝法,出语尽双,皆取对法,来去相因。究竟二法尽除③,更无去处。

"三科法门者,阴界入也。阴是五阴,色、受、想、行、识是也。入是十二入,外六尘,色、声、香、味、触、法,内六门,眼、耳、鼻、舌、身、意是也。界是十八界,六尘、六门、六识是也。自性能含万法,名含藏识。若起思量,即是转识④。生六识,出六门,见六尘,如是一十八界,皆从自性起用。

【注释】

① 灭度:即涅槃、圆寂、迁化之意。通过修行而灭障度苦,证得果位,也就是永灭因果,开觉证果。

② 三科:指"五蕴""十二处"和"十八界",或译"五阴""十二入""十八界"。从这三方面观察人及世界,依愚夫迷悟之不同情况,破除我执,从而认识"无我"之理。

③ 二法:分诸法为二种。或分为色、心,或分为染、净,有为、无为,有漏、无漏等。与"二相"意思相同。

④ 转识:转,意即转变、改转。唯识家认为在"八识"之中,除第八识外,其余的眼、耳、鼻、舌、身、意、末那等"七识"都称为"转识"。此"七识"总称为"七转识""前七转"等。前七识以阿赖耶识为所依,缘色、声等境而转起,能改转苦、乐、舍等"三受",转变善、恶、无记等"三性",故称为"七转识"。

【译文】

一天,惠能大师叫来了弟子法海、志诚、法达、神会、智常、智通、志彻、志道、法珍、法如等，对他们说："你们几个和其他人不一样，等我去世以后，你们各自要作教化一方的宗师。我现在教你们应当如何说法，才不会失去本宗宗旨。

"说法时首先必须列举出三科法门，使用三十六对相对法，言语一经说出口就要脱离两端，不落实处。讲说一切法的时候均不能离开自性。若突然有人问你佛法，说出来的话语要全部是对应成双的，全部要取相对的方法，言语来去要前后相应、互为因果。最后把生灭、有无二法全部扫除干净，再没有什么可以落执的处所。

"三科法门，就是阴、界、入。阴是五阴，即色、受、想、行、识。入就是十二入，就是身外六尘：色、声、香、味、触、法，身内六门：眼、耳、鼻、舌、身、意。界是十八界，就是六尘、六门和六识。自我本性能够含藏一切事物和现象，这叫做含藏识。如果生起分别思量，就是转识。生起眼识、耳识、鼻识、舌识、身识、意识这六识，六识通过眼、耳、鼻、舌、身、意六门认识了色、声、香、味、触、法六尘，这样就是十八界，全部是从自性中生起和产生作用的。

"自性若邪，起十八邪；自性若正，起十八正。若恶用即众生用，善用即佛用；用由何等，由自性有。

"对法外境，无情五对：天与地对，日与月对，明与暗对，阴与阳对，水与火对，此是五对也。

"法相语言十二对^①：语与法对，有与无对^②，有色与无色对，有相与无相对^③，有漏与无漏对^④，色与空对^⑤，动与静对，清与浊对，凡与圣对，僧与俗对，老与少对，大与小对，此是十二对也。

"自性起用十九对：长与短对，邪与正对，痴与慧对，愚与智对，乱与定对，慈与毒对，戒与非对，直与曲对，实与虚对，险与平对，烦恼与菩提对，常与无常对，悲与害对，喜与嗔对，舍与悭对，进与退对，生与灭对，法身与色身对，化身与报身对，此是十九对也。"

师言："此三十六对法，若解用，即道贯一切经法，出入即离两边。"

【注释】

① 法相：指诸法所具本质之相状（体相），或指其意义内容（义相）。概括一切有生灭变化的现象，也包括永恒的无生灭变化的现象。

② 有与无对：有，即存在、生存的意思，用于显示诸法的存在，又有实有、假有、妙有等之别。如三世实有；因缘和合而生即假有；圆成实性其体遍常而无生灭，所以说是妙有。无，即与"有"相对，意谓非存在。佛教认为所谓"有"或"无"之二边（即'偏有'或'偏无'之一方）皆为谬误；唯有超越"有"与"无"之相对性，始属绝对之真如。

③ 有相与无相对："有相"和"无相"是对称。有相，

系指差别有形之事相。又具有生灭迁流之相者,亦称。无相,则指一切诸法无自性,本性为空,无形相可得。

④ 有漏与无漏对:"漏"乃流失、漏泄之意;为"烦恼"之异名。人类由于烦恼所产生之过失、苦果,使人在迷妄的世界中流转不停,难以脱离生死苦海,故称为"有漏";若达到断灭烦恼之境界,则称为"无漏"。

⑤ 色与空对:色,为物质存在之总称。空,意译"空无""空虚""空寂""空净""非有",指因缘和合而生的一切事物,究竟而无实体。

【译文】

"自性如果邪恶执迷,就会生起十八种邪念;自性如果端正,就会生起十八种正念。恶念起用就是众生之用,善念起用就是佛之用;被恶念所用还是被善念所用,这由什么来决定,都是由自性决定其所用。

"所谓三十六对法,外界无情的事物有五对:天与地相对,太阳和月亮相对,光明与黑暗相对,阴和阳相对,水和火相对,这是无情的五对。

"事物的本性、相状和语言方面有十二对:语言与佛法相对、有与无相对、有色与无色相对、有相与无相相对、有漏与无漏相对、色与空相对、动与静相对、清澈与浑浊相对、凡人与圣人相对、僧人与俗人相对、老与少相对、大与小相对,这是法相语言的十二对。

"自性中生起的作用有十九对:长与短相对、邪见与正见相对、愚痴与聪慧相对、愚笨与智慧相对、乱与定相对、慈悲与毒害相对、戒与非相对、直与曲相对、真实与虚妄相对、险与平相对、烦恼与菩提相对、常与无常相对、悲与害相对、欢喜与嗔怒相对、施舍与吝啬相对、前进与后退相对、生起与寂灭相对、法身与色身相对、化身与报身相对,这是自性起用的十九对。"

惠能大师说:"这三十六对相对法的教法,如果能够理解运用就是道,就能贯通一切佛法与经典,与人交谈时,进退都能不执两边、脱离两个极端。"

"自性动用,共人言语,外于相离相,内于空离空。若全著相,即长邪见。若全执空,即长无明。执空之人有谤经,直言不用文字。既云不用文字,人亦不合语言;只此语言,便是文字之相。又云,直道不立文字,即此不立两字,亦是文字。见人所说,便即谤他言著文字,汝等须知自迷犹可,又谤佛经;不要谤经,罪障无数。

"若著相于外,而作法求真;或广立道场,说有无之过患,如是之人,累劫不得见性。但听依法修行,又莫百物不思,而于道性窒碍。若听说不修,令人反生邪念。但依法修行无住相法施。汝等若悟,依此说,依此用,依此行,依此作,即不失本宗。

"若有人问汝义,问有将无对,问无将有对;问凡以圣对,问圣以凡对。二道相因①,生中道义②。

"如一问一对,余问一依此作,即不失理也。设有人问:何名为暗?答云:明是因,暗是缘,明没即暗。以明显暗,以暗显明,来去相因,成中道义。余问悉皆如此。汝等于后传法,依此转相教授,勿失宗旨。"

【注释】

①二道:指相对的两个方面,如"有"与"无","凡"与"圣"。

②中道:即离开二边之极端、邪执,为一种不偏于任何一方之中正之道。又作"中路",或单称"中"。中道系佛教之根本立场。

【译文】

"自性启动并生发作用的时候,和别人一起言论,对外在事物不执著它的相状,对内在心念不执著于空无。如果全部执著于外在的相状,就增长邪见。如果执著于空无,就增长无明愚痴。执著虚妄空无的人常常会诽谤佛教经典,说不需要文字。既然说不需要文字,那么就不该有语言文字;只是这样的语言,就是落入文字之相。又说直行佛道要不立文字,就是'不立'这两个字,本身就是文字。看到别人所说的,就立刻诽谤别人的言语是执著于文字,你们知道自己愚迷也就罢了,还来诽谤佛经;千万不要诽谤佛经,那样的话,罪过障碍会多得无法计数。

"如果执著于外在境相,便会造作种种方法去求取佛道;或者广泛地建立道场,宣讲有无的得失,像这样的人,永远不能识见自己的本性。像这样的人要听从正法依止修行，还有不要什么都不想，而障碍佛道本性使之窒断。如果只是听说而不去修行，反而会使人生起邪念。所以必须依照佛法修行，不执著于相，并以此讲说佛法。你们如果能够开悟，依照这个讲说，依照这个运用，依照这个修行，依照这个作为，就不会迷失本门宗旨。

"如果有人问你佛法的意义，问有就用无来对，问无就用有来对；问凡人就用圣人来对，问圣人就用凡人来对。在对立二相的因缘转化中，持中道的本义。

"像这样一问一答，其余的问题也全部按照这样来作答，就不会失去中道教义。假设有人问什么是暗？回答：光明是本源，黑暗是条件，光明消失则黑暗顿生。以光明来凸显黑暗，以黑暗来凸显光明，来去互为因果，成就中道意义。其余的提问全部都是这样解答。你们在以后的传法过程中，依据这个相互转告，相互教化指授，不要失去本门宗旨。"

师于太极元年壬子，延和七月①，命门人往新州国恩寺建塔，仍令促工。次年夏末落成。七月一日，集徒众曰："吾至八月，欲离世间。汝等有疑，早须相问，为汝破疑，令汝迷尽。吾若去后，无人教汝。"

法海等闻，悉皆涕泣；惟有神会，神情不动，亦无涕泣。

师云："神会小师②，却得善不善等，毁誉不动，哀乐不生。余者不得，数年山中，竟修何道？汝今悲泣，为忧阿谁？若忧吾不知去处，吾自知去处，吾若不知去处，终不预报于汝。汝等悲泣，盖为不知吾去处。若知吾去处，即不合悲泣。法性本无生灭去来，汝等尽坐，吾与汝说一偈，名曰《真假动静偈》。汝等诵取此偈，与吾意同；依此修行，不失宗旨。"

众僧作礼，请师说偈。偈曰：

一切无有真，不以见于真；
若见于真者，是见尽非真。
若能自有真，离假即心真；
自心不离假，无真何处真？
有情即解动，无情即不动；
若修不动行，同无情不动。
若觅真不动，动上有不动；
不动是不动，无情无佛种。
能善分别相，第一义不动；
但作如此见，即是真如用。
报诸学道人，努力须用意；
莫于大乘门，却执生死智。
若言下相应，即共论佛义；
若实不相应，合掌令欢喜。
此宗本无诤，诤即失道意；
执逆诤法门，自性入生死。

【注释】

① "师于"二句：公元712年。这一年唐睿宗改元太极元年，五月又改元延和元年，唐玄宗即位后，又于当年八月改元先天元年。

② 小师：系指受具足戒未满十年之僧人，若满十年则称住位。

【译文】

惠能大师在唐睿宗太极元年，即壬子年，也就是延和元年的七月，命令弟子前往新州国恩寺建塔，还命令人去催促施工。第二年夏天快结束的时候，塔建成竣工了。七月一日，惠能大师召集弟子门人，对他们说："我到八月，将要离开人世。你们有什么疑问，要早点来问，我为你们破除疑惑，让你们愚迷尽除。我如果去世以后，就没有人再指导你们了。"

法海等弟子听说以后，全部都痛哭流涕；只有神会，神色表情丝毫没有变动，也没有哭泣流泪。

惠能大师说："神会虽是个小禅师，却能得悟善与不善平等无差，不被诋毁称誉所动摇，不生起哀伤和喜乐。其他人都没能做到，十几年在山中修行，究竟修了什么道？你们现在悲伤哭泣，是为了谁忧伤？如果是伤心我不知往哪里去，其实我自己知道我的去处，我如果不知道去处，是不会向你们事先通报的。你们悲伤哭泣，都是因为不知道我的去处。如果知道我的去处，就不该悲伤。佛法本性本来没有生灭来去，你们都全部坐下，我给你们说一个偈，名称为《真假动静偈》。你们念诵听取这个偈，就能和我的心意相同；依照这个偈修行，就不会迷失宗门旨趣。"

所有僧人都行礼，请惠能大师作偈。偈子说：

> 一切无有真，不以见于真；
> 若见于真者，是见尽非真。
> 若能自有真，离假即心真；
> 自心不离假，无真何处真？
> 有情即解动，无情即不动；
> 若修不动行，同无情不动。
> 若觅真不动，动上有不动；
> 不动是不动，无情无佛种。
> 能善分别相，第一义不动；
> 但作如此见，即是真如用。
> 报诸学道人，努力须用意；
> 莫于大乘门，却执生死智。
> 若言下相应，即共论佛义；
> 若实不相应，合掌令欢喜。
> 此宗本无诤，诤即失道意；
> 执逆诤法门，自性入生死。

时，徒众闻说偈已，普皆作礼。并体师意，各各摄心，依法修行，更不敢诤。乃知大师不久住世，法海上座，再拜问曰："和尚入灭之后，衣法当付何人？"

师曰："吾于大梵寺说法，以至于今，抄录流行，目曰《法宝坛经》。汝等守护，递相传授，度诸群生。但依此说，是名正法。今为汝等说法，不付其衣。盖为汝等信根淳熟，决定无疑，堪任大事。然据先祖达磨大师，付授偈意，衣不合传。"偈曰：

　　吾本来兹土，传法救迷情①；
　　一华开五叶②，结果自然成。

【注释】

① 迷情：指迷惑之众生（有情）。
② 一华开五叶：唐末五代时期，从青原行思一系之下形成了曹洞宗、云门宗和法眼宗；从南岳怀让一系之下形成沩仰宗和临济宗，这五个宗派被合称为"禅宗五家"，"五叶"即指这五个宗派。另一说五叶表示五代，指菩提达磨以下的慧可、僧璨、道信、弘忍和惠能五位禅宗祖师。

【译文】

当时，弟子门人们听完了偈，全都行礼。并且各自体会惠能大师的意思，收拾本心，依照这个法门修行，不再相互争辩了。由于知道了惠能大师停驻人世的时间不多了，法海上座在此礼拜惠能大师，问道："大师入灭之后，衣钵和教法应该传给谁？"

惠能大师说："我在大梵寺说法，直到现在，所演说的内容已经被抄录下来并广为流布风行，其名目叫作《法宝坛经》。你们好好守护，次第相互流传指授，去度化人群众生。依照这个说法的就是真正的佛法。我现在为你们说法，不再付嘱袈裟,就是因为你们都已经信根淳熟,正定而没有疑惑,可以堪当弘法的大任了。而且根据祖师达磨大师付嘱所传授的偈子的含义,衣钵袈裟是不应该传下去的。"偈子说:

　　吾本来兹土,传法救迷情;
　　一华开五叶,结果自然成。

　　师复曰:"诸善知识!汝等各各净心,听吾说法。若欲成就种智①,须达一相三昧,一行三昧②。若于一切处而不住相,于彼相中不生憎爱,亦无取舍,不念利益成坏等事,安闲恬静,虚融澹泊,此名一相三昧。若于一切处,行住坐卧,纯一直心,不动道场,真成净土,此名一行三昧。若人具二三昧,如地有种,含藏长养,成熟其实,一相一行,亦复如是。

　　"我今说法,犹如时雨,普润大地。汝等佛性,譬诸种子,遇兹沾洽,悉得发生。承吾旨者,决获菩提;依吾行者,定证妙果。听吾偈。"曰:

　　心地含诸种,普雨悉皆萌,
　　顿悟华情已,菩提果自成。

　　师说偈已,曰:"其法无二,其心亦然。其道清净,亦无诸相。汝等慎勿观静,及空其心。此心本净,无可取舍,各自努力,随缘好去。"

　　尔时徒众作礼而退。

【注释】

① 种智：为"一切种智"之略称。即佛了知一切种种法之智慧。唯佛有一切种智，声闻、缘觉等仅有总一切智。

② 一相三昧，一行三昧：禅定之名。"一相"指平等无差别之真如相。"三昧"即将心定于一处（或一境）的一种安定状态。因此"一相三昧"指主观上对一切现象没有偏执，不生憎恨或爱意，也没有取舍之心，不念利益成坏等事，而能够安闲恬静，虚融澹泊。"一行三昧"的意义，与"一相三昧"的意义并无大区别，只是前者是从不执著于"相"上讲，后者是从不执著于禅修时的身体姿势上讲。

【译文】

惠能大师又说："各位善知识！你们各自清净心念，听我讲说佛法。如果要成就佛的智慧，必须达到一相三昧和一行三昧。如果在一切境相之中而能不执著于一切境相，对于那些相状不生起憎恶爱欲，也没有取得和舍弃，不考虑利益关系、成功失败等事情，安闲恬静，虚融淡泊，这叫做一相三昧。如果在一切处所，行住坐卧，直了心性，不需要借助外在道场，当下成就真实净土，这叫做一行三昧。如果人具有这两个三昧，就如同大地中含有种子，经过孕含、蓄藏、生长和培养，果实得以成熟。一相三昧和一行三昧，也是这样。

"我现在说法，好像及时雨，普遍润泽大地。你们的佛性，好像一粒粒的种子，遇到时雨滋润都能发芽生长。继承我的宗旨的人，肯定能证获菩提智慧；依照我的教法修行的人，肯定能证悟佛道妙果。听我的偈吧。"偈说：

心地含诸种，普雨悉皆萌。

顿悟华情已，菩提果自成。

惠能大师说完偈，说："佛法不是二法，本心也是如此。佛道本是清净的，没有一切相状。你们千万要慎重，不要执著观静和空寂其心。本心原是本来清净的，没有取舍的，各自回去努力，随顺因缘好好去吧。"

当时弟子门人行礼后都退下了。

大师七月八日，忽谓门人曰："吾欲归新州，汝等速理舟楫。"

大众哀留甚坚。

师曰："诸佛出现，犹示涅槃，有来必去，理亦常然。吾此形骸，归必有所。"

众曰："师从此去，早晚可回？"

师曰："叶落归根，来时无口①。"

又问曰："正法眼藏，传付何人？"

师曰："有道者得，无心者通。"

又问："后莫有难否？"

师曰："吾灭后五六年，当有一人来取吾首。听吾记曰：头上养亲，口里须餐；遇满之难，杨柳为官②。"

又云："吾去七十年，有二菩萨③，从东方来，一出家，一在家，同时兴化，建立吾宗；缔缉伽蓝④，昌隆法嗣。"

问曰:"未知从上佛祖应现已来,传授几代?愿垂开示。"

师云:"古佛应世,已无数量,不可计也。今以七佛为始,过去庄严劫:毗婆尸佛、尸弃佛、毗舍浮佛。今贤劫:拘留孙佛、拘那含牟尼佛、迦叶佛、释迦文佛,是为七佛。已上七佛,今以释迦文佛首传:第一摩诃迦叶尊者,第二、阿难尊者,第三、商那和修尊者,第四、优波毱多尊者,第五、提多迦尊者,第六、弥遮迦尊者,第七、婆须蜜多尊者,第八、佛驮难提尊者,第九、伏驮蜜多尊者,第十、胁尊者,十一、富那夜奢尊者,十二、马鸣大士,十三、迦毗摩罗尊者,十四、龙树大士,十五、迦那提婆尊者,十六、罗睺罗多尊者,十七、僧伽难提尊者,十八、伽耶舍多尊者,十九、鸠摩罗多尊者,二十、阇耶多尊者,二十一、婆修盘头尊者,二十二、摩拏罗尊者,二十三、鹤勒那尊者,二十四、师子尊者,二十五、婆舍斯多尊者,二十六、不如蜜多尊者,二十七、般若多罗尊者,二十八、菩提达磨尊者,二十九、慧可大师,三十、僧璨大师,三十一、道信大师,三十二、弘忍大师,惠能是为三十三祖。从上诸祖,各有禀承。汝等向后,递代流传,毋令乖误。"

【注释】

① 来时无口：无口，即没有讲什么话，此即无法可说之意。禅宗强调传心法要，是要靠自证自悟的，佛也是以无言传教。这里是指六祖惠能一生都没说过什么法。

②"头上"四句：这是一个禅宗的故事。在开元十年（722），新罗僧人金大悲想取六祖惠能肉身舍利的头回国供奉，就雇用了一名叫张净满的孝子去偷。张净满为金大悲办此事也是为了糊口和孝养父母。可是张净满不但无法成功盗取六祖的头，反而被官府捉拿归案。当时审问此案的县令名叫杨佩，州刺史名叫柳无忝。这个故事正好符合了这四句谶语。

③ 二菩萨：即指一出家、一在家的两位菩萨。其实这也是六祖圆寂前的悬记（预言）。但到底这两位菩萨指谁，有许多不同的说法。有人说出家的菩萨是指马祖道一禅师，在家菩萨则指庞蕴居士。也有说出家者为黄檗禅师，而在家者指的是裴休。胡适却认为另一个悬记是《曹溪大师别传》的作者伪造的。

④ 伽蓝：全译为"僧伽蓝摩"，又作"僧伽蓝"，意译"众园"；又称"僧园""僧院"，意译为"园"。原指可供建设众僧居住之房舍（毗诃罗）的用地，后转为包括土地及建筑物的寺院总称。

【译文】

七月八日，惠能大师忽然与弟子说："我要回新州，你们赶快准备船只。"

弟子门人苦苦哀求，坚决挽留。

惠能大师说："一切佛出现，都会指示涅槃，有来就会有去，道理本应就是这样。我这具躯体形骸，也该回去了。"

弟子们说："大师从今天走了以后，早晚还会回来吗？"

惠能大师说："落叶归根，我一生没有讲什么话。"

弟子又问："佛教正法，大师将传授交付给哪一个？"

惠能大师说："证悟了佛道的人会得到，无执著心的人会通达领会。"

弟子又问："以后是不是会有劫难啊？"

惠能大师说："我去世后五六年，应该会有一个人前来取我的首级。听我的偈记：头上养亲，口里需餐。遇满之难，杨柳为官。"

惠能大师又说："我去世后七十年，有两位菩萨，从东方来，一位是出家僧人，一位是在家居士，他们同时大兴教化，建立宗派；修建寺庙，昌盛兴隆佛法宗门。"

弟子们问："不知从最初佛祖应身现化以来，已经共计传授了多少代？希望大师给予开示。"

惠能大师说："从远古的佛应身出世，已经无数无量，不可计算了。现在就以七佛为开始吧，在过去世的庄严劫中：有毗婆尸佛、尸弃佛、毗舍浮佛。今贤劫：拘留孙佛、拘那含牟尼佛、迦叶佛、释迦文佛，这是被称作七佛的。以上的七佛，现在以释迦牟尼佛为首传，依次传递：第一、摩诃迦叶尊者，第二、阿难尊者，第三、商那和修尊者，第四、优波毱多尊者，第五、提多迦尊者，第六、弥遮迦尊者，第七、婆须蜜多尊者，第八、佛驮难提尊者，第九、伏驮蜜多尊者，第十、胁尊者，十一、富那夜奢尊者，十二、马鸣大士，十三、迦毗摩罗尊者，十四、龙树大士，十五、迦那提婆尊者，十六、罗睺罗多尊者，十七、僧伽难提尊者，十八、伽耶舍多尊者，十九、鸠摩罗多尊者，二十、阇耶多尊者，二十一、婆修盘头尊者，二十二、摩拏罗尊者，二十三、鹤勒那尊者，二十四、师子尊者，二十五、婆舍斯多尊者，二十六、不如蜜多尊者，二十七、般若多罗尊者，二十八、菩提达磨尊者，二十九、慧可大师，三十、僧璨大师，三十一、道信大师，三十二、弘忍大师，惠能就是三十三祖。从以上各位祖师，都各有禀受继承。你们今后一代一代的传授流布下去，不要有讹误。"

大师先天二年癸丑岁①，八月初三日，于国恩寺斋罢②，谓诸徒众曰："汝等各依位坐，吾与汝别。"

法海白言："和尚留何教法，令后代迷人得见佛性？"

师言："汝等谛听，后代迷人，若识众生，即是佛性；若不识众生，万劫觅佛难逢。吾今教汝识自心众生，见自心佛性。欲求见佛，但识众生，只为众生迷佛，非是佛迷众生。自性若悟，众生是佛；自性若迷，佛是众生。自性平等，众生是佛；自性邪险，佛是众生。汝等心若险曲，即佛在众生中。

一念平直，即是众生成佛。我心自有佛，自佛是真佛。自若无佛心，何处求真佛？汝等自心是佛，更莫狐疑。外无一物而能建立，皆是本心生万种法。故经云：'心生种种法生，心灭种种法灭。'吾今留一偈，与汝等别，名自性真佛偈。"后代之人，识此偈意，自见本心，自成佛道。"偈曰：

真如自性是真佛，邪见三毒是魔王。
邪迷之时魔在舍，正见之时佛在堂。
性中邪见三毒生，即是魔王来住舍。
正见自除三毒心，魔变成佛真无假。
法身报身及化身，三身本来是一身。
若向性中能自见，即是成佛菩提因。
本从化身生净性，净性常在化身中。
性使化身行正道，当来圆满真无穷。
淫性本是净性因，除淫即是净性身。
性中各自离五欲，见性刹那即是真。
今生若遇顿教门，忽悟自性见世尊。
若欲修行觅作佛，不知何处拟求真？
若能心中自见真，有真即是成佛因。
不见自性外觅佛，起心总是大痴人。
顿教法门今已留，救度世人须自修，
报汝当来学道者，不作此见大悠悠。

【注释】

①先天二年：先天是唐玄宗之年号，先天二年即公元

713年，是年十二月始改元开元。

②国恩寺：又名"龙山寺"，唐朝时建于广西肇庆府新兴县南思龙山。

【译文】

唐玄宗先天二年，八月初三，惠能大师在国恩寺用完斋后，告诉所有弟子门人说："你们各自按位子坐好，我跟你们道别。"

法海说："大师留下什么教法，让后代愚迷的人们能得以识见佛性？"

惠能大师说："你们仔细听好，后代愚迷的人，如果识见众生，就是识见佛性；如果不识见众生，永远寻佛却终难求到。我现在教你们如何识见自心众生，识见自心佛性。要想求得识见佛，只有识见众生，因为是众生不能识见于佛，不是佛不得识见众生。自我本性如果开悟得见，众生都是佛；自我本性如果执迷不悟，那么佛就是众生。自我心性平等无二，众生是佛；自我心性邪恶危险，那么佛是众生。你们的心如果险曲不正，那就是佛沦于众生之中。如果一念平等正直，那就是众生就都成佛了。我的本心中本自有佛，自性之佛才是真佛。自心中如果没有佛心，到哪里去求真佛？你们自己的本心就是佛，不要再怀疑了。自心之外面没有一物能够建立，因为万事万物都是本心所生发。所以佛经中说：'心生种种法生，心灭种种法灭。'我今天留一个偈，和你们作别，这个偈叫做自性真佛偈。后代的人识见这个偈的真意，自己识见本心，自我成就佛道。"偈中说道：

真如自性是真佛，邪见三毒是魔王。
邪迷之时魔在舍，正见之时佛在堂。
性中邪见三毒生，即是魔王来住舍。
正见自除三毒心，魔变成佛真无假。
法身报身及化身，三身本来是一身。
若向性中能自见，即是成佛菩提因。
本从化身生净性，净性常在化身中。
性使化身行正道，当来圆满真无穷。
淫性本是净性因，除淫即是净性身。
性中各自离五欲，见性刹那即是真。
今生若遇顿教门，忽悟自性见世尊。
若欲修行觅作佛，不知何处拟求真？
若能心中自见真，有真即是成佛因。
不见自性外觅佛，起心总是大痴人。
顿教法门今已留，救度世人须自修，
报汝当来学道者，不作此见大悠悠。

师说偈已，告曰："汝等好住，吾灭度后，莫作世情悲泣雨泪，受人吊问，身著孝服，非吾弟子，亦非正法。但识自本心，见自本性，无动无静，无生无灭，无去无来，无是无非，无住无往。恐汝等心迷，不会吾意，今再嘱汝，令汝见性。吾灭度后，依此修行，如吾在日。若违吾教，纵吾在世，亦无有益。"复说偈曰：

兀兀不修善①，腾腾不造恶②，

寂寂断见闻③,荡荡心无著④。

师说偈已,端坐至三更,忽谓门人曰:"吾行矣!"奄然迁化⑤。

于时异香满室,白虹属地,林木变白,禽兽哀鸣。

【注释】

① 兀兀不修善:指峁然不动,连善也不追求。兀兀,即高大不动的样子。

② 腾腾不造恶:指逍遥自在却不有意去做坏事。腾腾,自在无所为的样子。

③ 寂寂断见闻:指宁静寂寥无见无闻。寂寂,安静祥和的样子。

④ 荡荡心无著:胸中坦荡无念无求。荡荡,心中平平坦坦而无所住。

⑤ 迁化:迁者迁移,化者化灭,通谓人之死。在佛教指僧侣之示寂。或谓有德之人于此土教化众生之缘已尽,而迁移于他方世界度化众生。与涅槃、圆寂、灭度、顺世、归真等同义。

【译文】

惠能大师说完偈以后,告诉大家:"你们住留世间、好好珍重,我去世之后,不要像世间人那样的悲伤哭泣,泪如雨下,接受别人的吊唁慰问,身穿孝服,这样不是我的弟子,也不合真正的佛法。只要识见自我本心本性,没有动也没有静,没有生起也没有毁灭,没有来也没有去,没有是也没有非,没有住也没有往。我担心你们迷误,不能体会我的真意,现在再次叮嘱你们,让你们识见本心。我去世后,依照这个修行,就好像我在的时候一样。如果违背了我的教法,纵然我在世,也没有什么益处。"再说偈:

　　兀兀不修善,腾腾不造恶,
　　寂寂断见闻,荡荡心无著。

惠能大师说完偈以后,端坐着直到三更天,忽然告诉弟子门人说:"我去了!"便溘然长逝。

当时奇异的香味溢满室内,一道白虹接天贯地,山林树木霎时变白,禽鸟野兽鸣叫哀嚎。

十一月,广、韶、新三郡官僚,洎门人僧俗,争迎真身①,莫决所之。乃焚香祷曰:香烟指处,师所归焉。

时香烟直贯曹溪。

十一月十三日,迁神龛并所传衣钵而回。

次年七月出龛,弟子方辩以香泥上之。

门人忆念取首之记,仍以铁叶漆布②,固护师颈入塔;忽于塔内白光出现,直上冲天,三日始散。

韶州奏闻,奉敕立碑,纪师道行。师春秋七十有六,年二十四传衣,三十九祝发③,说法利生,三十七载。嗣法四十三人,悟道超凡者莫知其数。达磨所传信衣,中宗赐磨衲宝钵,及方辩塑师真相,并道具,永镇宝林道场。留传《坛经》,以显宗旨,兴隆三宝,普利群生者。

【注释】

①真身：这里指六祖惠能的肉身舍利。

②铁叶漆布：惠能的弟子们想到有人会来偷去其头的预言，所以就用铁皮和漆布把惠能肉身颈项的部分牢牢的包裹起来。

③祝发：与剃发、薙发同，即出家落发之谓。祝，切断之意。

【译文】

十一月，广州、韶州、新州三州的官员僚属，以及惠能的门人弟子、僧人、俗人，都争着要迎取惠能大师的真身回去供奉，一时间不能决定给谁。于是就烧香祷告说道：香的烟所飘向的地方就是惠能大师所要归去的处所。

当时香烟直飘往曹溪山的方向。

十一月十三日，惠能大师的神位遗体以及所传下来的衣钵都被搬迁回了曹溪山。

第二年七月，惠能大师的肉身遗体被搬出神龛，弟子方辩用香泥包裹了遗体。

弟子门人想着有人要盗取惠能大师首级的事情，于是便先用薄铁片和漆布，加固保护惠能大师的脖子，然后才请入墓塔内。忽然墓塔里面有白色光芒出现，直接冲上天空，三天后才散去。

韶州刺史将惠能大师的事迹上奏皇上后，奉命给惠能大师树立石碑，以纪录大师道行。大师享年七十六，二十四岁得传法衣，三十九岁剃度出家，讲说佛法，惠施众生，共三十七年。得到大师亲传的弟子四十三人，因大师指点悟道超离凡尘的人不计其数。达磨大师所传的表信袈裟，唐中宗所赐予的磨衲袈裟和水晶钵，以及方辩为惠能大师所塑的真相以及佛法用具等等，永远镇守宝林寺道场。《法宝坛经》广为流布，显扬顿教宗门旨意，兴盛昌隆佛、法、僧三宝，普遍利化一切众生。